Freiburger Beiträge zur Strafvollzugskunde

Herausgegeben von

Professor Dr. Erik Wolf

Freiburg i/Br.

Heft 1:

Behrle, Die Stellung der deutschen Sozialisten zum Strafvollzug von 1870 bis zur Gegenwart

Berlin und Leipzig 1931

Walter de Gruyter & Co.

vorm. G. J. Göschen'sche Verlagshandlung — J. Guttentag, Verlagsbuchhandlung
Georg Reimer — Karl J. Trübner — Veit & Comp.

Die Stellung der deutschen Sozialisten zum Strafvollzug

von 1870 bis zur Gegenwart

Von

Dr. Alfred Behrle
Freiburg i/Br.

Berlin und Leipzig 1931

Walter de Gruyter & Co.

vorm. G. J. Göschen'sche Verlagshandlung — J. Guttentag, Verlagsbuchhandlung
Georg Reimer — Karl J. Trübner — Veit & Comp.

Archiv-Nr. 24 17 31

Druck W. Hamburger, Wien, VI.

Professor Dr. Eduard Kern

und

Professor Dr. Erik Wolf

gewidmet.

Vorwort.

Es dürfte wünschenswert erscheinen, einer Arbeit wie der vorliegenden einige kurze Bemerkungen vorauszuschicken darüber, wie sie zustande gekommen ist: über das ihr zugrundeliegende Material und ihre Systematik.

Das Material besteht im großen und ganzen aus den Protokollen der Verhandlungen des Reichstags und der Länderparlamente, aus Verordnungen, die nach der Staatsumwälzung von sozialistischer Seite auf dem Gebiete des Strafvollzugs erlassen wurden, und aus Meinungsäußerungen einzelner Sozialisten in Zeitschriften, Broschüren und Büchern. Nicht sozialistische Literatur ist nur dann benutzt, wenn aus sonstigen Veröffentlichungen des betreffenden Autors zweifelsfrei hervorgeht, daß er seine in Strafvollzugsfragen vertretenen Auffassungen selbst durch seine sozialistische Weltanschauung mitbestimmt sieht. Diese Beschränkung schien erforderlich. Ebenso mußte die zweifellos recht reizvolle Frage, ob nicht manche Strafvollzugsverordnung im Entwurf auf sozialistischen Ursprung zurückzuführen ist, grundsätzlich unbehandelt bleiben, ganz abgesehen von der Frage, inwieweit in diesen Dingen auch der Andersdenkende nolens volens zum Vollstrecker ihm fremder Ideen wird. Was die Systematik anbelangt, so wird es notwendig sein, bald von den Forderungen der Parteien, der Fraktionen oder einzelner Sozialisten zu sprechen, bald, wie in den Verordnungen, von bereits Erreichtem und auch gelegentlich von praktischen Einrichtungen in Strafanstalten selbst. Eine grundsätzliche Trennung der Darstellung unter diesen Gesichtspunkten ist nicht möglich. Inwieweit dabei auf Einzelheiten einzugehen ist, hängt nicht zuletzt auch von dem überhaupt vorhandenen Material ab, das teils mehr, teils weniger dazu zwingt. Dank der Unterstützung, die ich von fast allen Seiten bei seiner Beschaffung erfuhr, konnte es mit wohl nicht sehr erheblichen Ausnahmen herangezogen werden.

Es ist mir daher auch ein ausgesprochenes Bedürfnis, nochmals allen denjenigen, die auf meine Anfragen so bereitwillig Auskünfte erteilten und Unterlagen übersandten, aufs herzlichste zu danken. Die Namen sind zu zahlreich, als daß ich sie hier im einzelnen aufführen könnte. Meinen Dank sagen möchte ich aber insbesondere auch für die Erlaubnis zum Besuche der Strafanstalten von Wolfenbüttel, Bautzen, Eisenach und Untermaßfeld, und die außerordentlich freundliche Aufnahme, die ich während meines zum Teil längeren Aufenthaltes dort überall gefunden habe. Die Eindrücke, die ich empfangen durfte, können im Rahmen dieser Arbeit nur sehr unvollkommen Berücksichtigung finden. Sie sind mir deshalb aber um nichts weniger wertvoll.

Freiburg i. Br., im August 1931.

Alfred Behrle.

Inhaltsverzeichnis.

Hauptteil.

I. Kapitel.

Die geschichtliche Entwicklung der Einstellung der deutschen Sozialisten zum Strafvollzug.

§ 1. Von der Reichsgründung bis zur Staatsumwälzung.

Die Anteilnahme der Sozialisten am Strafvollzuge läßt sich bis in die Anfänge des Deutschen Reichstags zurückverfolgen. Im Vordergrunde standen dabei in den ersten Jahrzehnten die Regelung der Gefängnisarbeit und die Behandlung der politischen Gefangenen. Das Interesse für die Gefängnisarbeit dürfte für die damalige Zeit zweifellos auf wirtschaftliche Gesichtspunkte zurückzuführen sein. Bei den einzelnen Anträgen, die auf diesem Gebiete von der Sozialdemokratie gestellt wurden, ist jedenfalls das Bestreben unverkennbar, in erster Linie die Konkurrenz einzuschränken, die der Arbeiterschaft, in der der Sozialismus von jeher die meisten seiner Anhänger suchte und fand, aus der Gefängnisarbeit erwuchs. Daneben wurden allerdings auch schon frühzeitig bei den Debatten im Plenum positive Vorschläge zur Beschäftigungsweise der Gefangenen gemacht, mit denen man wenigstens in gleicher Weise die Lage der gefährdeten Berufstätigen, wie das Los der Gefangenen verbessern zu können glaubte. Wenn sich die Sozialdemokraten ferner für die politischen Gefangenen in besonderem Maße einsetzten, so ist dies unschwer daraus zu erklären, daß diese damals zum größten Teil ihren eigenen Reihen angehörten, und zwar nicht zuletzt gerade denen der sozialdemokratischen Abgeordneten selbst.

Das erste Eingreifen in die Strafvollzugsdebatten erfolgte im Zusammenhang mit einem von bürgerlicher Seite gestellten Antrag. Nachdem schon am 29. V. 1869 der Reichstag des Norddeutschen Bundes beschlossen hatte, den Bundeskanzler um Vornahme einer amtlichen Untersuchung über den Einfluß der Zuchthausarbeit auf die Lage der freien Arbeiter im Bundesgebiete zu ersuchen (Antrag Bürgers, Hirsch und Genossen), beantragte der Abgeordnete

Dr. Schweitzer in der Reichstagssitzung vom 18. III. 1870, als der Präsident den Eingang der Äußerungen der Bundesregierung mitteilte, die Drucklegung des gesamten Materials. Sein Antrag wurde jedoch nicht angenommen[1]).

Die Bedeutung, die man diesen Fragen von sozialistischer Seite damals allgemein beimaß, geht in besonders deutlicher Weise daraus hervor, daß die Forderung der „Regelung der Gefängnisarbeit" wenige Jahre darauf in das erste Programm aufgenommen wurde, daß sich die aus dem Allgemeinen deutschen Arbeiterverein (Lasalle) und der Sozialdemokratischen Arbeiterpartei (Bebel und Liebknecht) zur Sozialistischen Arbeiterpartei Deutschlands geeinigte Bewegung 1875 in Gotha gab[2]). Wie man sich die Durchführung dieses Programmpunktes dachte — des einzigen, der, wenn auch vom Standpunkt der Wirtschaftspolitik ausgehend und an sich nur eine Arbeiterschutzgesetzgebung anstrebend, wenigstens indirekt den Strafvollzug berührte —, wurde nicht gesagt. Das zeigte sich erst in der parlamentarischen Praxis.

So legte schon 1876 der Abgeordnete Most dem Reichstag mehrere Petitionen von Schuhmachern und Buchbindern vor und beantragte, man solle unverzüglich dafür Sorge tragen, daß Arbeiten, die von diesen Berufsgruppen ausgeübt würden, künftig nur insoweit vorgenommen werden dürften, als sie zur Deckung der Bedürfnisse der Strafanstalten selbst und anderer Staatsbetriebe erforderlich seien, nicht aber im Auftrage und zum Vorteil privater Unternehmer[3]). Damit hatte er sich bereits eindeutig für den Regiebetrieb ausgesprochen, für den die Sozialisten später auch stets eingetreten sind.

Der Stellungnahme zum Problem des Betriebssystems folgte bald eine solche zu der Frage, welche Arbeiten in den Gefängnissen hergestellt werden sollten. In einem Abänderungsantrag Fritzsche und Genossen (zum Antrag Bürgers, Dr. Hirsch und Walter vom 8. II. 1878) wurde, ebenfalls unter Berücksichtigung der den Außenstehenden durch die Gefängnisarbeit drohenden Konkurrenz, gewünscht, daß der Reichstag den Bundesregierungen empfehle, bei den Beschäftigungsarten tunlichste Mannigfaltigkeit herrschen zu

---

[1]) Verhandlung d. Reichstags d. Nordd. Bundes, Sitzg. v. 18. III. 1870; vgl. auch Bürgers in d. Reichstagssitzg. v. 14. II. 1878, S. 34.

[2]) Vgl. Oborniker, Strafrecht und Strafvollzug im Lichte der deutschen Sozialdemokratie, Arch. f. Krim. Anthropol., 30. Bd., S. 211.

[3]) Verhandlung d. Deutschen Reichstags, 2. Legislaturper., IV. Session, 3. Bd., Anlagen, S. 848 ff.

lassen und nach Möglichkeit jeden Gefangenen bei seiner bisherigen Berufsarbeit zu belassen. Die von den Unternehmern zu zahlenden Löhne sollten, um die freie Arbeiterschaft nicht zu unterbieten, nach der sonst üblichen Höhe bemessen werden. Man gab dabei zu erwägen, ob dieser Zweck nicht am besten durch öffentliche Ausschreibung der zu vergebenden Arbeiten erreicht werden könne[4]). Während somit dieser Antrag sich mit dem an sich unerwünschten Unternehmerprinzip abfindet, machte Bebel 1879 einen neuen Vorstoß zu dessen Beseitigung. Als damals in einer von bürgerlicher Seite eingebrachten Resolution der Reichskanzler gebeten wurde, für den Fall einer Tabaksteuererhöhung bei den Länderregierungen auf Einschränkung der Tabakfabrikation in den Strafanstalten hinzuwirken, beantragte er unter Ablehnung dieser seiner Ansicht nach wenig nützlichen Resolution, sich für die völlige Beseitigung der Tabakverarbeitung in sämtlichen deutschen Strafanstalten, Untersuchungsgefängnissen und öffentlichen Arbeitshäusern bis spätestens Ende des Jahres auszusprechen[5]).

Zu einem gewissen Abschluß kamen diese ganzen Bestrebungen im Jahre 1885. Im Rahmen eines Gesetzentwurfs zur Abänderung des Titels I der Gewerbeordnung wollte die Sozialdemokratie auch endgültig die Regelung der Gefangenenarbeit vorgenommen wissen und stellte deshalb den Antrag, in diese folgende Bestimmung einzufügen:

„§ 13 a. In Straf-, Versorgungs- und Beschäftigungsanstalten, welche aus öffentlichen Mitteln unterhalten oder unterstützt werden, sind gewerbliche Arbeiten in erster Reihe für den eigenen Bedarf, den Bedarf des Reichs, eines Staates oder der Gemeinde auszuführen. — Die Arbeit für Privatunternehmer oder die Herstellung gewerblicher Erzeugnisse zum Verkauf für eigene Rechnung, für Rechnung des Reichs, eines Staates oder der Gemeinden zu niedrigeren als den marktmäßigen Preisen ist untersagt[6]).“

---

[4]) Ebenda, 3. Legislaturper., II. Session, 2. Bd., S. 1678 f. In dem gleichen Antrag wurde ferner gewünscht, daß die Strafanstaltsdirektoren von Zeit zu Zeit in den Tageszeitungen bekannt geben sollten, welche Berufe von den Häftlingen ausgeübt und zu welchen Bedingungen die Arbeiten vergeben würden. Bei der Besprechung im Plenum erklärte Fritzsche, der Antrag enthalte Vorschläge der Handelskammer Leipzig (Reichstagssitzg. v. 14. II. 1878, Prot. S. 37).

[5]) Reichstagssitzung vom 7. VII. 1879, Prot. S. 2105 ff.

[6]) Antrag v. 19. XI. 1885, verhandelt in der Reichstagssitzg. v. 2. XII. 1885, Prot. S. 169. Vgl. auch Auer in d. Reichstagssitzg. v. 4. XII. 1885, Prot. S. 208: die Gefängnisarbeit werde niemals in einer befriedigenden Weise geregelt werden, wenn dies nicht einheitlich durch das Reich geschehe.

Bei diesem grundsätzlichen Vorschlag blieb man lange Zeit stehen. Der Antrag wurde 1890 und 1902 wiederholt, kam jedoch nie zur Annahme[7]).

Gelegentlich der Erörterungen, die über die erwähnten Anträge im Plenum jeweils geführt wurden, machten die sozialdemakratischen Redner auch wiederholt eingehendere Ausführungen darüber, wie sie sich die Beschäftigung der Gefangenen im einzelnen dachten. Es zeigt sich dabei, daß sie sich immer wieder für die Übernahme staatlicher Arbeiten, beispielsweise die Kultivierung von Ödland, die Angliederung landwirtschaftlicher Betriebe an Strafanstalten, oder die Herstellung gewerblicher Erzeugnisse, soweit sie in Staatsbetrieben gebraucht werden, wie Kleider, Schuhe, Möbel und Bürobedarfsartikel einsetzen. Wir werden noch an besonderer Stelle hierauf zurückzukommen haben.

Die Behandlung der politischen Gefangenen, der die Sozialdemokratie neben der Gefängnisarbeit in der ersten Zeit vorzugsweise ihre Aufmerksamkeit widmete, wurde von ihr im Reichstag eingehender erstmals 1875 durch eine Petition des Abgeordneten Most zur Sprache gebracht. Most, der damals selbst eine längere Gefängnisstrafe in Plötzensee verbüßte, ersuchte den Reichstag, „auf das Zustandekommen eines Gesetzes, durch welches die Behandlung politischer Gefangener in zeitgemäßer Weise geregelt werde, baldmöglichst hinzuarbeiten“. Die Notwendigkeit hiezu folgerte er aus der Ungleichheit des Strafvollzugs in den deutschen Strafanstalten, die er aus eigener Erfahrung kennengelernt hatte. Insbesondere die Selbstbeköstigung und Selbstbeschäftigung, so führte er in der Begründung aus, werde in keiner Weise nach einheitlichen Grundsätzen gehandhabt. Teils sei das Recht der Selbstbeköstigung jedem eingeräumt, teils nur leichter Bestraften und stellenweise sei es sogar ganz ausgeschlossen. Ebenso bestehe in einigen Gefängnissen für alle Insassen Arbeitszwang, in anderen gebe es diesen aber überhaupt nicht. So gleiche daher die Gefängnisstrafe bald der Festungshaft, bald der Zuchthausstrafe. Ein einheitliches Strafvollzugsgesetz, das insbesondere auch gesonderte Bestimmungen über die Behandlung der politischen Gefangenen bringen müsse, sei deshalb dringend erwünscht. Die zurzeit in Haft befindlichen politischen Gefangenen könnten aber auf die „demnächstige“ gesetzliche Regelung nicht warten,

---

[7]) Verhandlung des Deutschen Reichstags, 10. Legislaturper., II. Session, 7. Bd., Anl. Nr. 787, S. 4959; vgl. auch Dr. Siegfrieda, Die Gefängnisarbeit, Neue Zeit 1906, 2. Bd., S. 864.

und aus diesem Grunde bitte er durch eine Art Notgesetz den größten Mißständen möglichst schleunig abzuhelfen, das heißt vor allem ihnen die Selbstbeköstigung und Selbstbeschäftigung gesetzlich zu gewährleisten[8]). (Es ist in diesem Zusammenhang daran zu erinnern, daß bereits 1870 der Reichstag des Norddeutschen Bundes einen Antrag Fries (Nat.-Lib.) angenommen hatte, der eine Bundesratsvorlage zur reichsgesetzlichen Regelung der Strafvollstreckung forderte, die auch 1873 in Angriff genommen wurde. Hieraus erklärt sich die Erwartung eines Gesetzes über den Strafvollzug.) Die Petition Mosts wurde von Liebknecht im Plenum warm unterstützt. Sie kam am gleichen Tage zur Sprache wie der bekannte Antrag Tellkampf vom 11. XII. 1874, in dem der Reichskanzler aufgefordert wurde, dem Reichstag „den Entwurf eines Gefängnisgesetzes, betreffend die zu regelnde Strafvollstreckung und die Reform des Gefängniswesens" auf Grund des Art. 4, Nr. 13, der Reichsverfassung vorzulegen[9]). Liebknecht benutzte die Gelegenheit — zum Antrag Tellkampf selbst sprach er nicht — um auch seinerseits darauf hinzuweisen, daß dem Zustande der Rechtlosigkeit, in dem sich der Gefangene im allgemeinen noch befinde, unbedingt ein Ende gemacht werden müsse und daß gesetzliche Garantien zu schaffen seien, die genau bestimmten, was hauptsächlich hinsichtlich der Beschäftigung und Beköstigung den Inhaftierten an Rechten gewährt werde. Besonders bemerkenswert ist noch, daß Liebknecht sich auch gegen die Zwangsarbeit in den Gefängnissen, der selbst die politischen Gefangenen unterworfen würden, wandte. Er betonte, daß ein derartiger Arbeitszwang seiner Ansicht nach zweifellos in Widerspruch mit § 16 RStGB. stehe[10]).

Der Reichstag verschloß sich seinen Ausführungen nicht. Die Petition wurde dem Reichskanzler überwiesen, mit dem Ersuchen,

---

[8]) Verhandlung d. Deutschen Reichstags, 2. Legislaturper., II. Session, 4. Bd., Anl. Nr. 214, S. 1269 ff.

[9]) Ebenda, Anl. Nr. 113, S. 942 f. In der Begründung zu diesem Antrag Dr. Tellkampfs wurde ausgeführt, es erscheine unbegreiflich, wie man bei der Schaffung fast aller Strafgesetze vor der Regelung des Strafvollzugs habe stehen bleiben können. Der Gesetzgeber rechne überall mit den unbekannten Größen Haft, Gefängnis und Zuchthaus, ohne zu sagen, was sie eigentlich seien. Es zeige sich hier eine „wahrhaft erschreckende Prinzipienlosigkeit, wo es sich um die Verwirklichung der Gerechtigkeit" handle.

[10]) § 16, Abs. 2 RStGB. lautet bekanntlich: „Die zur Gefängnisstrafe Verurteilten können in einer Gefangenenanstalt auf eine ihren Fähigkeiten und Verhältnissen angemessene Weise beschäftigt werden; auf ihr Verlangen sind sie in dieser Weise zu beschäftigen."

auf eine gesetzliche Regelung des Strafvollzugs in den einzelnen Ländern, in denen diese noch nicht erfolgt sei, insbesondere in Preußen, hinzuwirken, wobei auf die genaue Einhaltung der in § 16 RStGB. über die Beschäftigung der Gefangenen gegebenen Richtlinien zu achten sei. Auch teilte die Mehrheit der Abgeordneten grundsätzlich die Auffassung Liebknechts, daß eine zwangsweise Beschäftigung der Gefängnisgefangenen mit Arbeiten, die ihrer sonstigen Tätigkeit nicht entsprechen, mit der genannten Bestimmung des Reichsstrafgesetzbuches nicht vereinbart werden könne und verlangte deshalb z. B. die Aufhebung einer entgegenstehenden Vorschrift der Hausordnung für das Berliner Strafgefängnis[11]).

Die Forderung einer besseren Behandlung der politischen Gefangenen verbunden mit der einer r e i c h s g e s e t z l i c h e n Regelung des gesamten Gefängniswesens wurde in den folgenden Jahren von den sozialdemokratischen Fraktionsrednern bei den Justizdebatten öfters wiederholt. Meistens führten sie dabei eine Reihe bestimmter Vorkommnisse an, die Anhaltspunkte dafür geben, was als Mißstand betrachtet wurde und welche Änderungen im einzelnen getroffen werden sollten. Diese Beschwerden richteten sich im wesentlichen gegen das Kahlscheren der politischen Gefangenen, gegen die Anrede mit „du", das Zusammenlegen und Zusammenfesseln mit gemeinen Verbrechern und ihre Fesselung in der Öffentlichkeit überhaupt, soweit hiefür kein stichhaltiger Grund vorlag, gegen die Beschäftigung von Redakteuren mit Kaffeebohnenlesen, Stuhlflechten, Werkzupfen, Tütenkleben und ähnlichem, gegen das Verbot der Beschaffung von Zeitungen oder sonstiger Lektüre[12]). Es liegt sehr nahe anzunehmen, die Beseitigung dieser Dinge sei zum Teil auch für sämtliche Strafgefangenen schlechthin, nicht nur für die politischen, gewünscht worden, wie dies später ja auch öfters ausgesprochen wurde. Indessen betreffen die damals vorgetragenen Vorkommnisse tatsächlich n u r politische Gefangene und die Erörterungen beschränkten sich stets auf diese.

Auf literarischem Gebiete nahmen die Sozialisten ebenfalls frühzeitig zum Strafvollzuge Stellung. Im ersten Jahrgang der sozialistischen Revue „Die Zukunft" (1877/78) wurde unter dem

---

[11]) Reichstagssitzung vom 29. I. 1875, Prot. S. 1416 f. u. 1424.

[12]) Vgl. insbes. Geyer, Reichstagssitzg. v. 21. V. 1890, Prot. S. 204; Stadthagen, Reichstagssitzg. v. 31. III. 1898. Prot. S. 1935 ff.; Schippel, Sozialdem Reichstagshandbuch 1902, S. 968 ff.

Pseudonym N. N. eine Artikelreihe „Strafrecht, Strafverfahren und Strafvollzug im Lichte des Sozialismus, unter besonderer Berücksichtigung eines für das Deutsche Reich zu verfassenden Strafvollzugsgesetzes“ veröffentlicht, die als eine umfassende Behandlung des Strafvollzugsproblems bezeichnet werden kann und eine Reihe praktischer Vorschläge enthält, die in vielem sich noch mit den gegenwärtigen Bestrebungen eng berühren. Eine unmittelbare Auswirkung scheinen diese Aufsätze allerdings nicht gefunden zu haben, da weder in der späteren Literatur noch in den Diskussionen der Parlamente oder auf dem Mannheimer Parteitag von 1906, wo der Strafvollzug erörtert wurde, ein Hinweis auf sie zu finden ist. Sie verdienten jedoch sehr wohl, daß man sie nicht der Vergessenheit überlasse, gerade jetzt, wo nach über einem halben Jahrhundert das Strafvollzugsgesetz im Entwurf vorliegt. Und sie verdienten es auch wohl aus mehr als rein historischem Interesse.

Der ungenannt gebliebene Verfasser, der den Vergeltungsgedanken ablehnt, weil der Mensch „nicht frei in seinem Tun und Lassen“ sei, wünscht, daß der Strafvollzug ausschließlich dazu benutzt werde, die Gefangenen wieder zu möglichst nützlichen Mitgliedern der menschlichen Gesellschaft zu machen[13]). Er tritt also für den Resozialisierungsgedanken im Strafvollzug ein, der sich heute immer mehr Bahn bricht. Sein Ziel glaubt er am besten erreichen zu können durch eine möglichst weitgehende Differenzierung der Gefangenen in kleine, unter dem Gesichtspunkte der Förderung des Besserungszweckes der Strafe zu bildende Gruppen, und zwar im Rahmen einer einzigen Form der Freiheitsstrafe und eines progressiven Verlaufs der Strafe. Innerhalb dieser Gruppen soll ein „freier, wenn auch beaufsichtigter Verkehr“ gestattet sein[14]). Wie man sich die Verwirklichung dieser Ideen zu denken hat, dürfte am besten veranschaulicht werden durch einen seiner eigenen Sätze: „Die Gefängnisse würden sich von großen Fabriken oder Ackerbaukolonien, in und auf welchen freie Arbeiter beschäftigt sind, nur dadurch unterscheiden, daß ihre Insassen, soweit nötig, außer Berührung mit der freien Bevölkerung gehalten würden, daß sie einer angemessenen Hausordnung, den Befehlen und der Disziplinargewalt der Vorgesetzten unterworfen wären[15]).“ Alle Maßnahmen aber, die der

[13]) a. a. O. S. 671 ff. (754). Meine Versuche, festzustellen, wer wohl der Verfasser dieser Artikel war, sind leider vergeblich gewesen. Die Zeitschrift ist bereits im Laufe des 2. Jahrganges eingegangen.

[14]) a. a. O. S. 675.

[15]) a. a. O. S. 671.

Abschließung der Gefangenen von der Gesellschaft dienen, die eine Beschränkung ihrer Willensfreiheit und die Unterordnung unter eine gewisse Disziplin herbeiführen, sollen, wie ausdrücklich betont wird, nur die Besserungsarbeit ermöglichen — nicht ein Strafübel sein — und sind demgemäß auf das hienach erforderliche Maß zu beschränken. Am Schlusse seiner Ausführungen, auf die wir im einzelnen noch zurückkommen werden, faßt N. N. diese programmatisch zusammen. Berücksichtigt man seine übrigen Vorschläge, so ergeben sich dabei im großen und ganzen folgende Forderungen:

a) Individualisierung des Strafvollzugs innerhalb eines progressiven Verlaufs der Strafe[16]).

b) Beschränkung der absoluten Isolierhaft und des Schweigesystems auf diejenigen, die durch ihren Charakter die Besserung der übrigen Gefangenen gefährden oder die Isolierung ausdrücklich wünschen[17]).

c) Verbesserung der Arbeitsmethoden durch Einführung der Großindustrie und möglichste Ausdehnung der Gefangenenarbeit auf die Landwirtschaft. Beschränkung der Arbeitszeit auf 12 Stunden und der Schlafzeit auf 7 Stunden. Gelegenheit zur Fortbildung in der freien Zeit. Selbstbeschäftigung für jeden Gefangenen gegen eine angemessene Entschädigung von seiten des Gefangenen an den Staat, soweit sie sich mit den Einrichtungen der Strafanstalt verträgt. Entlohnung in solcher Höhe, daß sich der Gefangene eine Zubuße zur gemeinsamen Kost beschaffen und angemessene Ersparnisse für die Zeit nach seiner Entlassung zurücklegen kann.

d) Kräftige Kost und das Recht der eben erwähnten Beschaffung von Zusatznahrung für jeden Gefangenen.

e) Geräumige Bauweise und gute Ventilation aller Räume, Einrichtung von Wasserleitungen.

f) Einführung eines obligatorischen Turnunterrichtes.

g) Vorläufige Entlassung oder Begnadigung, wenn nach Ansicht des Beamtenkonvents der Gefangene „ohne Gefahr der bürgerlichen Gesellschaft zurückgegeben“ werden kann. Einräumung eines Rechts auf Arbeit für den Entlassenen, das heißt Beschaffung von ausreichender und lohnender Arbeit durch die zuständigen Behörden, soweit es der zur Entlassung Gekommene verlangt.

---

[16]) a. a. O. S. 755 f.
[17]) a. a. O. S. 707.

h) Beschränkung der Dienstzeit der Aufseher auf höchstens acht Stunden, Errichtung von Seminaren für die Aufsichtsbeamten.

i) Einsetzung einer Aufsichtskommission, die von der betreffenden Landes- oder Gemeindevertretung zu wählen ist.

Diesen für sämtliche Freiheitsstrafen geltenden Forderungen — der Verfasser macht hier seine Vorschläge ausdrücklich unter Zugrundelegung der gegenwärtigen Gesetzgebung, die ja noch keine Einheitsstrafe kennt — folgen besondere für die einzelnen Strafarten. Während dabei die Haftstrafe keine wesentlichen Änderungen zu erfahren braucht, soll für die Festungsstrafe die ständige Isolierung und die Abschließung der Zellen verboten, nach Möglichkeit freie Bewegung innerhalb eines begrenzten Gebietes gestattet, und das Tragen der eigenen Kleider, Selbstbeköstigung und Selbstbeschäftigung, Tabakgenuß und unbeaufsichtigtes Korrespondieren bedingungslos gewährt werden.

Für die Gefängnis- und Zuchthausstrafe wird das Progressivsystem unter Bildung von drei Klassen vorgeschlagen. Der Gefangene kommt zunächst auf die Dauer von höchstens drei Monaten in die dritte Klasse, für die absolute Isolierhaft und Schweigegebot, soweit Kollektivhaft besteht, zulässig sind. Er hat dort die übliche Sträflingskleidung zu tragen und seine Korrespondenz wird überwacht. In der zweiten Klasse ist absolute Isolierung nicht gestattet, ebenso ist das Schweigegebot in der Kollektivhaft aufgehoben. Die Angehörigen der ersten Klasse genießen als weitere Vergünstigungen das Recht, ihre eigenen Kleider zu tragen und dürfen ohne Kontrolle korrespondieren. Bei schlechter Führung ist Rückversetzung möglich. Über die näheren Umstände, unter denen das Aufrücken, insbesondere von der zweiten zur ersten Klasse, und die Rückversetzung erfolgt und auch darüber, ob die erforderlichen Entscheidungen vom Direktor allein oder von dem für die Entlassung zuständigen Beamtenkonvent getroffen werden sollen, läßt sich der Verfasser nicht aus. Er meint nur, entsprechend dem Charakter der Gefangenen dürfte in Zuchthäusern im Gegensatz zu den Gefängnissen die dritte Disziplinarklasse sehr stark, die zweite schwächer und die erste vielleicht gar nicht besetzt sein, wobei er anscheinend übersieht, daß die kurzfristigen Gefängnisstrafen und die Mindestdauer der Zuchthausstrafe von einem Jahr bei der geforderten Begrenzung der Zugehörigkeit zur ersten Stufe auf höchstens drei Monate das Bild von vornherein stark verschieben dürften. Auf die politischen Gefangenen, gleichgültig, zu welcher Strafe sie verurteilt sind, finden die Bestimmungen über den Stufenstrafvollzug keine Anwendung. Sie sind von den übrigen Gefangenen stets zu trennen und wie Festungsgefangene zu behandeln.

Die Vorschläge, die hier gemacht wurden, führten indessen ebensowenig zu einem praktischen Ergebnis wie die Anträge und Anregungen im Reichstag. Der vom Reichsjustizamt verfaßte Entwurf eines Reichsgesetzes über die Vollstreckung der Freiheitsstrafen wurde bekanntlich im Jahre 1879 dem Bundesrat vorgelegt, scheiterte aber an der Kostenfrage und kam deshalb überhaupt nicht vor den Reichstag. Dort bewegte sich daher die Diskussion nach wie vor in den bisherigen Bahnen: man beklagte sich über die Behandlung der inhaftierten Redakteure, die unzulänglichen Einrichtungen in den Gefängnissen, die nicht den Anforderungen der Hygiene entsprächen (Kübelsystem, schmutzige Bettwäsche, fehlende Durchlüftung der meist auch zu kleinen Zellen, Ungeziefer usw.), und verlangte wiederholt — was übrigens auch von bürgerlicher Seite geschah (Windthorst, Bamberger usw.) — die reichsgesetzliche Regelung des Strafvollzugs[18]).

Zu erwähnen ist hier vor allem eine Rede Geyers vom Jahre 1890, in der die prinzipielle Einstellung der Sozialdemokratie zur Behandlung der politischen Gefangenen klar zum Ausdruck kommt. Geyer verlangte damals, daß man die politischen Gefangenen von den wegen gewöhnlichen Verbrechen Inhaftierten völlig trenne und „außer der Freiheitsberaubung keinerlei weiteren Einfluß“ auf ihre Entschließungen und ihre Tätigkeit ausübe[19]).

Die Ergebnislosigkeit des seit der Reichsgründung von fast allen Seiten des Reichstags immer wieder erhobenen Rufes nach einem Reichsstrafvollzugsgesetz hatte zur Folge, daß 1892 aus der Mitte des Parlaments selbst ein Gesetzentwurf über den Vollzug von Freiheitsstrafen bis zur Dauer von sechs Wochen (Antrag

[18]) Vgl. z. B. Interpellation Windthorst v. 7. V. 1878 (Verhandlung des Deutschen Reichstags, 3. Legislaturper., II. Session, Anl. Nr. 214, verhandelt in d. Reichstagssitzung vom 14. V. 1878, Prot. S. 1307), die Anfrage Eysoldts (Reichstagssitzg. v. 3. XII. 1881, Prot. S. 191) und Dr. Bambergers (Reichstagssitzg. v. 21. V. 1890, Prot. S. 197). Auf die letztere erklärte der Regierungsvertreter, man strebe die Vereinheitlichung nach wie vor an, aber die finanziellen Schwierigkeiten seien zurzeit kaum zu überwinden. Für Preußen allein käme — hauptsächlich infolge der vorgesehenen Durchführung des Einzelhaftsystems — eine einmalige Erstausgabe von 115 Millionen Mark und eine jährliche Budgeterhöhung von 6 Millionen in Frage (Prot. S. 200 f.).

[19]) Reichstagssitzg. v. 21. V. 1890, Prot. S. 207.

Professor von Bar u. Gen.) vorgelegt wurde, der das Einverständnis sämtlicher Parteien fand und insbesondere auch von der Sozialdemokratie durch ihr Fraktionsmitglied Auer lebhaft begrüßt wurde[20]).

Dieser Entwurf sah für die bis zu der genannten Zeitdauer bestraften Haft- und Gefängnisgefangenen unter gewissen Voraussetzungen (Nichtvorliegen paragraphenmäßig bestimmter ehrenrühriger Delikte) hauptsächlich die Gewährung einer Einzelzelle mit Zulassung von Besuchen, das Tragen eigener Kleider, Selbstbeköstigung und, soweit es die Verhältnisse gestatten, die Beschaffung von eigenem Mobililiar, eigenen Arbeits- und Beleuchtungsmitteln, sowie die Selbstbeschäftigung gegen entsprechende Vergütung vor. Auch sollte das Gericht die Möglichkeit haben, schon im Urteil auf die Gewährung der genannten Vergünstigungen zu erkennen. Zur Frage der Behandlung des Verurteilten enthielt der Entwurf den bemerkenswerten Satz: „Eine Behandlung, welche ihn als Sträfling kennzeichnet, ist nicht zulässig" [21]). Ihre praktische Auswirkung hätten wohl auch diese Bestimmungen in erster Linie bei den politischen Gefangenen gefunden, da hier in der Regel die Voraussetzungen für ihre Anwendung vorlagen, und bei den Betroffenen selbst wohl auch die Möglichkeit bestand, von allen vorgesehenen Erleichterungen Gebrauch zu machen.

Schließlich zeitigten die Bestrebungen zur Vereinheitlichung des Strafvollzuges wenigstens den Erfolg, daß sich die Bundesregierungen auf gewisse Richtlinien einigten, die bekannten Bundesratsgrundsätze vom 28. X. 1897. Diese Grundsätze genügten jedoch den Wünschen der Sozialdemokratie in keiner Weise und konnten ihnen, soweit wir sie bisher kennengelernt haben, auch nicht genügen. Es ist wiederum der Abgeordnete Auer, der sich in einer ausführlichen Rede am 31. I. 1898 mit ihnen befaßte[22]). Er bemängelte dabei insbesondere, daß sie gerade die Frage, die von den Rednern der sozialdemokratischen Fraktion selbst, aber auch von bürgerlicher Seite wiederholt angeschnitten worden sei, nämlich die Behandlung der politischen Gefangenen überhaupt nicht berührten und daß diese nach wie vor den ge-

[20]) Vgl. insbes. Reichstagssitzg. v. 18. I. 1897, S. 4120 f., wo sich Auer nochmals lebhaft für diesen Antrag einsetzte und bedauerte, daß von seiten der Regierung nichts geschehen sei, um den Wünschen des Hauses Rechnung zu tragen.

[21]) Verhandlung d. Deutschen Reichstags, 10. Legislaturper., II. Session, Anl. Nr. 589, Antrag v. 14. I. 1892.

[22]) Reichstagssitzg. v. 31. I. 1898, Prot. S. 756 ff.

wöhnlichen Strafgefangenen gleichgestellt blieben[23]). Als ihren schlimmsten Mangel bezeichnete er aber, daß alles in das Belieben der Aufsichtsbehörden gestellt sei und keinerlei gesetzliche Garantien gegeben würden, wie das der Reichstag immer verlangt habe. Nirgends, meinte er, werde dem Gefangenen ein rechtlicher Anspruch eingeräumt, den er auch tatsächlich geltend machen könne und dessen Gewährung unbedingt erforderlich sei, namentlich, soweit es sich um die in gewissen Grenzen vorgesehene Selbstbeschäftigung und Selbstbeköstigung handle. Auer schloß daher wiederum seine Rede mit der Frage, wann endlich man zu einer gesetzlichen Regelung des Strafvollzuges käme[24]). In ähnlicher Weise äußerten sich später Stadthagen, Bebel und Heine[25]). Letzterer hielt das Vorgehen der Bundesregierung auch verfassungsrechtlich für sehr bedenklich, da es eine Umgehung des Gesetzgebungsrechts des Reichstags bedeute, wenn die verbündeten Regierungen das vom Reichstag verlangte Strafvollzugsgesetz nicht vorlegten, sondern unter sich unverbindliche Vereinbarungen träfen — eine Auffassung, die man allerdings nicht teilen kann[26]).

Während im Reichstag nach wie vor noch längere Zeit die politischen Gefangenen im Mittelpunkt des Interesses blieben, haben in der sozialistischen Presse- und Zeitungsliteratur daneben die Veröffentlichungen der Erlebnisse krimineller Gefangener wachsende Beachtung gefunden[27]). Abgesehen von den bekannten Büchern von Leuß und Treu und der von Auer auf Grund einer

---

[23]) a. a. O. S. 757.

[24]) a. a. O. S. 760.

[25]) Stadthagen, Reichstagssitzg. v. 22. II. 1899, Prot. S. 1052 ff.; Bebel, Reichstagssitzg. v. 23. III. 1900, Prot. S. 4937; Heine, Reichstagssitzg. v. 22. II. 1899, Prot. S. 1040 ff., v. 8. II. und v. 22. XI. 1902. In letzterer erklärte Heine in Zusammenhang mit einer von seiner Fraktion eingereichten Interpellation betreffend die baldige Vorlage eines Strafvollzugsgesetzes (Interpell. Albrecht u. Gen.), man könne nicht noch ein zweites Mal 30 Jahre auf die Reform des Strafvollzugs warten. Wenn nicht alle Hoffnung trügt, wird es nun wenigstens nicht noch länger dauern.

[26]) Reichtagssitzg. v. 22. II. 1899, Prot. S. 1041. — Der alte Reichstag hatte zwar das Recht der Gesetzesinitiative, aber keine Möglichkeit, den Bundesrat zu der Erteilung der sogenannten Sanktion zu veranlassen, ohne die ein Gesetz nicht geschaffen werden konnte. Anderseits aber stand den verbündeten Regierungen nichts im Wege, die ergangenen Vereinbarungen zu treffen, solange der Strafvollzug noch nicht reichsrechtlich geregelt war (vergleiche Art. 5 Abs. 1 der R.-Verf. v. 16. IV. 1871).

[27]) Vgl. Heine, Soz. Monatsh. 1904, 2. Bd., S. 1013, und 1906, 2. Bd., S. 754; Leuß, Neue Zeit, 18. Jahrg., 1. Bd., S. 213 ff. u. 324 f.

Umfrage bei Gefangenen herausgegebenen Broschüre über die Wirkungen der Haft, sind hier vor allem die Publikationen des „Vorwärts" selbst zu nennen, der 1904 an Hand von Aktenmaterial über die Schicksale einiger Geisteskranker berichtete, die, irrtümlich für Simulanten gehalten, diszipliniert worden waren und deren wahren Zustand man erst zu spät, das heißt kurz vor ihrem Tode erkannte (Fälle Skläroff, Große, Kleiser usw.). Die Artikel des „Vorwärts" hatten den auch von der breiteren Öffentlichkeit mit Interesse verfolgten sogenannten Plötzenseeprozeß zum Nachspiel und schoben damit besonders das Problem der Behandlung der geistig Minderwertigen und des Disziplinarstrafwesens in den Vordergrund[28]). Im Reichstag brachte Auer auf Grund der genannten Vorgänge eine Resolution ein, in der er beantragte, daß schleunigst Maßnahmen zur rechtzeitigen Feststellung etwaiger körperlicher und geistiger Erkrankung und zur erforderlichen Hilfeleistung in derartigen Fällen getroffen würden, daß ferner die Verhängung von schweren Disziplinarstrafen unter Rechtsgarantien gestellt und dem Reichstag jährlich eine Übersicht über Zahl, Art und Anlaß der verfügten Disziplinierungen vorgelegt werde[29]). Der Antrag wurde abgelehnt. Gradnauer, der die Fälle alsbald im Plenum zur Sprache brachte, verlangte außerdem noch nachdrücklich, daß man zu einer entschiedenen Verbesserung und Vermehrung des ärztlichen Personals schreiten müsse[30]).

Auf die erwähnten Ereignisse im Gefängnis Plötzensee ist auch die 1905 veröffentlichte Broschüre Gradnauers „Das Elend des Strafvollzugs" zurückzuführen. Hier setzt sich Gradnauer mit der Frage der Behandlung Geisteskranker nochmals auseinander und unterzieht dann die damaligen Zustände in den Strafanstalten im allgemeinen einer kritischen Untersuchung. Seine Kritik ist von äußerster Schärfe. Er findet, daß dieser Strafvollzug der Rache, wie er ihn nennt, nicht geeignet sei, die Verbrechen zu verringern, sondern sie im Gegenteil, wie die Rückfallsziffern bewiesen, vermehre[31]). Den Grund für diese Erscheinung sieht er darin, daß das ganze System, auf dem Gedanken der Vergeltung,

---

[28]) Vgl. Gradnauer, Das Elend des Strafvollzugs, Vorwort und S. 56 ff.

[29]) Verhandlung d. Dt. Reichstags, 11. Legislaturper., I. Session, 3. Bd., Anlage Nr. 413, Antrag v. 5. V. 1904.

[30]) Reichstagssitzg. v. 13. V. 1904, Prot. S. 2894 ff. (2901).

[31]) Georg Gradnauer, Das Elend des Strafvollzugs, 1905, Verlag Buchhandlg. Vorwärts, Berlin SW 68; S. 16 ff. (20).

der Niederdrückung und Demütigung des Gefangenen aufgebaut, ihn durch eine Reihe von grausamen Zwangsmaßnahmen abschrecken wolle, die geradezu die geeignetsten Voraussetzungen für den Rückfall schaffen würden. Als solche betrachtet er insbesondere die gesundheitsschädliche Isolierung, die unproduktive Beschäftigungsweise, die einen Widerwillen gegen jede Arbeit hervorrufen müsse, die zu weitgehende Abschließung von der Außenwelt, die bewirke, daß der Gefangene später keinen Halt mehr finde, und das Fehlen der erforderlichen körperlichen und geistigen Pflege. „In den heutigen Strafanstalten", sagte er, „werden nicht Verbrecher zu Menschen gemacht, sondern Menschen zu Verbrechern. Der Leib wird geschwächt, der Geist verödet, der Wille wird gebrochen. Nicht mit gestärkter Energie, nicht widerstandskräftiger als vordem, kehrt der Entgleiste in das Leben zurück, entkräftet und energielos muß er den Lebenskampf wieder aufnehmen. Unwiderstehlich muß er neuen Verbrechen anheimfallen und der Schuldige ist der Strafvollzug, der Staat, der dieses System der Unsinnigkeit und Grausamkeit unterhält"[32]). Einen „solchen Strafvollzug der Qual" müsse man ersetzen durch einen „Strafvollzug der Pädagogik", der die Besserung, Erziehung und Emporhebung des Gefangenen anstrebe[33]).

Ist die Broschüre Gradnauers im Gegensatz zur Artikelserie N. N.'s, wie schon ihr Titel zeigt, im wesentlichen der Schilderung der bestehenden Zustände gewidmet, einer Schilderung, die endet mit der Feststellung, daß das bisherige System Bankerott gemacht habe, so werden doch auch zahlreiche Reformvorschläge vorgelegt. Unter diesen sind besonders hervorzuheben: Weitgehende Einschränkung der Einzelhaft zugunsten einer Gruppengemeinschaft, Aufhebung des Schweigegebots, zeitgemäße Arbeitsmethoden, Beseitigung des Pensums, Ausbau der Bibliotheken und des Schulunterrichts, möglichste Freigabe des Verkehrs mit Freunden und Verwandten, Einstellung einer ausreichenden Zahl psychiatrisch vorgebildeter Ärzte mit angemessener Bezahlung, sorgfältige Auswahl und Vorbildung sämtlicher Beamten und endlich Schaffung von Rechtsgarantien für die Disziplinarstrafen, sofern man sich nicht zu deren Abschaffung entschließen kann[34]).

Das Interesse der Sozialdemokratie an der gesamten Strafrechtspflege war inzwischen so stark geworden, daß die Behand-

---

[32]) a. a. O. S. 29.
[33]) a. a. O. S. 15 u. 91.
[34]) a. a. O. S. 91 ff.

lung dieser Materie auf die Tagesordnung des Parteitages von 1906 zu Mannheim gesetzt wurde. Berichterstatter war der Rechtsanwalt und Reichstagsabgeordnete Hugo Haase, der spätere Führer der Unabhängigen und Volksbeauftragte. Er legte dem Parteitag eine Reihe von ihm ausgearbeiteter Thesen vor, die, wie der Vorsitzende Singer in seinem Schlußwort feststellte, als der Ausdruck der Meinung der Sozialdemokratischen Partei angesehen werden können und mit großer Mehrheit en bloc angenommen wurden[35]). Ihrer grundsätzlichen Bedeutung wegen — sie wurden von Singer auch den sozialdemokratischen Vertretern im Reichstag als Richtlinien empfohlen — seien sie hier, soweit sie den Strafvollzug betreffen, wörtlich zitiert:

„1. Der Strafvollzug ist durch Reichsgesetz einheitlich so zu gestalten, daß er nicht zur Niederdrückung und Peinigung der Verurteilten, der Opfer der bestehenden Gesellschaftsordnung, sondern zur Stärkung ihrer körperlichen, geistigen und sittlichen Widerstandskraft im Kampf ums Dasein führt. Abzuschaffen sind das Schweigegebot und die brutalen Disziplinarstrafen.
2. Für Jugendliche bis zum vollendeten 20. Lebensjahre sind besondere Anstalten unter pädagogischer Leitung, für geistig Minderwertige unter pädagogischer und ärztlicher Leitung zu errichten.
3. Ist der Zweck des Strafvollzugs erreicht, so ist der Verurteilte auch vor Ablauf der Strafzeit zu entlassen.
4. Dem Entlassenen gegenüber hat der Staat eine Fürsorgepflicht zur Beschaffung von Arbeit[36])."

In seinem Referat äußerte sich Haase zum Strafvollzug nur sehr kurz. Abgesehen von dem in den Thesen Gesagten, forderte er noch, daß diejenigen, die zum erstenmal in das Gefängnis kommen, nicht mit den alten Verbrechern zusammengebracht werden, und daß alle Gefangenen so behandelt werden sollen, daß sie wieder taugliche Mitglieder der Gesellschaft werden. Um dies zu erreichen, wünschte er eine umfassende, „von allen muckerischen Bestrebungen freie" Ausbildung und eine Beschäftigungsweise, die möglichst jeden Gefangenen in seinem Berufe weiterbildet. Arbeiten wie Erbsenlesen und Wergzupfen lehnte er deshalb ausdrücklich ab. Vor allem müsse man aber damit aufhören,

---

[35]) Protokoll über die Verhandlung d. Parteitags d. S. P. D. zu Mannheim 1906, Verlag Buchhandlung Vorwärts, Berlin, S. 378.
[36]) a. a. O. S. 142.

Personen, die vorher sich ausschließlich mit geistigen Arbeiten beschäftigt haben, wie etwa Redakteure, zu geistestötenden körperlichen Arbeiten zu zwingen[37]).

Man wird die Thesen und die Ausführungen Haases in seinem Referat heute als die abschließende Stellungnahme der Sozialdemokratie zum Strafvollzug vor der Umwälzung anzusehen haben. Im wesentlichen stimmen sie mit dem in der „Zukunft" veröffentlichten Artikel, den Ausführungen Gradnauers in seiner Broschüre „Das Elend des Strafvollzugs" und der Haltung der sozialistischen Abgeordneten im Reichstag überein. Sie sind aber offensichtlich weit zurückhaltender als jene Äußerungen und nehmen zu vielen praktisch wichtigen Fragen, wie Haftsystem, Arbeitszeit, Beköstigung, Unterricht, Verkehr mit der Außenwelt und anderem, im einzelnen keine Stellung — vom Stufensystem ganz zu schweigen. Was insbesondere die Thesen anbelangt, so läßt sich wohl kaum befriedigend erklären, warum gerade das Schweigegebot und die Disziplinarstrafen Beachtung gefunden haben, nicht aber Fragen wie die eben erwähnten, die ihnen an Bedeutung schwerlich nachstehen dürften. Der Eindruck einer gewissen Zufälligkeit läßt sich daher nicht ganz von der Hand weisen. Eine Ergänzung oder Abänderung haben die Thesen später nicht gefunden, wie überhaupt, soweit ich feststellen konnte, eine offizielle Stellungnahme der Partei zum Strafvollzuge, abgesehen von dem im Görlitzer und Heidelberger Programm enthaltenen Bekenntnis zur Erziehungsstrafe, seither nicht mehr erfolgt ist.

§ 2. Von der Staatsumwälzung bis zur Gegenwart.

Die Staatsumwälzung von 1918 hat der Sozialdemokratie die Möglichkeit gegeben, der Kritik die Tat folgen zu lassen und selbst an der Gestaltung des Strafvollzugs in den deutschen Ländern mitzuarbeiten. Hierin liegt der grundlegende Unterschied gegenüber der Zeit vor 1918.

Die Formen, in denen sich diese Mitarbeit vollzog, sind mannigfaltiger Art. Teils haben sozialistische Minister im Verordnungswege selbst Reformen im Strafvollzugswesen vorgenommen, teils neuen Gedanken die Wege geebnet, indem sie ihren Trägern die Gelegenheit gaben, sie zu verwirklichen, teils waren und sind Sozialisten im Strafvollzugsdienst tätig und können so unmittelbar ihre Auffassung zur Auswirkung kommen lassen und schließ-

---

[37]) a. a. O. S. 376 f.

lich auch auf Grund ihrer Erfahrungen die Anregungen und den Anstoß zu gesetzlichen Änderungen geben. Hierbei ist aber zu beachten, daß die konsequente Durchführung der sozialistischen Anschauungen auch auf dem Gebiete des Strafvollzugs von den Sozialisten selbst nur in einem sozialistischen Staate für möglich gehalten wird, daß man also auch heute noch die Voraussetzungen für ihre Durchführbarkeit begrenzt sieht, selbst da, wo einzelne an einer Stelle stehen, die ihnen praktischen Einfluß gewährt. Auch darf, was schon eingangs angedeutet wurde, nicht außer acht gelassen werden, daß es nur bis zu einem gewissen Grade möglich ist, mit innerer Berechtigung Auswirkungen einer einzelnen Weltanschauungsgruppe aufzusuchen und aufzuzeigen, wo unter Umständen die verschiedenartigsten Kräfte am Werke sind.

Mit diesen notwendigen Vorbehalten soll nunmehr untersucht werden, wie sich die Sozialdemokratie in der Nachkriegszeit auf dem Gebiete des Strafvollzugs in den einzelnen Ländern betätigt hat, wobei grundsätzlich nur diejenigen Länder Berücksichtigung finden, in denen diese Betätigung unmittelbar zur Auswirkung gekommen ist.

Preußen.

In Preußen erließ schon kurz nach der Umwälzung der damalige Justizminister Dr. Rosenfeld (als Volksbeauftragter der U. S. P.)[38]) die „Allgemeine Verfügung über Milderungen im Strafvollzuge" vom 19. XII. 1918[39]), die fast alle Seiten des Gefängnislebens berührte und daher die erste umfassende Reform der Nachkriegszeit im Strafvollzug überhaupt genannt werden kann. Unverkennbar trägt sie dabei auch den wichtigsten früheren Forderungen der Sozialdemokratie Rechnung, so insbesondere, wenn sie das Schweigegebot aufhebt, Erleichterungen im Verkehr mit der Außenwelt und im Disziplinarstrafwesen bringt und das Zeitunghalten gestattet. Im einzelnen sind die Neuerungen folgende:

I. Beseitigung des Schweigegebots in der Gemeinschaftshaft. In den gemeinschaftlichen Haft- und Arbeitsräumen

---

[38]) Bekanntlich bildeten nach dem Umsturz die Vertreter der Mehrheitssozialisten und der Unabhängigen sowohl im Reich wie in Preußen als Volksbeauftragte die Regierung. Das preuß. Justizministerium wurde zunächst von Dr. Heinemann (SPD.) und Dr. Rosenfeld (USP.) gemeinsam geleitet bis Weihnachten 1918, wo die Unabhängigen auf Grund der Berliner Straßenkämpfe aus der Regierung austraten.

[39]) Preuß. JMBl. Nr. 48, S. 529 f.

sind Gespräche erlaubt, insoweit diese nicht eine Störung der Ordnung oder der Arbeit bedeuten. Nach dem Niederlegen muß jedoch völliges Stillschweigen herrschen.

II. Den Gefangenen ist gestattet, eine Tageszeitung nach freier Wahl „ohne Unterschied der Parteirichtung" auf Antrag zu halten. Zuchthausgefangenen steht dieses Recht für die Regel erst nach dreimonatiger guter Führung zu.

III. Der briefliche Verkehr wird erleichtert. Für Zivil- und Festungsgefangene ist er unbeschränkt. Zuchthausgefangene dürfen in der Regel alle Monate, Gefängnis- und Haftgefangene alle zwei Wochen einen Brief empfangen und absenden (bisher: Zuchthausgefangene alle drei Monate, Gefängnis- und Haftgefangene alle Monate)[40]. Schreiben an Gerichte, Staatsanwaltschaften, Rechtsbeistände usw. sind an keine Fristen gebunden (bisher in den dem Ministerium des Innern unterstellten Anstalten außerhalb der Fristen nur soweit „zur Wahrung von Rechten notwendig").

IV. Kau- und Schnupftabak werden unter den für Zusatznahrungsmittel geltenden Bestimmungen zugelassen und können in der einfachen, der Festungs- und Zivilhaft auch aus eigenen Mitteln bezogen werden. Rauchen soll einzelnen Gefangenen ausnahmsweise gestattet sein, wenn eine Störung der Ordnung oder Gefährdung der Sicherheit nicht zu befürchten ist.

V. An Disziplinarstrafen werden die körperliche Züchtigung und die Fesselung sowie die Entziehung von Büchern und Schriften als selbständige Strafmittel ganz abgeschafft. Der Dunkelarrest wird auf die Höchstdauer von 7 Tagen beschränkt; die Verdunkelung der Zelle sowie etwaige damit verbundene Entziehungen des Bettlagers und der Kost kommt jedoch am vierten Tage in Wegfall (bisher war Dunkelarrest mit entsprechendem periodischen Wegfall der Schärfungen bis zu 4 Wochen zulässig). Ferner muß bei der Verhängung von Dunkelarrest unverzüglich dem Oberstaatsanwalt berichtet werden und dieser die Angemessenheit der Strafe sofort prüfen. Die Strafe der Kostschmälerung wird ebenfalls auf die Dauer von einer Woche beschränkt und darf nur einen um den andern Tag angewendet werden.

Die Verfügung schließt mit der Mahnung an die Beamtenschaft, „unter Wahrung des Ernstes der Strafe durch gerechte und wohl-

---

[40]) Vgl. hiezu von Michaelis, Milderungen im Strafvollzuge, Blätter für Gefängniskunde, 1919, S. 21 ff. Hier werden die Veränderungen gegenüber dem früheren Zustande jeweils eingehend behandelt.

wollende Behandlung die geistige und sittliche Hebung der Gefangenen tunlichst zu fördern, damit sie geläutert ins Leben zurücktreten". Das sind Worte, die an dieser Stelle zweifellos ein Programm bedeuten. Sie besagen, daß unter bewußter Aufgabe der Vergeltungsidee — das Strafübel weicht dem „Ernst der Strafe" — nunmehr der Strafvollzug ausschließlich der Erziehung des Gefangenen im Sinne seiner Wiedereingliederung in die Gesellschaft dienen soll. Damit dürfte diese Verordnung auch gleichzeitig der erste gesetzliche Niederschlag des Erziehungsgedankens im deutschen Strafvollzug sein, der schon wenige Jahre später in den Grundsätzen von 1923 wohl endgültig zum Durchbruch gekommen ist[41]).

Es ist nicht uninteressant, festzustellen, welche Aufnahme die Rosenfeldsche Reform bei den Strafvollzugspraktikern gefunden hat. In den Blättern für Gefängniskunde widmete ihr der Münsteraner Strafanstaltsdirektor von Michaelis eine kurze Betrachtung[42]). Zur Abschaffung des Schweigegebots meinte er, daß dieses schon bisher nicht streng durchgeführt worden sei. Der Drang, sich mitzuteilen, sei zu natürlich, als daß er unterdrückt werden könnte, und deshalb habe man auch einen leisen Gedankenaustausch in der Gemeinschaftshaft stillschweigend zugelassen und nur lautes Sprechen bestraft. „Mit einem Federstrich hat also", sagt von Michaelis, „die Revolutionsregierung beseitigt, was zur Beseitigung überspruchreif gewesen ist." Auch die Einschränkung der Disziplinarmittel billigt er. Die Prügelstrafe habe in Preußen ohnehin schon auf dem Aussterbeetat gestanden und auf den Dunkelarrest könne man ebenfalls verzichten. Ähnlich äußert er sich über die Zulassung von Tabak. Der Einkauf von Schnupftabak sei bereits einmal im preußischen Strafvollzug erlaubt gewesen und seinerzeit wohl nur wegen der mit dem Schnupfen verbundenen Beschmutzung der Taschentücher verboten worden. Kautabak hätten sich wenigstens die bei Meliorationsarbeiten beschäftgten Gefangenen schon immer und während des Krieges,

---

[41]) Die Rosenfeldsche Reform scheint übrigens auch noch weitere Kreise gezogen zu haben. So hat sich die hamburger Gefängnisdeputation im Oktober 1919 mit der Einführung entsprechender Anordnungen befaßt (Sitzung v. 7. X. 1919) und zu diesem Zwecke auch über ihre Auswirkungen bei der preuß. Regierung angefragt. Das Ergebnis dieser Bestrebungen konnte leider nicht festgestellt werden. Das gleiche gilt für die Frage, ob Zusammenhänge zwischen der Rosenfeldschen Verordnung und einer bayer. VO. vom 18. VII. 1919 bestehen, die ähnliche Milderungen im Disziplinarstrafwesen brachte.

[42]) Vgl. oben Anm. 40.

vermutlich als ein Mittel zur Bekämpfung des Hungergefühls, auch die übrigen Gefangenen beschaffen dürfen. Zusammenfassend kommt von Michaelis daher zu dem Ergebnis, daß die Neuerungen sich „in maßvollen Grenzen halten und nicht an Revolution erinnern", was er als ein Zeichen dafür ansehen zu können glaubt, daß der preußische Strafvollzug stets mit dem Zeitgeist Schritt gehalten habe.

Die weitere Entwicklung verlief indessen nicht völlig reibungslos und weist zunächst noch einige Rückschläge auf.

Nach knapp zwei Jahren, am 1. XII. 1920, sah sich der inzwischen zu Amte gekommene, dem Zentrum angehörende Justizminister Dr. Am Zehnhoff veranlaßt, die Rosenfeldsche Verordnung in wesentlichen Punkten zur „Aufrechterhaltung der Sicherheit in den Strafanstalten" aufzuheben[43]). Anlaß hierzu gab, wie ausdrücklich betont wurde, die Tatsache, daß einige Zeit vorher sowohl in den Zuchthäusern wie in den Gefängnissen Meutereien und offene, mit Gewalttätigkeiten verbundene Gehorsamsverweigerungen vorgekommen seien, so daß bei dem damaligen, durch Rosenfelds Milderungen herbeigeführten Rechtszustande die Sicherheit und das Leben der Beamten gefährdet erschien. Aus diesem Grunde wurden zunächst die Generalstaatsanwälte auf die Dauer eines Jahres ermächtigt, die nach den bundesrätlichen Grundsätzen von 1897 zulässig gewesenen Disziplinarstrafen mit Ausnahme der körperlichen Züchtigung und der Fesselung auf besonderen, in jedem Falle eingehend zu begründenden Antrag der Strafanstaltsdirektoren wieder in Anwendung zu bringen, wenn dies im Interesse der Ordnung und Sicherheit erforderlich sei. Ferner wurde die Erlaubnis zum Zeitunglesen erheblich eingeschränkt. Die unbeschränkte Zulassung von Zeitungen habe, namentlich in der Gemeinschaftshaft, mit in erster Linie zu Unzuträglichkeiten geführt und insbesondere seien Zeitungsartikel, die gegen die bestehende staatliche Ordnung und auf deren gewaltsamen Sturz gerichtet waren oder Berichte über Meutereien und Gewalttätigkeiten in anderen Strafanstalten enthielten, die Ursache von Unruhen gewesen. Auch die Verbände der Strafanstaltsbeamten hätten deshalb gebeten, eine angemessene Änderung der Bestimmungen über das Zeitunglesen bis zur Wiederkehr ruhiger Verhältnisse vorzunehmen. Die Generalstaatsanwälte wurden daher weiter ermächtigt, „entsprechende Einschränkungen hin-

---

[43]) Preuß. JMBl. Nr. 45, S. 695 f.

sichtlich des Haltens von Zeitungen zu treffen, sofern und soweit dies zur Abwendung hinreichend begründeter Gefahren geboten" erschien. Über den Umfang der Einschränkungen, wie übrigens auch über die Stellung und die Verbescheidung der Anträge auf Wiederanwendung der früheren Disziplinarmittel, war dem Ministerium zu berichten. Ob nun überhaupt und inwieweit Zeitungen verboten wurden, blieb somit den Generalstaatsanwälten überlassen.

Die Verschärfungen, die mit dieser Verordnung im Disziplinarstrafwesen eingetreten sind, waren aber nur von kurzer Dauer. Mit der ein Jahr später erlassenen Verfügung vom 13. XII. 1921 wurden nicht nur die erwähnten Ermächtigungen zurückgenommen, sondern auch der Dunkelarrest völlig beseitigt. Die Anordnungen über das Zeitungswesen blieben allerdings aufrecht erhalten[44]).

Neben der Rosenfeldschen Reform ist auch die durch Dr. H e i n e m a n n (als Volksbeauftragten der S. P. D.) eingeführte Bildung örtlicher B e i r ä t e (Allg. Verf. v. 22. II. 1919)[45]) eine typisch sozialistischen Bestrebungen entsprechende Neuerung. Sie bringt eine bemerkenswerte Erweiterung der Beteiligung des Laienelements an der Strafrechtspflege und bedeutet damit gleichzeitig zweifellos ein Stück Verwirklichung eines wesentlichen Programmpunktes der sozialdemokratischen Partei[46]). Daß in der Tat der Gedanke der Demokratisierung der Justiz für ihre Einführung maßgebend war, geht deutlich aus den Worten hervor, mit denen die Erforderlichkeit einer derartigen Einrichtung begründet wurde. „Dem berechtigten Interesse der Bevölkerung ent-

---

[44]) Preuß. JMBl. Nr. 47, S. 655. Zur Vervollständigung sei noch bemerkt: Durch Allgem. Verfügung vom 30. IV. 1923 hat Dr. Am Zehnhoff angeordnet, daß auch bei Zuchthausgefangenen die Haar- und Barttracht nur geändert werden darf, „soweit Reinlichkeit und Schicklichkeit es erfordern" (JMBl., S. 359). Unterm 31. VII. 1923 erging eine weitere Allgem. Verf. betreffend die „Aufrechterhaltung der Ordnung und Sicherheit in den Strafanstalten", in der abermals aus Anlaß von Meutereien und Ausschreitungen die Beamten besonders auf die Bestimmungen über den Waffengebrauch und über die Möglichkeit, polizeiliche Unterstützung herbeizuholen, hingewiesen wurden. Neuerungen brachte diese Verfügung jedoch nicht (JMBl., S. 567). Am 1. VIII. 1923 wurde dann schon die neue Dienst- und Vollzugsverordnung erlassen, die am 1. I. 1924 in Kraft trat.

[45]) Preuß. JMBl. Nr. 8, S. 54.

[46]) Sowohl das Görlitzer wie das Heidelberger Programm fordern unter anderem die „entscheidende Mitwirkung gewählter Laienrichter in allen Zweigen der Justiz" (vgl. Heidelberger Programm, S. 35).

spricht es," so beginnt die Verfügung, „ihr auch auf diesem Gebiete der Strafrechtspflege Gelegenheit zu mitwirkender Betätigung zu bieten". Als die eigentliche Aufgabe der Beiräte, die für sämtliche größeren Strafanstalten, Zuchthäuser wie Gefängnisse, und auch größere, nicht überwiegend mit Untersuchungsgefangenen belegte Gerichtsgefängnisse nach der damals bevorstehenden Neubildung der kommunalen Selbstverwaltungskörper von diesen zu bilden waren, wird die Überwachung des Strafvollzugs neben den staatlichen Verwaltungsorganen genannt. Zu diesem Zweck erhalten sie die Befugnis, die Anstalten und ihre sämtlichen Einrichtungen zu besichtigen, die Gefangenen aufzusuchen und zu sprechen und in ihre Akten Einsicht zu nehmen. Auch sollen sie sich von der angemessenen Unterbringung, Beschäftigung und Verpflegung und ihrer Behandlung im allgemeinen persönlich überzeugen sowie etwaige Mißstände den Direktoren oder Aufsichtsbehörden mitteilen. Hinsichtlich ihrer Zusammensetzung empfiehlt die Verordnung, je nach Größe und Bedeutung der Anstalt, drei bis fünf Mitglieder zu wählen, die nach Möglichkeit besonders geeigneten und das erforderliche Verständnis aufbringenden Kreisen, wie beispielsweise Ärzten, Geistlichen, Lehrern, Armenpflegern und Mitgliedern von Wohlfahrts- oder Fürsorgeeinrichtungen, entnommen werden sollen. An Anstalten für weibliche Gefangene oder mit besonderen Abteilungen für solche wird namentlich auch die Hinzuziehung von Frauen angeraten. Die Beiräte wurden in der folgenden Zeit beibehalten und sogar noch weiter ausgebaut. Dr. Am Zehnhoff ordnete im Juni 1919 ihre Bildung auch an Untersuchungsgefängnissen an und erklärte bei dieser Gelegenheit die Beteiligung von Frauen an sämtlichen Beiräten ebenso wie die von Arbeitervertretern für besonders erwünscht[47]).

Damit dürften für Preußen die Verordnungen sozialistischen Ursprungs auf dem Gebiete des Strafvollzugs erschöpft sein. Nach der nur kurz bemessenen weiteren Amtsdauer Dr. Heinemanns und einer ebenfalls nicht lange dauernden Tätigkeit seines ihm folgenden Parteikollegen Wolfgang Heine, wurde schon am 25. III. 1919 das preußische Justizministerium von Dr. Am Zehnhoff übernommen und blieb seither in Händen des Zentrums. Das besagt allerdings keineswegs, daß die Auswirkung sozialistischer Auffassungen deshalb in der preußischen Strafvollzugsrechts-

---

[47]) Allgem. Verf. v. 19. VI. 1919 (JMBl., S. 342).

gebung nun völlig aufgehört haben müsse. Sie entzieht sich aber, was hier entscheidend ist, einer einwandfreien Nachweisbarkeit, die diese Arbeit voraussetzt.

Sachsen.

Bei weitem zahlreicher als in Preußen und in ihrer praktischen Bedeutung namentlich auf dem Gebiete der Gefängnisfürsorge bemerkenswerter sind die Strafvollzugsverordnungen, die in Sachsen von sozialistischen Ministern erlassen worden sind. Diese Erscheinung erklärt sich unschwer daraus, daß dort vom November 1918 bis Anfang Januar 1924 das Justizministerium dauernd von Angehörigen der sozialdemokratischen Partei besetzt war. Dagegen sind in Sachsen die Neuregelungen lange Zeit auf einzelne Teilgebiete beschränkt geblieben und stellenweise auch nur im Zusammenhang mit anderweitigen Bestimmungen erfolgt. Eine umfassende Reform der bestehenden Strafvollzugsvorschriften, die der Rosenfeldschen Milderungsverordnung an die Seite gestellt werden kann und ähnlich einschneidende Änderungen im Alltag des Gefangenenlebens brachte, wurde erst im Februar 1922 von dem damaligen Justizminister Dr. Zeigner vorgenommen.

Richtunggebend und zielsetzend für die späteren Anordnungen war schon die Regierungserklärung des selbst noch kurz zuvor Justizminister gewesenen Ministerpräsidenten Dr. Gradnauer vom 20. III. 1919. Gradnauer äußerte sich hier — ein wohl nicht häufiges Ereignis — auch zu Strafvollzugsfragen und bekannte sich ähnlich wie Rosenfeld in seiner ersten Verfügung als ein entschiedener Anhänger des Erziehungs- und Resozialisierungsgedankens. Die Aufgabe des Strafvollzugs sei, was er bereits in seinem „Elend des Strafvollzugs" betont hatte, „den Verurteilten schon während der Strafverbüßung, aber auch nach dem Strafvollzug erzieherisch zu beeinflussen und rechtzeitig alles zu tun, ihn wieder zu einem möglichst nützlichen Mitglied der menschlichen Gesellschaft zu machen"[48]). Um diese Idee im sächsischen Gefängniswesen einheitlich zum Durchbruch zu bringen, will er mit möglichster Beschleunigung den Dualismus beseitigen und die bisher dem Innenministerium unterstehenden Strafanstalten dem Justizministerium unterstellen. Diese Vereinheitlichung des Strafvollzugs, die Preußen schon am 1. IV. 1918 durchgeführt hatte, war für Sachsen um so bedeutungsvoller, als dort sämtliche soge-

[48]) Zit. nach Dietze, Das bevorstehende Ende des Dualismus im sächsischen Gefängniswesen, Blätter f. Gefängniskunde, 1919, S. 14.

nannte Landesstrafanstalten dem Ministerium untergeordnet waren, das heißt sämtliche Anstalten, in denen eine Zuchthausstrafe, eine Gefängnisstrafe von mehr als drei Monaten von Personen über 18 Jahren und von mehr als 1 Monat von solchen unter 18 Jahren verbüßt wurden. Gleichwohl kam sie erst am 1. IV. 1923 zustande[49]).

Wenn wir uns nun den einzelnen Neuerungen zuwenden, so soll auch hier der chronologische Charakter dieses Teils der Darstellung möglichst gewahrt werden. Es ist wichtig zu sehen, in welcher zeitlichen Folge man an die Dinge herangetreten ist, welche Fragen als mehr, welche als weniger brennend empfunden wurden. Nicht nur, daß man diese oder jene Anordnung getroffen hat, erscheint von Bedeutung, sondern auch wann man sie getroffen hat.

An erster Stelle ist die noch einige Tage vor der erwähnten Regierungserklärung Gradnauers durch Justizminister Dr. Harnisch erlassene Verordnung über die Untersuchungshaft vom 15. III. 1919 zu nennen[50]). Sie bezweckt, soweit sie den Strafvollzug berührt, hier einige nicht unbedeutende Erleichterungen zu schaffen. Die Anträge der Untersuchungsgefangenen auf Gewährung von Bequemlichkeiten und Wünsche in bezug auf die Arbeit sollen hinfort möglichste Berücksichtigung erfahren. Insbesondere soll Selbstbeschäftigung mit schriftlichen Arbeiten, Selbstverköstigung, Rauchen, Zeitunghalten, Bücherbeschaffung und die Benutzung eines eigenen Bettlagers nur dann abgelehnt werden, wenn hierdurch Durchstechereien zu befürchten sind. Mit dieser Anordnung werden so wenigstens für die Untersuchungsgefangenen Forderungen erfüllt, die längst von der Sozialdemokratie, und nicht nur von ihr allein, in weitergehender Weise auch zum Teil für Strafgefangene erhoben wurden (vgl. z. B. den erwähnten Reichstagsantrag Prof. von Bar u. Gen.).

Von grundsätzlicher Bedeutung für die gesamte Strafrechtspflege, wenngleich zunächst ohne unmittelbare praktische Auswirkungen für den Strafvollzug, ist die bald darauf ergangene „Verordnung über die Erforschung der Eigenart des Täters und seine soziale Lage zur Zeit der Begehung der Tat“ vom 26. III. 1919[51]). In dem noch immer im Strafrecht um das umstrit-

---

[49]) VO. über die Landesstrafanstalten v. 10. VII. 1922, Sächs. Gesetzblatt Nr. 22, S. 246, und Ausf. VO. v. 23. III. 1923, Sächs. Gesetzbl. Nr. 11, S. 69.

[50]) Sächs. JMBl. 1919, Nr. 2, S. 21 ff.

[51]) Sächs. JMBl. 1919, Nr. 3, S. 47.

tene Problem: Tat oder Täter? heftig tobenden Kampfe wird hier entschieden für eine stärkere Beachtung der Persönlichkeit des Täters eingetreten und in der Überzeugung, daß den äußeren, insbesondere den ökonomischen Verhältnissen für die Kriminalität eine erhebliche Bedeutung zukomme, angeordnet, daß derartige Einflüsse im Einzelfalle möglichst genau untersucht und gewürdigt werden. Weit eingehender als bisher sollen namentlich die Veranlagung des Täters, sein Entwicklungs- und Bildungsgang, seine Lebensschicksale, sein gesellschaftliches Milieu und die unmittelbaren Beweggründe zur Tat schon im Vorbereitungsverfahren möglichst unter Beweiserhebung und ohne den Gang der Untersuchung aufzuhalten, erforscht werden. Das Ergebnis ist in den Urteilsgründen niederzulegen und auszuwerten. Denn: „Erst eine umfassende Kenntnis der Persönlichkeit des Täters und der wirtschaftlichen Umstände, aus denen die strafbare Handlung hervorging, gibt den Schlüssel zur richtigen Bewertung der Straftat und des Grades der Schuld.“ Die so gewonnenen Kenntnisse sollen aber nicht nur bei der Bestimmung der Strafart und des Strafmaßes ausschlaggebend sein, sie sollen vor allem auch im Strafvollzuge der Erreichung des Strafzweckes dienstbar gemacht werden und — abgesehen von der Begnadigung — namentlich für die Frage einer besonderen Fürsorge nach dem Strafvollzug und die Art der Durchführung dieser Fürsorge die erforderlichen Grundlagen schaffen. Besondere Vorschriften für den Strafvollzug blieben ausdrücklich vorbehalten. Sie sind jedoch nie erlassen worden.

Unterzieht man diese Verordnung einer Würdigung, so ist zunächst darauf hinzuweisen, daß wieder wie in der Regierungserklärung Gradnauers hier der bemerkenswerte Gedanke zum Ausdruck kommt, die Strafe habe als eine gesellschaftliche Schutzmaßnahme ihren Zweck mit der Beendigung des Strafvollzugs noch nicht erfüllt und die Eingliederung des Straffälligen in die Gesellschaft müsse, wenn sie nicht im Rahmen der Strafvollstreckung möglich war, auch weiterhin versucht werden. Dieser Gedanke hat seine praktische Verwirklichung allerdings erst einige Jahre später mit der Einführung der Gefängnisfürsorge gefunden. Daß im übrigen die ganze Verordnung in ihrer Grundtendenz den sozialistischen Auffassungen vom Wesen des Verbrechens entspricht, ist offensichtlich. Die Ansicht, das Verbrechen werde vorwiegend bedingt durch das Milieu, durch die „wirtschaftlichen Umstände“, gehörte von jeher zu den Elementarstücken sozialistischen Gedankenguts, und ebenso haben die Sozialisten wiederholt — erinnert sei nur an Haases Mannheimer Referat[52]) — verlangt, daß diesen Momenten in der Strafrechtspflege mehr Rechnung getragen werde. Die Verwurzelung dieser Verordnung in der sozialistischen Weltanschauung ist daher besonders deutlich.

Der Ausfindigmachung geeigneten Lesestoffes für die Strafanstaltsbüchereien diente ein vom Justizministerium am 7. VIII. 1919 aus Anlaß einer beabsichtigten Ergänzung des Bestandes der Gefängnisbibliotheken veröffentlichtes Preisausschreiben, in dem „Sachkenner und Menschenfreunde" gebeten wurden, je eine Auswahl von 30 Büchern, die sie für Gefangene geeignet hielten, unter kurzer Begründung der Wahl namhaft zu machen[53]). Als maßgebend für die Eignung wurde bezeichnet, daß die anzuschaffenden Bücher „die Gefangenen sittlich heben, wirtschaftlich erziehen, Rat und Hilfe für die Zeit nach der Entlassung bieten, und ihr staatsbürgerliches Pflichtbewußtsein wecken und fördern sollen". Damit werden gleichzeitig, namentlich mit der Erstrebung der wirtschaftlichen und staatsbürgerlichen Erziehung, wiederum die Ziele aufgezeigt, die die Sozialisten im Strafvollzuge im allgemeinen verfolgen, denn die Richtlinien, die hier für den Inhalt der Gefängnisbibliotheken aufgestellt sind, dürften letztlich nichts anderes sein, als die Richtlinien für den Inhalt, der dem Strafvollzuge nach sozialistischer Auffassung überhaupt gegeben werden soll.

Suchte diese Maßnahme die geistige Entwicklung der Gefangenen zu fördern, so bezweckten die beiden nächsten Verordnungen unerwünschte Beeinflussungen ihres Innenlebens fernzuhalten. Den Grundsatz der Reichsverfassung verwirklichend, daß niemand zur Teilnahme an einer religiösen Übung gezwungen werden kann, wurde in einer Verordnung vom 13. XI. 1919 nochmals ausdrücklich darauf hingewiesen, daß es den Gefangenen freizustellen ist, ob sie den Gottesdiensten und Andachtsübungen beiwohnen wollen oder nicht, und daß keinerlei Zwang zur Beteiligung an derartigen Handlungen ausgeübt werden darf[54]). Für die Untersuchungsgefangenen wurde sogar angeordnet, daß

---

[52]) Protokoll S. 374; vgl. auch oben Anm. 35.

[53]) Sächs. JMBl. 1919, Nr. 6, S. 74. — Am häufigsten wurden empfohlen: Carlyle, Arbeiten und nicht verzweifeln; Eyth, Hinter Pflug und Schraubstock (je 15mal); Raabe, Der Hungerpastor (14mal) usw. (Deutsche Richterzeitung, 1920, S. 255).

[54]) Sächs. JMBl. 1919, Nr. 9, S. 99.

sie nur zugelassen werden dürfen, „wenn nach der Einrichtung des Betsaals oder Andachtsraumes und sonst Durchstechereien für ausgeschlossen zu erachten sind“. Mit der Erforderlichkeit des Ausgeschlossenseins derartiger Vorkommnisse ist diese Bestimmung in ihrer Fassung entschieden schärfer als die entsprechende in der oben erwähnten Verordnung über die Untersuchungshaft vom 15. III. 1919, wo gewissermaßen unter Umkehrung der Beweislage Gesuche um Erleichterungen nur abgelehnt werden sollen, wenn Durchstechereien zu befürchten sind. — Eine weitere Verordnung vom 3. III. 1920 wendet sich gegen die Verbreitung von Druckschriften an Gerichtsgebäuden, Gerichtsgefängnissen und Gefangenenanstalten und weist die Aufsichtsbehörden an, besonders die Verbreitung von Schriften p o l i t i s c h e n Inhalts zu untersagen[55]).

Am 1. IV. 1920 wurde durch die „Hausordnung für die Abteilung für J u g e n d l i c h e an der Landesstrafanstalt Bautzen“[56]) ein besonderer Jugendstrafvollzug geschaffen, der den Erziehungsgedanken vorbehaltlos durchführt und um so bemerkenswerter ist, als er wohl erstmals in Deutschland das Stufensystem zur Grundlage dieser Erziehung macht. Die Einteilung ist folgende: Unvorbestrafte kommen zunächst in die 2. Klasse, von wo sie in der Regel nach 3 Monaten in die erste aufrücken. Vorbestrafte werden der 3. Klasse zugewiesen. Daneben besteht für bösartige Rückfällige und Fürsorgezöglinge mit schlechter Führung eine Strafklasse. Den Angehörigen der drei ersten Klassen werden in steigendem Maße Vergünstigungen gewährt und zwar hauptsächlich häufigerer Briefwechsel, höhere Arbeitsbelohnungen, Selbstbeschäftigung, Handfertigkeitsunterricht, Spielstunden, Ausschmückung der Zelle und Pflege eines Blumenbeetes. Die Strafklasse ist von allen Vergünstigungen ausgeschlossen und erhält auch einen besonderen Unterricht. Sie befindet sich ferner wie die 3. Klasse bis zu 3 Monaten in Einzelhaft. Eingehend ist die Erziehungsarbeit geregelt. Bei der Aufnahme ist jeder Jugendliche vom Direktor, Geistlichen und Lehrer zu besuchen, die sich dann über die Erziehungsmaßnahmen zu besprechen haben. In der Folgezeit sind die Isolierten von den Aufsichtsbeamten täglich zweimal, den

---

[55]) Sächs. JMBl. 1920, Nr. 3, S. 31.

[56]) Diese Hausordnung ist nicht veröffentlicht. Sie ist inzwischen überholt durch die besonderen Bestimmungen der DVO. vom 30. VI. 1924 „für Jugendliche und Jungmänner“ (§§ 196—214).

oben genannten wöchentlich und vom Arzt monatlich einmal aufzusuchen. Ferner sind wöchentlich Beamtenbesprechungen abzuhalten. Für Körperpflege (wöchentlich 1 Turnstunde, täglich bis 1½ Stunden Erholung) sowie für angemessene Beschäftigung ist ebenfalls Vorsorge getroffen.

Erwähnt sei auch die unterm 18. III. 1921 getroffene Anordnung, daß Selbstmorde und Selbstmordversuche in den Strafanstalten in Zukunft dem Justizministerium unter genauer Darstellung des Sachverhaltes und des mutmaßlichen Grundes sowie mit Angaben über die Dauer der Strafe und bei Selbstmordversuchen über die Ernstlichkeit des Versuchs alsbald anzuzeigen sind[57]). Die Sozialisten haben sich mit den Selbstmorden in Strafanstalten und der Möglichkeit ihrer Verhinderung öfters befaßt[58]). Es liegt daher nahe, anzunehmen, daß man mit diesen Anzeigen ein möglichst umfassendes Bild über die Ursachen derartiger Vorkommnisse bekommen wollte, um gegebenenfalls etwaige Mißstände abstellen zu können.

Der von sozialistischer Seite wiederholt ausgesprochenen Auffassung, daß es Aufgabe des Staates sei, bei Verhaftungen sich auch um das Wohl und Wehe der etwa zurückbleibenden, mittellosen Familie zu kümmern, entspricht die Verordnung über die „Betreuung von Kindern gefänglich eingezogener Versorger" vom 11. VII. 1921[59]). In ihr wird bestimmt, daß bei jeder Haftanordnung, nach welchen gesetzlichen Vorschriften auch immer sie erfolgen mag, dem zuständigen Wohlfahrtsamt von der erfolgten, bzw. der bevorstehenden Inhaftierung Kenntnis zu geben ist, sofern der die Verhaftung verfügenden Behörde Umstände bekannt sind, „die auf die Gefährdung unversorgter Kinder schließen lassen". Nach Möglichkeit soll eine Verhaftung überhaupt erst vorgenommen werden, wenn die Fürsorge für die gefährdeten Kinder sichergestellt ist. Um zu verhüten, daß der Gefangene durch die dadurch erforderlich werdenden Maßnahmen bloß-

---

[57]) Sächs. JMBl. 1921, Nr. 2, S. 17.

[58]) Vgl. z. B. Verhandlung des preuß. Landtags, 2. Wahlper., 1. Tagung, 1925/27, Kleine Anfrage Nr. 1476 (Blatt 800); Menzel (KP.), im Hauptausschuß des preuß. Landtags, Sitzg. v. 5. III. 1930, Prot. S. 15; Schreck (KP.) im Bad. Landtag, Sitzg. v. 17. VII. 1926, Prot. S. 3059.

[59]) Sächs. JMBl. 1921, Nr. 5, S. 47. Vgl. hiezu z. B. Krebs: „Zur Fürsorge gehört auch die für die Familie des Gefangenen, damit er nach der Entlassung in geordnete Verhältnisse zurückkommt" (Straffälligenfürsorge, S. 67).

gestellt wird, ist vorgesehen, daß die Benachrichtigung der Wohlfahrtsbehörde dem Gefangenen selbst, seinen Angehörigen oder etwaigen Dritten anheimgestellt werden kann.

Kurz nach dem Erlaß dieser Verordnung trat ein Wechsel im sächsischen Justizministerium ein. Im Gegensatz zu der in ihren Tendenzen zwar zweifellos neue Ziele setzenden, in ihren unmittelbaren Auswirkungen aber doch auf Teilreformen beschränkt bleibenden Tätigkeit Harnischs ging sein Nachfolger Dr. Zeigner, der vom 1. VIII. 1921 bis 14. VIII. 1923 im Amte war, zuerst an eine umfassende Reform der bestehenden Strafvollzugsvorschriften, die — wie wir schon gesagt haben — in Parallele zur Rosenfeldschen Milderungsverordnung gesetzt werden kann. Es scheint zweckmäßig, diese „Verordnung vom 11. II. 1922, die Abänderung einiger Vorschriften der Geschäftsordnung betreffend“ [60]), wiederum systematisch nach dem Gesichtspunkte zu betrachten, welche Neuerungen sie gegenüber dem früheren Rechtszustande bringt, der in der „Geschäftsordnung für die königlich-sächsischen Justizbehörden vom 1. Januar 1903“ festgelegt war. Es ergibt sich dann im einzelnen folgendes:

I. Aufhebung des Schweigegebots. Gefangene, die zusammen in einer Zelle liegen, dürfen in dieser miteinander sprechen. Ebenso Strafgefangene bei gemeinschaftlichen Mahlzeiten und in den Arbeitspausen. Während der Arbeitszeit sind nur Gespräche über die Arbeit selbst gestattet und diese auch nur bei Gefangenen, die zusammen arbeiten. Dabei ist darauf zu achten, daß Ruhe und Ordnung nicht gestört werden. Zurufe, Klopfen und sonstige Zeichen, mit denen der Versuch einer Inverbindungsetzung gemacht wird, sind ausdrücklich verboten. Bei Übertretungen ist außer der disziplinarischen Strafe Isolierung oder Verlegung in eine andere Zelle zu gewärtigen.

II. Erweiterung des Briefverkehrs. Strafgefangene der ersten Disziplinarklasse dürfen in der Regel alle zwei Wochen, solche der zweiten Disziplinarklasse alle vier Wochen einen Brief empfangen und absenden. In dringenden Fällen, besonders in geschäftlichen Angelegenheiten und bei Erkrankung von Angehörigen, kann ein öfterer Briefwechsel gestattet werden. Ferner darf jeder Gefangene binnen einer Woche nach seinem Strafantritt einem seiner Angehörigen von seinem Aufenthalte Mittei-

---

[60]) Sächs. JMBl. 1922, Nr. 2, S. 12 ff.

lung machen (bisher war die Absendung wie der Empfang eines Briefes für sämtliche Gefangene nur alle vier Wochen erlaubt[61]).

III. Beschränkung der Disziplinarmittel. Ganz in Wegfall kommen die Entziehung der Bewegung im Freien (bisher bis zur Dauer einer Woche zulässig[62]), die Fesselung (bisher bis zur Dauer von vier Wochen zulässig; sie bestand in der Befestigung eines Fußes an einer „in die Wand oder am Fußboden eingelassenen, mindestens 1.20 m langen eisernen Kette" [63]), die Entziehung der Arbeitsbelohnung und die körperliche Züchtigung jugendlicher Gefangener (letztere war bisher an Gefangenen unter 18 Jahren als ein auch in der Volksschule zulässiges Disziplinarmittel gestattet und nach Anordnung der Dienstbehörde zu vollstrecken, die auch über die Zahl der Schläge zu bestimmen hatte[64]). Im Falle der einsamen Einsperrung, die vorzugsweise nur noch gegen die Gefangenen der zweiten Disziplinarklasse angewendet werden soll, ist der Bestrafte an jedem dritten Tage eine Stunde lang an die frische Luft zu bringen. Mindestens ebenso oft muß der Arzt seinen Gesundheitszustand prüfen. Die möglichen

---

[61]) Geschäftsordnung v. 1. I. 1903 (GO.), § 1903. — Zum Verständnis und des Interesses halber sei noch bemerkt, daß diese GO. zwei Disziplinarklassen von Strafgefangenen eingeführt hatte, von denen die zweite unter „vorzugsweise strenger Aufsicht" stand. In sie kamen die mit einer Freiheitsstrafe Vorbestraften, sofern sie nicht nur wegen einer fahrlässigen oder einer zwar vorsätzlichen aber nicht entehrenden Handlung verurteilt waren, sowie diejenigen, die sich strafbar gemacht hatten, um ins Gefängnis zu kommen. Aufrückung und Strafversetzung war möglich. Die erstere, wenn „bei dauerndem Fleiße und tadelloser Führung auch das sonstige Verhalten des Strafgefangenen während der Strafverbüßung und sein sittlicher Zustand" die Annahme begründeten, daß „eine Besserung eingetreten" war und „die Empfindung der Strafe als eines Übels auch bei milderer Behandlung nicht abgeschwächt" wurde. Strafversetzung war vorgesehen für Gefangene, „deren Verhalten die Anwendung strengerer Zuchtmittel beanzeigt erscheinen" ließ. Die Entscheidung über die Versetzungen wie auch über die Frage der erwähnten entehrenden Eigenschaft einer früheren Strafe traf in Gefangenenanstalten der Direktor, in Gerichtsgefängnissen die Dienstbehörde (GO., § 1949). Diese sogenannten Disziplinarklassen des sächsischen Strafvollzugs zeigen somit erhebliche Ansätze zum heutigen Stufensystem.

[62]) GO., § 1950, Ziff. 5.

[63]) GO., § 1950, Ziff. 8, in Verbdg. mit § 1954.

[64]) Sie war vorschriftsgemäß „entweder mit einer 85 cm langen, bis zur Mitte gebundenen Rute aus Birkenreisern oder mit einem 85 cm langen, glattgeschnittenen Haselstocke, der am Angriffe nicht über 6 mm stark ist, auf das entblößte Gesäß zu vollstrecken". Bei der Vollstreckung mußte ein Gefängnisbeamter als Zeuge zugegen sein. Die Anwesenheit anderer als der amtlichen Beteiligten war ausdrücklich untersagt (GO., § 1955).

Schärfungen, die in Entziehung des Bettlagers, Kostschmälerung und Verdunkelung der Zelle bestehen, kommen an jedem vierten, achten und weiter jedem dritten Tage in Wegfall (bisher war dies nur dann der Fall, wenn die Einsperrung länger als eine Woche dauerte[65])). Der Dunkelarrest wird auf die Dauer von zwei Wochen beschränkt (bisher 4 Wochen[66])). Ferner muß bei seiner Verhängung über die bereits vorgeschriebene Anhörung des Gefangenen, wenigstens soweit Personalakten über ihn bestehen, eine kurze Niederschrift gemacht werden.

Diese Milderungen haben später noch eine Ergänzung erfahren. Durch Verordnung vom 16. XI. 1922 wurde bestimmt, daß Strafgefangenen ein häufigerer Briefwechsel zu gestatten ist, wenn dieser der Anbahnung oder Wiederherstellung der Beziehungen mit den Angehörigen dient oder das Fortkommen des Gefangenen nach der Entlassung fördert[67]). Für diese Fälle kommt damit jede zeitliche Beschränkung im Korrespondieren in Wegfall, was gerade von sozialistischer Seite oft gefordert wurde und auch praktisch von wesentlicher Bedeutung ist. Im übrigen blieb die Reformverordnung Zeigners in Kraft bis zum Erlaß der auf dem Boden der Reichsgrundsätze vom 7. VI. 1923 stehenden Strafvollzugsordnung vom 21. VI. 1924[68]). Nur die Beseitigung des Dunkelarrests wurde noch etwas früher, und zwar am 14. II. 1924 verfügt[69]); indessen ist diese Anordnung, die auf die endgültige Abschaffung des Dunkelarrests in den Reichsgrundsätzen zurückzuführen ist, schon nicht mehr unter einer sozialistischen Regierung ergangen.

Als zweites bedeutenderes Werk Zeigners ist die Einführung der Gefängnisbeiräte in Sachsen zu nennen, die von ihm und seinem Parteigenossen Lipinski in einer gemeinsamen Verordnung vom 22. V. 1922 sowohl für die dem Justizministerium wie die dem Innenministerium unterstehenden Anstalten vorgenommen wurde[70]). Als Vorbild diente offensichtlich die bereits erwähnte entsprechende preußische Verfügung Heinemanns, was der zum großen Teil übereinstimmende Wortlaut beweist. Jedoch weicht die sächsische Regelung in manchen nicht unwesentlichen

---

[65]) GO., § 1954.
[66]) GO., § 1950.
[67]) Sächs. JMBl. 1922, Nr. 11, S. 124.
[68]) Sächs. Gesetzbl. 1924, Nr. 30, S. 359 ff.
[69]) Sächs. JMBl. 1924, S. 23, Ziff. 10.
[70]) Sächs. Gesetzbl. 1922, Nr. 16, S. 202.

Punkten von der preußischen ab. So werden zunächst die Gefängnisse, an denen die Beiräte zu bilden sind, genau bestimmt, während dies in Preußen den Aufsichtsbehörden überlassen blieb. Es sind neben den Landesstrafanstalten und Gefangenenanstalten die Gerichtsgefängnisse Freiberg, Zittau und Reichenbach. — Ebenso wird auch die Mitgliederzahl endgültig festgesetzt. Für jedes laufende Rechnungsjahr sind fünf Mitglieder zu wählen, von denen eines der medizinische Beirat der betreffenden Kreishauptmannschaft sein muß. Die Wahl selbst hat durch den zuständigen Kreisausschuß zu erfolgen. Dem Beirat der inzwischen aufgehobenen, ausschließlich der Unterbringung von Frauen dienenden Strafanstalt Voigtsberg mußten zwei Frauen angehören. Aufgabe der Beiräte ist es — wie in Preußen — neben den staatlichen Verwaltungsorganen den Strafvollzug zu überwachen. Genau wie dort erhalten sie daher das Recht, die Anstalten „zu besichtigen, von allen ihren Einrichtungen Kenntnis zu nehmen und sich von der angemessenen Unterbringung, Beschäftigung und Beköstigung sowie von der vorschriftsmäßigen Behandlung der Gefangenen überhaupt zu überzeugen". Sie dürfen ebenfalls die Gefangenen aufsuchen und Einsicht in ihre Akten nehmen. Von Mängeln sollen sie den Anstaltsleitern oder dem zuständigen Ministerium Mitteilung machen. Aber diese Rechte werden ihnen in Sachsen auch zu Pflichten gemacht. Mindestens einmal in jedem Vierteljahr müssen die Beiräte eine Besichtigung vornehmen, zu der der Vorsitzende einzuladen hat. Als eine Bestimmung von wesentlicherer Bedeutung wäre noch zu erwähnen, daß die Namen der Beiratsmitglieder durch Anschläge in den Zellen und Arbeitsräumen den Gefangenen bekannt zu geben sind. In den Gefängnissen, die keine Beiräte haben, sind die Gefangenen ebenfalls durch Zellenanschläge darauf aufmerksam zu machen, daß sie Eingaben an den Vorsitzenden des am Landgerichtssitz bestehenden Gefangenenbeirates machen können.

Die Gefangenenbeiräte wurden, nachdem sie bekanntlich als sogenannte Strafanstaltsbeiräte in den Reichsgrundsätzen Aufnahme gefunden hatten (§§ 17 ff.), auch in der Strafvollzugsordnung vom 21. VI. 1924 im allgemeinen in der bisherigen Form beibehalten[71]). Der vorliegende Entwurf eines StVG. kennt sie jedoch nicht mehr.

Die wichtigste Maßnahme, die von sozialistischer Seite in Sachsen auf dem Gebiete des Strafvollzugs getroffen wurde, ist

[71]) a. a. O. §§ 21 ff.

zweifellos die von Zeigner erlassene Verordnung über die Gefängnisfürsorge vom 27. III. 1923[72]). Darüber hinaus kommt ihr aber auch eine grundsätzliche Bedeutung im deutschen Gefängniswesen zu, insofern sie die erste rechtlich verankerte Durchführung des Resozialisierungsgedankens in Deutschland überhaupt bedeutet. Es dürfte in der Tat keine Übertreibung sein, wenn man sie als solche betrachtet. Denn man kann wohl den Strafvollzug humaner gestalten, man kann ihn auch mit erzieherischem Geiste erfüllen, aber von einer Wiedergewinnung des Asozialen für die Gesellschaft kann doch mit Recht erst dann gesprochen werden, wenn Menschen da sind, die in persönlicher Fühlungnahme mit dem Einzelnen an seiner Eingliederung arbeiten. Von Erziehung des Gefangenen dürfte eigentlich erst dann die Rede sein, wenn es wirklich auch Erzieher in den Gefängnissen gibt. Die sächsische Verordnung über die Gefängnisfürsorge berührt daher das Kernproblem des heutigen Strafvollzugs. Das läßt es als gerechtfertigt, wenn nicht als erforderlich erscheinen, sie einer eingehenderen Betrachtung zu unterziehen.

Das Aufgabengebiet dieses neuen Gebildes wird im ersten Paragraphen der Verordnung folgendermaßen umrissen:

„Zur Fürsorge für Untersuchungs- und Strafgefangene wird im Freistaat Sachsen die Gefängnisfürsorge geschaffen. Ihre Aufgabe ist es, den Gefangenen mit Rat und Tat beizustehen und auf die Gefangenen durch Beförderung ihrer inneren Wandlung und Einkehr und Erweckung und Stärkung ihres Besserungswillens erzieherisch einzuwirken, so daß weitere Straftaten verhütet werden."

Der Schwerpunkt der Tätigkeit des Fürsorgers liegt demnach in der Beeinflussung der Mentalität des Gefangenen. Er soll nicht nur den äußeren Menschen wieder in Ordnung bringen, sondern auch den Weg zu seinem Inneren finden und ihm so zum Erzieher und Führer werden. Deshalb müssen sich bei einem Fürsorger, wie die Verordnung sagt, „Menschenkenntnis und die Fähigkeit, sich in die Seele straffällig gewordener Menschen und Gefangener zu versetzen und sich feinfühlig auf die seelische Eigenart jedes einzelnen Schützlings einzustellen, mit vorurteilsloser Menschenliebe vereinen". Denn nur dann kann er „seinen Schützlingen menschlich näher kommen und ihr Vertrauen erwerben" (§ 3).

Naturgemäß kann eine so ausgesprochen individuell zu gestaltende und letztlich in der Persönlichkeit des Schaffenden selbst

[72]) Sächs. JMBl. 1923, Nr. 4, S. 52 ff.

begründete Tätigkeit im Einzelnen nicht festgelegt werden. Die Vorschriften sind daher sichtlich im großen und ganzen auf Richtlinien beschränkt und geben nur selten bestimmte Anweisungen. So soll die Verbindung mit den Angehörigen, dem Arbeitgeber und sonstigen nahestehenden Personen wiederhergestellt werden. Ferner ist die Versöhnung mit dem Verletzten, und die Wiedergutmachung des angerichteten Schadens nach Möglichkeit in die Wege zu leiten. Auch um die Angehörigen des Gefangenen soll sich der Fürsorger, sofern sie sich in Not befinden, kümmern. Schließlich hat er seinem Schützling bei der Erledigung seiner wirtschaftlichen und rechtlichen Angelegenheiten, insbesondere bei der Erhaltung der Anwartschaft in der Sozialversicherung behilflich zu sein, ihn bei einer etwaigen Berufswahl zu beraten und namentlich für eine feste Arbeitsstelle nach seiner Entlassung zu sorgen. Alle diese Maßnahmen zur Ordnung der äußeren Lebensverhältnisse sind aber stets mit dem Gedanken an die Resozialisierung des Gefangenen, die Rückfallverhütung, zu ergreifen, die letzten Endes doch von der persönlichen Einstellung des Gefangenen abhängt. Sie sollen daher nicht die eigentliche Aufgabe des Fürsorgers sein, sondern mehr ein Hilfsmittel bei seiner Tätigkeit, das, wie es in der Verordnung ausdrücklich heißt, „den Erfolg wesentlich befördern wird" (§ 7). Gerade hierin zeigt sich in besonders deutlicher Weise, daß man in der Tat mit der Schaffung der Fürsorger Erzieher im wahrsten und höchsten Sinne des Wortes in die Gefängnisse bringen wollte. Deshalb soll diese Art der Fürsorge mit der Entlassung auch nicht abbrechen. Die Beziehungen zu dem ehemaligen Gefangenen sind „zu seiner weiteren Förderung unauffällig aufrecht zu erhalten". Gegebenenfalls übernimmt der Fürsorger die Schutzaufsicht (§ 7). Damit erhält endlich auch der in der Regierungserklärung Gradnauers und der Verordnung Harnischs über die Eigenart des Täters aufgegriffene Gedanke der Betreuung der Straffälligen nach ihrer Strafverbüßung greifbare Formen.

Eingehende Vorschriften bestehen über die Vorbildung der Fürsorger. Man verlangt die Kenntnis der wichtigsten Gesetze des Straf-, Strafprozeß- und Arbeitsrechts, der wichtigsten Gebiete des Fürsorgewesens, Wohnungswesens, der Sozialversicherung, Kriminalpsychologie, Pädagogik, Ethik, des Heilwesens, der Psychiatrie, der Volksbildung und der Fragen des Wirtschaftslebens, insbesondere des Arbeitsmarkts und der Arbeiterbewegung. Die genannten Gebiete sollen auch fortlaufend verfolgt werden.

Ferner muß der Fürsorger mit den praktischen Einrichtungen des Fürsorgewesens vertraut sein und mit den staatlichen und privaten Organisationen dauernd in Fühlung bleiben (§§ 4, 5). Diese Bestimmungen geben gleichzeitig einen weiteren Anhaltspunkt dafür, welche Tätigkeit im wesentlichen von ihnen erwartet wird.

Eine scharfe Abgrenzung wurde nach der kirchlichen Seite hin vorgenommen. Fürsorger, die gleichzeitig Geistliche sind, dürfen in der Anstalt selbst keine geistlichen Funktionen ausüben. Sie haben sich ihren „Schützlingen gegenüber jeder kirchlichen Seelsorge zu enthalten". Wenn die Gefangenen den Wunsch nach Seelsorge äußern, so ist hiervon dem Vorsteher der Anstalt Mitteilung zu machen, der den zuständigen Geistlichen benachrichtigt (§ 11).

Was die Frage der Organisation anbelangt, so ist als besonders wichtig hervorzuheben, daß die Fürsorger nicht in die Gefängnisverwaltung eingegliedert wurden. Sie sind keine Gefängnisbeamten, sondern völlig selbständig. Ihre Dienstbezirke werden vom Justizministerium bestimmt. Aufsichtsbehörde ist der Oberstaatsanwalt (§ 2). Diese Regelung, die in lokalen Verhältnissen begründet sein dürfte, scheint allerdings manche Schwierigkeiten zu bieten. Es macht sich jedenfalls in der Praxis das Bestreben bemerkbar, eine möglichst enge Verbindung mit dem Anstaltsleben herzustellen, und durch Veranstaltung von Heimabenden, durch Arbeitsgemeinschaften und selbst Unterrichtserteilung in dauernde Fühlung mit den Gefangenen zu kommen. Zweifellos hat die Gefängnisfürsorge überhaupt noch nicht ihre endgültige Gestalt und Form gefunden. Ihr weiterer Ausbau wird von den praktischen Erfahrungen abhängen, die wohl noch lange nicht abgeschlossen sein dürften.

Zur Charakterisierung der Verordnung ist zu bemerken, daß sich hier ausgesprochen soziale Gesichtspunkte in eigenartiger Weise mit, man möchte fast sagen, moralisierenden Tendenzen verbinden. Wenn ausdrücklich eine „innere Wandlung und Einkehr", ein „Besserungswille", bei den Gefangenen angestrebt werden, so erscheint das für eine von sozialistischer Seite erlassene Verordnung jedenfalls nicht selbstverständlich. Wir werden auch noch sehen, daß im allgemeinen gerade von Sozialisten betont wird, der Gefangene sei nicht zur Moralität, sondern zur Legalität zu erziehen. Worauf der abweichende Standpunkt hier zurückzuführen ist, konnte nicht mit Bestimmtheit festgestellt werden. Als Vater der sächsischen Gefängnisfürsorge soll der sozialistische Anstaltsgeistliche Grohmann, ehemals Strafanstaltsdirektor von Hoheneck, zu gelten haben, der für die Verwirklichung seiner Ideen wiederholt in Denkschriften eingetreten sei. Ob er jedoch mit der Fassung der Verordnung selbst noch in Zusammenhang zu bringen ist, ließ sich nicht feststellen. Auch in der Versöhnung des Gefangenen mit dem Verletzten unter Wiedergutmachung des angerichteten Schadens, die der Fürsorger herbeiführen soll, kann man ein Konglomerat aus religiös-ethischen und vorzugsweise sozialistischen Tendenzen sehen. Es sind das Dinge, für die sich beispielsweise auch der religiöse Sozialist Kohlstock als Zeichen und zugleich als Bestätigung der inneren Umkehr einsetzt[73]). Daneben dienen derartige Maßnahmen aber auch der Beseitigung gemeinschaftsstörender Momente. Sie wecken den Sinn für das Bewußtsein der Zusammengehörigkeit. Und ferner werden durch den Versuch der Schadensersetzung die berechtigten Interessen des Einzelwesens von der Allgemeinheit wahrgenommen. Damit kommt gleichzeitig der Grundgedanke jeder staatlichen Fürsorgetätigkeit zum Ausdruck, daß Alle Allen verantwortlich sind, ein Gedanke, den sich gerade der Sozialismus aufs stärkste zu eigen gemacht hat.

Die Gefängnisfürsorger wurden ebenso wie die Gefängnisbeiräte in vollem Umfange beibehalten. In einer späteren Verordnung vom 29. II. 1928 hat man noch einige ergänzende Vorschriften über ihre Ausbildung getroffen[74]). Demnach ist Voraussetzung zur Einstellung ein „für die Gefängnisfürsorge wertvolles Hochschulstudium von mindestens acht Halbjahren“ mit abgeschlossenem Examen und eine Probezeit von zwei Jahren. Diese Bestimmung bedeutet jedoch nicht eine Änderung des bisherigen Zustandes. Sie ist vielmehr lediglich die endgültige Festlegung eines jahrelangen Brauches.

Es bleiben nun, nachdem wir dieses Mal die wichtigeren Verordnungen zusammenhängend behandelt haben, noch eine Reihe kleinerer Reformen zu erwähnen, die ebenfalls von Zeigner durchgeführt worden sind.

Kurz nach der umfassenden Milderungsverordnung vom 11. II. 1922 wurde unterm 14. III. 1922 die obligatorische ärztliche Untersuchung der Gefangenen eingeführt[75]). Wäh-

---

[73]) Paul Kohlstock, Pfarrer und Anstaltsgeistlicher, Unschuldig verurteilt, Schriften d. religiösen Sozialisten, Nr. 10, S. 99.

[74]) Sächs. JMBl. 1928, Nr. 2.

[75]) Sächs. JMBl. 1922, Nr. 3, S. 21.

rend bisher nur Eingelieferte, „die nicht augenscheinlich gesund" waren, alsbald vom Arzt untersucht werden mußten[76]), hat dies hinfort bei jedem Gefangenen sobald als möglich zu geschehen. Bei denjenigen, die voraussichtlich länger als eine Woche im Gefängnis bleiben, sogar spätestens am Tage nach der Einlieferung. Unmittelbar vor der Entlassung muß die Untersuchung wiederholt werden, wenn der Gefangene länger als einen Monat im Gefängnis war. Über das Ergebnis ist eine Niederschrift zu fertigen.

Eine Besserstellung der politischen Gefangenen, die, wie wir gesehen haben, die Sozialdemokratie im Reichstage wiederholt gefordert hat, wurde durch eine Verordnung vom 4. V. 1922 herbeigeführt[77]). Soweit sich solche Gefangene noch in Untersuchungshaft befinden, sollen ihre Wünsche auf Selbstbeköstigung, Selbstbeschäftigung, Bücher und Zeitungsempfang, Benutzung eines eigenen Bettlagers grundsätzlich nur dann abgelehnt werden, wenn eine Gefährdung der Untersuchung oder der Sicherheit der Anstalt zu befürchten ist. Das ist im Wesentlichen nur eine Wiederholung der Bestimmungen vom 15. III. 1919 über die Untersuchungshaft. Politische Strafgefangene erhalten nunmehr aber ebenfalls das Recht, sich selbst zu beköstigen, Lebensmittelsendungen zu empfangen und sich selbst zu beschäftigen, soweit es mit der Ordnung und Sicherheit der Anstalt vereinbar ist. Ferner dürfen sie sich eine Tageszeitung halten und wissenschaftliche, schöngeistige und politische Literatur empfangen. Bei den Tageszeitungen soll lediglich der Anzeigenteil, soweit er unschwer vom übrigen Inhalt abgetrennt werden kann, nicht ausgehändigt werden. Anscheinend befürchtete man, daß den Gefangenen in fingierten Anzeigen Nachrichten übermittelt werden könnten, wie das bekanntlich bei der Kriegsspionage üblich war. Der Auswahl der Lektüre wurde keine Schranke gesetzt. Etwaige Bedenken sollten im Einzelfalle dem Ministerium mitgeteilt werden, das sich auch ausdrücklich vorbehielt, beim Mißbrauch der gewährten Vergünstigungen „besondere Entschließungen" zu fassen.

Nicht übergangen sei auch die Unterstellung der Gerichtsgefängnisse unter die Aufsicht der Direktoren der Gefangenenanstalten, die am 14. V. 1923 verfügt wurde[78]). Diese Maßnahme, diente vorwiegend der Besserung namentlich der gesundheitlichen

---

[76]) GO., § 1896, I.
[77]) Sächs. JMBl. 1922, Nr. 6, S. 54.
[78]) Sächs. JMBl. 1923, Nr. 5, S. 71.

Zustände in den kleinen Gerichtsgefängnissen, wofür die Sozialdemokratie, was noch zu zeigen sein wird, auch sonst (namentlich im preußischen Landtag) eingetreten ist. Die Gefängnisdirektoren wurden hier angewiesen, jedes Gerichtsgefängnis wenigstens einmal im Jahre zu besuchen und über die Wahrnehmungen und über den Stand des Gefängniswesens in ihrem Aufsichtsbezirke dem Ministerium vierteljährlich zu berichten.

Durch die Verordnung vom 2. VII. 1923 über den Zeitungsbezug[79]) gestattete man sämtlichen Gefangenen, nicht wie bisher nur den politischen, auf Antrag eine Tageszeitung „gleichviel welcher politischen Richtung" zu halten. Damit war, wie durch die Rosenfeldsche Verordnung, auch das Lesen kommunistischer und sonstiger radikaler Zeitungen erlaubt. Dem Gefängnisvorstand wurde nur anheimgestellt, einzelne Nummern von Tageszeitungen zurückzuhalten, wenn er von ihrem Inhalt eine „schwere Gefährdung der Sicherheit und der Ordnung" befürchtete. Die zurückgehaltenen Nummern waren aber dem Ministerium zur Entscheidung vorzulegen. Diese Bestimmungen blieben unberührt bis zur Einführung der Strafvollzugsverordnung vom 21. VI. 1924, die gemäß den Grundsätzen von 1923 die Möglichkeit des Verbots umstürzlerischer Zeitungen und Zeitschriften übernahm[80]). Tatsächlich sollen auch in den sächsischen Strafanstalten politische Zeitungen aller Richtungen zahlreich gelesen worden sein, und zwar bis 1926, wo die Regierung von dem eben erwähnten Verbotsrecht Gebrauch machte.

In diesem Zusammenhang ist noch eine kurz darauf ergangene Anordnung vom 31. VII. 1923 zu erwähnen, die bestimmt, daß die Eingaben der Strafgefangenen an Aufsichtsbehörden, Gerichte, Staatsanwaltschaften, Mitglieder des Gefangenenbeirats, politische Parteien und Fraktionen — nicht jedoch einzelne Abgeordnete — sowie an Vereine für Entlassenenfürsorge, keiner zeitlichen Beschränkung unterliegen[81]). Auch diese Verordnung hat ihre Parallele in der Rosenfeldschen Verordnung vom 19. XII. 1918.

Von grundsätzlicher Bedeutung ist die letzte der hier zu nennenden Verordnungen Zeigners über den „Wegfall militä-

---

[79]) Sächs. JMBl. 1923, Nr. 7, S. 99. Die Zeitungen waren von den Gefangenen nach angemessener Zeit wieder abzugeben. Mit ihrer Zustimmung konnten sie eingestampft oder sonst verwendet werden, wofür eine „angemessene Vergütung gutzuschreiben" war.

[80]) a. a. O. § 135, Abs. 2; Grundsätze v. 7. VI. 1923, § 109, Abs. 2.

[81]) Sächs. JMBl. 1923, Nr. 9, S. 113 (V. „über Behandlung gewisser Schreiben Strafgefangener").

rischer Formen im Gefängniswesen" vom gleichen Tage[82]). Sie verfügt, daß bei der Behandlung der Gefangenen die „unangebrachte Nachahmung militärischer Formen" zu vermeiden ist. Als solche werden genannt das Achtungrufen, Meldungerstatten, Aufstehen beim Eintritt von Beamten und Strammstehen bei ihrem Vorübergehen. In ähnlicher Weise sollen militärische Gepflogenheiten innerhalb des Dienstes unterbleiben. Der Aufsichtsbeamte oder Dienstposten hat beim Erscheinen eines Vorgesetzten keine Meldung mehr zu erstatten. Die erforderlichen Auskünfte werden nur noch auf Verlangen des Vorgesetzten gegeben.

Der auf Zeigner folgende, letzte sozialistische Justizminister Sachsens, Neu, war zu kurz im Amte, um wesentlichen Einfluß auf den Strafvollzug nehmen zu können. Aus seiner ungefähr fünfmonatigen Tätigkeit sind lediglich zwei hier interessierende Verordnungen vorhanden, von denen die eine allerdings nur indirekt den Strafvollzug berührt.

Die erstere vom 14. IX. 1923 betrifft die Gefängnisbüchereien[83]). Der kulturpolitischen und staatspolitischen Einstellung der Sozialdemokratie entsprechend .verfügt sie, daß „Bücher, Schriften und Zeitschriften religiösen oder nationalistisch-monarchistischen Inhalts und sogenannte Traktätchen-Literatur" von der übrigen Literatur abzusondern und in Zukunft nicht mehr anzuschaffen seien. Ferner darf religiöse Literatur nur noch auf Verlangen und solche „nationalistisch-monarchistischen Inhalts" und Traktätchen-Literatur überhaupt nicht mehr ausgegeben werden. Bibeln, Neue Testamente, Gebet- und Gesangbücher sind als Inventarstücke aus den Zellen zu entfernen. Jedoch können sie auf ausdrücklichem Wunsch nach wie vor jedem Gefangenen zu dauerndem Gebrauche überlassen werden.

In der andern hier zu berücksichtigenden Verordnung wandte sich Neu gegen die „Verwendung kränkender und herabsetzender Personenbezeichnungen und Wendungen im Dienstverkehr[84]). Ausdrücke wie „Sträfling, Häftling, Züchtling, Korrektionär, Prostituierte, Lohndirne, Weiberzuchthaus (statt Frauenzuchthaus)" sollen nicht benutzt werden. „Die Justizbehörden", so wird erklärt, „werden den Schein, als ob sie die ihrer amtlichen Behandlung überwiesenen und anvertrauten Personen ohne Rücksicht auf deren Ehrgefühl und Menschentum lediglich als Objekt

---

[82]) Sächs. JMBl. 1923, Nr. 9, S. 114.
[83]) Sächs. JMBl. 1923, Nr. 11, S. 130 (V. „über Gefängnisbüchereien").
[84]) Sächs. JMBl. 1923, Nr. 12, S. 137 (V. vom 18. Oktober 1923).

ihrer amtlichen Tätigkeit bewerten, vermeiden können", wenn sie an Stelle derartiger Bezeichnungen stets den bürgerlichen Namen, gegebenenfalls unter Hinzufügung des Standes oder des zuletzt ausgeübten Berufes benutzen. Soweit es erforderlich ist, auf die Tatsache der Gefangenschaft hinzuweisen, soll den Reichsgrundsätzen entsprechend die Bezeichnung „Gefangener (Untersuchungs- und Strafgefangener)" verwandt werden. — Das Bestreben im amtlichen Verkehr darüber hinaus einen wärmeren, persönlicheren Ton anzuschlagen, finden wir übrigens auch in der Gefängnisfürsorgeverordnung, die dem Fürsorger, nicht den „Sträfling", auch nicht den „Gefangenen", sondern den „Schützling" gegenüberstellt.

Thüringen.

Während in Sachsen die Reformierung des Strafvollzugs, wie wir gesehen haben, in einer Reihe von Einzelvorschriften stückweise durchgeführt wurde, ist der thüringische Strafvollzug, der neben dem hamburgischen heute wohl am fortschrittlichsten ist, ein durchaus einheitliches, stets organisch fortentwickeltes Werk. Ein charakteristischer Zug des thüringischen Systems ist ferner die enge Zusammenarbeit der verfügenden und der ausführenden Organe. Dieses von Anfang an beobachtete einheitliche Wirken, das die geringe Größe des Landes wesentlich gefördert haben dürfte, ermöglichte auch, die Erfahrungen der Praxis mit den Auffassungen einer reformbejahenden Theorie in glücklicher Weise zu verbinden und so ein Gefängniswesen zu schaffen, das zweifellos noch bahnbrechend wirken wird[85]). Wenn wir uns hier mit dem thüringischen Strafvollzug befassen, so geschieht das deshalb, weil der grundlegende Anfang zu seiner Umgestaltung von einer rein sozialistischen Regierung gemacht wurde.

Der Übergang zum Erziehungsstrafvollzug erfolgte in Thüringen durch die von dem sozialdemokratischen damaligen stellvertreten-

[85]) Diese Zusammenarbeit kommt auch zum Ausdruck in der wesentlich von thüringischer Seite beeinflußten „Arbeitsgemeinschaft für Reform des Strafvollzugs" (gegr. 1923). Insbesondere sind hier zu nennen: Oberregierungsrat Dr. Frede, Dezernent für den Strafvollzug im thüring. Justizministerium, Prof. Dr. Grünhut, früher in Jena, jetzt in Bonn, Prof. Dr. Bondy (Göttingen), der gleichzeitig Direktor des thüring. Landesjugendgefängnisses in Eisenach ist, Regierungsrat Otto Krebs, Leiter der thüring. Landesstrafanstalt Untermaßfeld von 1923 bis 1928 (seitdem Direktor des Erziehungsheims Lindenhof, Berlin). — Bemerkt sei hier auch, daß der durch seine Berichte über Hahnöfersand bekannte Dr. Walter Herrmann seit Anfang 1924 die thüring. Fürsorgeerziehungsanstalt in Hildburghausen leitet.

den Justizminister Frölich erlassene Vollzugs- und Hausordnung vom 28. X. 1922[86]). Sie ist besonders bemerkenswert, weil sie völlig unabhängig von den ungefähr gleichzeitigen ähnlichen Einrichtungen in Hamburg und Bayern das Stufensystem einführte. Es verlohnt sich deshalb, etwas näher auf sie einzugehen.

Als Ziel des Strafvollzugs wird auch hier die Resozialisierung des Gefangenen bezeichnet. Die Strafvollstreckung soll — im Rahmen des Stufensystems — „in erster Linie seiner Besserung und Erziehung zu einem nützlichen vollwertigen Mitglied der Gesellschaft dienen" (XVII, Ziffer 1). Doch sind die Mittel, die man dabei anwendet, noch sehr äußerlich. Das System besteht dem Wesen nach in einer Lockerung der Strafe. Mit dem Aufrücken in die höhere Stufe — im ganzen sind es deren drei — werden größere Vergünstigungen gewährt, die sich der Gefangene durch ein einwandfreies Verhalten verdienen muß. Unter diesen Gesichtspunkten wirkt sich die Zugehörigkeit zu den einzelnen Stufen im wesentlichen folgendermaßen aus.

Die Gefangenen der ersten Stufe befinden sich in der Regel in Einzelhaft (§ 10). Sie dürfen ihre Zelle nicht schmücken, abgesehen von der Aufstellung der Bilder naher Angehöriger, die nach vier Monaten zulässig ist (§ 24). Sie erhalten kein verfügbares Geld (§ 51). An Lektüre empfangen sie nur Sonnabends ein Buch, das am Montag früh wieder abgegeben werden muß (§ 55, I). Der tägliche Spaziergang dauert bei ihnen ½ bis ¾ Stunden. Besuche dürfen alle drei Monate einmal stattfinden. Ihre Dauer ist auf eine Viertelstunde beschränkt (§ 56). Briefe können alle zwei Monate abgesandt und empfangen werden (§ 55 A). Vorträge, und zwar lediglich solche belehrender Art, können nur besucht werden, wenn der Direktor es ausdrücklich anordnet (§ 55).

In der zweiten Stufe, wie auch in der dritten, sind die Gefangenen in der Regel tagsüber in Gemeinschaftshaft und nur nachts isoliert. Sie dürfen in ihren Zellen eigene Bilder aufstellen, jedoch auch hier nur die naher Angehöriger (§ 24). Vom verfügbaren Teil ihres Arbeitsverdienstes können sie sich Zusatznahrung kaufen (§ 29). — Zur freien Verfügung stehen hier zwei Drittel der ihrer Höhe nach vom Justizministerium nach dem jeweiligen Geldwert zu bestimmenden Arbeitsbelohnung und die Hälfte der Fleißbelohnung, die vom Direktor für Überpensen gewährt werden kann (§§ 43, 45, 49). — Ferner erhalten sie wöchentlich zwei Bücher. Sie dürfen die im Eßsaal ausliegenden Zeitungen lesen

[86]) Die Verordnung ist seinerzeit nur hektographiert worden.

und täglich ¾ bis 1 Stunde spazierengehen; sie haben zweimal in der Woche Turnstunde, können Sonntags im Gemeinschaftssaal lesen und schreiben, mit einem Mitgefangenen Gesellschaftsspiele, wie Schach, Halma, Domino, Dame, machen oder sich dort ruhig unterhalten. Sie nehmen an den gemeinschaftlichen sonntäglichen Vorlesungen, Vorträgen, Vorführungen oder musikalischen Darbietungen teil (§ 55 B). Schließlich können sie auch eine Gefangenenkapelle oder einen Gefangenenchor bilden, für den wöchentlich zwei Übungsstunden vorgeschrieben sind. Besuche dürfen alle zwei Monate einmal mit halbstündiger Dauer empfangen und Briefe in der Regel alle Monate geschrieben und entgegengenommen werden.

Die dritte Stufe genießt noch weitere Vergünstigungen. Es kann hier dem Gefangenen gestattet werden, in Einzelhaft zu bleiben, grundsätzlich herrscht Gemeinschaftshaft (§ 11). Er darf seine Zelle mit Bildern jeder Art und auch mit Blumen nach Belieben schmücken, soweit dadurch keine Beschädigung der Wände eintritt. Sonntags kann er eine besondere Zulage zur Kost erhalten (§ 27). Die Fleißbelohnungen sind ganz, die Arbeitsbelohnungen zur Hälfte frei verfügbar (§ 49). Der Gefangene kann sich von ihnen, abgesehen von der Zusatznahrung, Bücher, Noten und Musikinstrumente anschaffen oder eine Zeitung halten (§§ 51, 55 E). Das Bücherbenutzungsrecht ist unbeschränkt. Die im Gemeinschaftssaal ausliegenden Zeitungen können täglich gelesen werden. Die Dauer des Spazierganges beträgt eine Stunde. Hierbei ist ebenso wie beim Mittagessen eine ruhige Unterhaltung gestattet. Abgesehen von der oben erwähnten Turnstunde kann der Gefangene am Mittwoch Nachmittag 1 Stunde und am Sonntag 3 Stunden Sport treiben und hierbei auch eigene Kleidung tragen (§ 25). Die Möglichkeiten geistiger Anregungen sind ebenfalls stark erweitert. Auf Antrag kann auch nach dem Einschluß abends noch Licht auf eigene Kosten gebrannt werden. Bei den sonntäglichen Spielen im Gemeinschaftssaal können vier Gefangene zusammenspielen, auch Kartenspiele sind zugelassen (§ 55 C). Besuchszeit ist monatlich mit dreiviertelstündiger Dauer (§ 56). Briefwechsel in der Regel alle zwei Wochen (§ 58). Von ganz besonderer Bedeutung ist, daß die vorläufige Entlassung und die Begnadigung grundsätzlich von der Zugehörigkeit zur dritten Stufe abhängig gemacht werden (XII, Ziffer 1). Das dürfte dem Gefangenen mit in erster Linie veranlassen, sich möglichst soweit hinaufzuarbeiten.

Hier finden wir auch schon die ersten Ansätze zur *Selbstverwaltung*. Sie sind vermutlich die ersten in Deutschland überhaupt. In § 55 C, Ziffer 6 der Verordnung heißt es:

„Für Sport, Spiel und den Aufenthalt im Gemeinschaftssaal außerhalb der Arbeitszeit dürfen die Gefangenen sich mit einfacher Stimmenmehrheit nach Bedarf Obmänner wählen, die unter Oberaufsicht der Aufsichtsbeamten dafür zu sorgen haben, daß die Vergünstigungen von den Gefangenen nicht mißbraucht werden und Meinungsverschiedenheiten bei Sport und Spiel keinesfalls in Streitigkeiten ausarten.

Die Wahlen bedürfen der Bestätigung des Direktors."

Ferner können die Gefangenenkapelle und der Gefangenenchor. soweit ihnen nur Gefangene der dritten Stufe angehören, Übungsabende abhalten, bei denen nicht ständig ein Aufsichtsbeamter zugegen zu sein braucht (§§ 55 E, Ziffer 2).

Das Aufrücken ist folgendermaßen geregelt. Zunächst kommt jeder Eingelieferte in die erste Stufe, wo er sechs Monate verbleibt, es sei denn, daß er schon mit Zuchthaus oder einer Gefängnisstrafe von über zwei Jahren mit Ehrverlust vorbestraft ist. In diesem Falle beträgt die Dauer des Verbleibens auf der ersten Stufe ein Jahr, jedoch nicht länger als die Hälfte der zu verbüßenden Strafzeit (§ 14). Nach Ablauf dieser Termine rückt er in die zweite Stufe auf, „wenn er sich straffrei geführt hat". Soll er länger auf der ersten Stufe belassen werden, so ist hierüber durch den Anstaltsrat ein besonderer Beschluß zu fassen (§ 15). Für die Zugehörigkeit zur zweiten Stufe ist kein bestimmtes Zeitmaß festgesetzt. Er bleibt hier „bis er sich durch besonders gute, während längerer Zeit straffreie Führung die Versetzung zur dritten Stufe verdient hat". Regelmäßig soll es die Hälfte des Strafrestes sein. Über die Versetzung entscheidet der Direktor nach Anhörung der Aufsichtsbeamten (§§ 16, 17). Zurückversetzungen sind bei dauernder schlechter Führung und nach vorausgegangener zweimaliger niederschriftlicher Verwarnung möglich. Sie sind durch den Anstaltsrat nach mündlicher Anhörung des Gefangenen zu beschließen (§§ 20, 21).

Von den weiteren Bestimmungen seien nur noch die wichtigsten erwähnt. So weitgehend wie möglich wird die Trennung der einzelnen Stufen durchgeführt. Ihre Zellen sollen in verschiedenen Flügeln liegen (§ 23). Die Mahlzeiten, die bei der zweiten und dritten Stufe gemeinschaftlich sind, werden ebenfalls in getrennten Sälen eingenommen. Was die Arbeit anbelangt, so soll bei ihrer

Verteilung „auf den Gesundheitszustand und nach Möglichkeit auf den Beruf, die Fähigkeiten, sowie auf das spätere Fortkommen des Gefangenen Rücksicht genommen werden". Auf der zweiten und dritten Stufe sind ungelernte Arbeiter tunlichst in einem Handwerk auszubilden (§ 59). Diese Bestimmungen finden sich ziemlich übereinstimmend, abgesehen von der Verquickung mit dem Stufensystem, wieder in den Grundsätzen von 1923 (vgl. § 68). Wichtig erscheint auch, namentlich in Verbindung mit dem früher Gesagten, die Bildung einer besonderen Abteilung für Psychopathen. Jedoch steht diese nicht unter fachmännischer Leitung. Es ist lediglich vorgesehen, daß sie von einem besonders geeigneten Beamten beaufsichtigt wird (§ 59).

Die Vorschriften dieser ersten thüringischen Stufenordnung wurden in der Praxis nicht nur verwirklicht, die in ihr liegenden Möglichkeiten wurden vielmehr auch weitgehend ausgebaut. Und zwar ebenfalls unter wesentlicher Mitwirkung von Sozialisten.

In erster Linie ist hier der Ausbau der Selbstverwaltung der dritten Stufe in der Landesstrafanstalt Untermaßfeld (Zuchthaus) zu nennen, zu dessen Leitung von dem damaligen Justizminister Dr. Rittweger im Frühjahr 1923 Otto Krebs von Hamburg berufen wurde. Nachdem es im Sommer 1923 in Untermaßfeld ermöglicht worden war, die dritte Stufe in einem besonderen Flügel unterzubringen und diese bereits einen Teil ihrer Freizeit allein zugebracht hatte, ging man dort an die Durchführung der obenerwähnten Obmännerwahl[87]). Auf Veranlassung der Anstaltsleitung versammelten sich im November 1923 die Angehörigen der dritten Stufe und wählten aus ihrer Mitte einen Obmann und einen dreiköpfigen Ausschuß. Außerdem hatten einige Gefangene den Entwurf zu einer „Verfassung der dritten Stufe" ausgearbeitet, der einstimmig angenommen wurde. Er stellte den Grundsatz auf: „Die gewährten Erleichterungen verpflichten" und setzte die Aufgaben des Obmannes fest. „Der selbst gewählte Obmann", heißt es in Punkt 2, „ist Verbindungsglied zur Anstaltsleitung und hat die Ordnung in der Selbstverwaltungsgruppe aufrecht zu erhalten"[88]). Im übrigen werden hauptsächlich organisato-

---

[87]) Vgl. Dr. Albert Krebs, Die Selbstverwaltung Gefangener in der Strafanstalt, Monatsschr. f. Krim.-Psych. u. Strafrechtsref. 1928, S. 152 ff., und Dr. Friedrich Rösch in: Gefängnisse in Thüringen, Berichte über die Reform d. Strafvollzugs v. thüring. Strafanstaltsdirektoren und Fürsorgern, Panses Verlag, Weimar 1930, S. 109 ff.

[88]) Dr. Albert Krebs, a. a. O., S. 152.

rische Fragen geregelt. Der Dreimännerausschuß soll der „Unterstützung des Obmannes" dienen (Punkt 3). Die Verfassung wurde von der Direktion genehmigt und trat am 1. XII. 1923 zunächst auf die Dauer eines halben Jahres in Kraft. Sie bewährte sich durchaus und besteht heute noch in ihrer ursprünglichen Form. Der Appell an die Mitarbeit der Gefangenen erwies sich auch als ein erfolgreiches Mittel zur Resozialisierung. Von den zahlreichen Zeichen sozialer Gesinnung sei nur erwähnt, daß die Gefangenen der dritten Stufe aus eigener Veranlassung einmal die in Not befindliche Frau eines Mitgefangenen gelegentlich ihres Besuches in der Anstalt von ihrem verfügbaren Gelde unterstützten und daß sie in ihrer Freizeit Spielzeuge für Waisenkinder zur Weihnachtsbescherung herstellten[89]), eine Gepflogenheit, die, wie ich bei meinem dortigen Aufenthalte selbst feststellen konnte, heute noch besteht. Auf jene Zeit gehen auch die in Untermaßfeld und den übrigen thüringischen Strafanstalten üblichen sonntäglichen Spaziergänge des Direktors und des Fürsorgers mit den Angehörigen der dritten Stufe in die nähere und weitere Umgebung der Anstalt zurück, die sich ebenfalls bestens bewährten[90]).

Verwirklichte so die Praxis die Absichten der Regierung, so war es umgekehrt wiederum nur möglich, die weitergehenden

---

[89]) Dr. Albert Krebs, a. a. O., S. 158 f. Dr. Krebs sagt hierzu: „Dieser Brauch hatte sich sehr wertvoll gezeigt und dem traurigen Ernst der Weihnacht im Zuchthaus einen neuen, frohen Sinn gegeben. Alle Mitarbeitenden wuchsen über sich selbst hinaus und dieser Ausdruck einer Arbeitsgesinnung ist zugleich Ausdruck einer Freude und das Zeichen eines Strebens nach Verbundenheit mit der Gesellschaft."

[90]) Dr. Albert Krebs, a. a. O., S. 160. Seit Bestehen dieser Spaziergänge sei es in Untermaßfeld nur einmal vorgekommen, daß ein Gefangener „für kurze Zeit entweichen konnte". Sehr charakteristisch ist auch die folgende Stelle aus dem Bericht des Leiters des Landesgefängnisses von Ichtershausen, Regierungsrat Vollrath, in dem oben erwähnten Buche, Gefängnisse in Thüringen: „Ich bin schon mit 138 Leuten ganz allein bis zum Rehestädter Wäldchen (über 6 km) gegangen, wo wir lagerten. Im Jahre 1929 habe ich im Rahmen des Sportfestes der Anstalt mit 18 ausgesuchten Leuten eine Wanderung nach dem Riechheimer Berg unternommen, das war ein Gesamtweg von 36 km; wir marschierten morgens um 3 Uhr 15 Min. ab und kehrten mittags um 12 Uhr 30 Min. zurück." Bei größeren Wanderungen nehme er ein Gespann mit Kaffee, Brot, Speck und Wurst mit. Während dieser Ausflüge seien bisher, das heißt seit über 7 Jahren, „nicht eine einzige Ungehörigkeit vorgekommen, nicht ein einziger Entweichungsversuch zu verzeichnen" gewesen (a. a. O. S. 12 f.). Ebensolche Spaziergänge werden auch im Landesjugendgefängnis Eisenach unternommen, wo ebenfalls bisher kein Gefangener entwichen ist (vgl. Erich Möller, ebenda S. 62).

Schritte mit deren Einverständnis zu tun. „Die Voraussetzung zur Förderung der Bestrebungen (der Selbstverwaltung)", sagt Dr. Albert Krebs, der jetzige Leiter von Untermaßfeld, „war die grundsätzliche Genehmigung des thüringischen Justizministeriums, alle ernsthaften Ansätze der Selbsterziehung der Gefangenen zu fördern"[91]).

Die gewonnenen praktischen Erfahrungen wurden alsbald in der zur Durchführung der Reichsgrundsätze von 1923 erlassenen „Dienst- und Vollzugsordnung für die thüringischen Landesstrafanstalten vom 24. V. 1924" verwertet. Diese Verordnung ist in ihren wesentlichen Zügen noch in der Ministerzeit Dr. Rittwegers entstanden, wurde aber von einer rein bürgerlichen Regierung verabschiedet[92]). Es würde deshalb den Rahmen unserer Darstellung überschreiten, wenn wir sie hier noch ausführlicher behandeln wollten. Ihr wesentlicher Fortschritt besteht wohl darin, daß sie die Stufeneinteilung von einem Vergünstigungs- in ein wirkliches Erziehungssystem umwandelt. Die Gefangenen durchlaufen jetzt eine Beobachtungs-, Behandlungs- und Bewährungsstufe (§ 41), von denen heute in Untermaßfeld und im Landesgefängnis Ichtershausen jede ihren eigenen wie in Sachsen akademisch vorgebildeten Fürsorger hat.

In der gegenwärtig geltenden Neufassung vom 24. September 1929[93]) wurde außerdem die Selbstverwaltung erweitert und das Anstaltsgericht eingeführt. Aus den Versuchen von 1922, die im Grunde genommen zunächst nur eine Herbeiziehung der Gefangenen zur Aufrechterhaltung der Ordnung „unter Oberaufsicht der Aufsichtsbeamten" bedeuteten, wird eine tatsächliche Eigengestaltung ihres Tun und Treibens. „Die Gefangenen der dritten Stufe haben Selbstverwaltung", heißt es in § 115. „Sie regeln unter Verantwortung des Direktors ihr Leben außerhalb der Arbeitszeit in ihrem Bereich und beim Sport selbst... Die Aufsicht durch Aufsichtsbeamte tritt zurück." Und unter offen-

[91]) a. a. O. S. 153.

[92]) Diese Mitteilung verdanke ich Dr. Rittweger persönlich.

[93]) Sie trat am 1. Oktober 1929 in Kraft. — Mit ihr werden auch wohl erstmals in Deutschland die oben erwähnten Spaziergänge rechtlich festgelegt. „Die Gefangenen der 3. Stufe können Sonntags und feiertags unter Führung des Direktors und der Fürsorger außerhalb der Anstalt spazierengehen, Zuchthausgefangene erst dann, wenn sie der 3. Stufe schon mindestens den sechsten, oder wenn die Strafe mehr als 3 Jahre beträgt, den dritten Teil des beim Aufrücken auf diese Stufe noch zu verbüßenden Strafrestes angehören" (§ 112, Ziff. 4).

sichtlicher Billigung der Gedanken der oben zitierten Verfassung (vgl. Punkt 2) hat hiebei der Obmann die vermittelnde Rolle zu spielen. Er „hält die Verbindung mit der Direktion aufrecht". Darüber hinaus wird der Selbstverwaltungsgedanke auch in der zweiten Stufe berücksichtigt. Dort können die Gefangenen für den Aufenthalt in den Gemeinschaftssälen und für den Sport ebenfalls Vertrauensleute wählen, die „dem Direktor Anregungen geben und Vorschläge machen" dürfen (§ 117). Hinsichtlich des Anstaltsgerichts, das, wie die Selbstverwaltung, schon vorher versuchsweise eingeführt war, ist besonders bemerkenswert, daß es mit zwei der dritten Stufe angehörigen Gefangenen besetzt ist (§ 166). Ferner kann sich der Gefangene einen Verteidiger aus den Mitgefangenen der zweiten oder dritten Stufe wählen (§ 168). Das Gerichtsverfahren ist eingehend in neun Paragraphen geregelt. Es findet eine Beweisaufnahme unter Anhörung von Zeugen statt. Die Beisitzer, die Gefangenen zuerst, haben sich in geheimer Beratung über die Schuldfrage und Strafhöhe zu äußern. Die Entscheidung obliegt jedoch noch dem Direktor allein, „unter Abwägung der Vorschläge der Beisitzer". Er hat das Urteil bei der Verkündung zu begründen und mit der Begründung zu den Akten zu bringen. Auch der Charakter der Öffentlichkeit der Verhandlung ist gewahrt. Die Beamten und die Vertrauensleute der Gefangenen dürfen ihr als Zuhörer beiwohnen (§§ 169—172).

Braunschweig.

Abgesehen von den bisher genannten Ländern sind sozialistische Einwirkungen auf das Strafvollzugswesen noch in Braunschweig und Lübeck zu verzeichnen.

In Braunschweig bringt die von Oberregierungsrat Dr. Weiß, dem 1923 berufenen Leiter der dortigen Strafanstalten, entworfene Dienst- und Vollzugsordnung vom 25. August 1925 — sie ist ebenfalls inzwischen teilweise abgeändert und ergänzt worden — Einrichtungen eigener Art auf dem Gebiete des Stufenvollzugs, insbesondere bezüglich der Versetzung[94]. Nach den braunschweigischen Vorschriften wird noch heute jeder Gefängnisgefangene zunächst der zweiten Stufe zugewiesen und genießt so von vornherein die damit verbundenen Vergünstigungen. Das gibt

---

[94]) Vgl. Dr. Weiß, Wie wirken sich die Reichsgrundsätze für den Vollzug von Freiheitsstrafen vom 7. Juni 1923 in den Dienst- und Vollzugsordnungen der Länder aus? Monatsschr. f. Krim.-Psych. u. Strafrechtsref. 1925, S. 166 ff. (183 f., 186 f.).

der ersten Stufe den Charakter einer ausgesprochenen Zuchthausstufe. Der Zweck dieser Regelung besteht darin, dem Gefängnisgefangenen möglichst sofort ein gewisses Durchschnittsmaß von äußeren Annehmlichkeiten zu geben. Die Vergünstigungen der mittleren Stufe entsprechen nach der Auffassung von Weiß dem, „was bisher der normale Strafvollzug war und was nach allgemeiner Ansicht gegenwärtig zu einer erzieherischen Freiheitsstrafe gehört". Über das Aufrücken in eine höhere Stufe und die Rückversetzung entscheidet der Direktor persönlich. Sie sollen jedoch vorher in der Beamtenbesprechung beraten werden. Bei einigen, genau festgelegten Verfehlungen kann ferner eine Rückversetzung von der dritten in die erste Stufe, also unter Übergehung der mittleren, erfolgen. Es sind das Flucht oder Fluchtversuch, tätliche Beamtenbeleidigung, vorsätzliche grobe Sachbeschädigung oder sonstige Handlungen, die strafrechtlich abgeurteilt worden sind.

Im Entwurf hatte Dr. Weiß auch die Einführung eines Anstaltsgerichts und der Selbstverwaltung, letztere wohl in Anlehnung an die ähnlich lautenden thüringischen Bestimmungen, vorgesehen. Dabei sollten etwaige Verhaltensvorschriften, die sich die Angehörigen der dritten Stufe selbst geben würden, die Genehmigung des Vorstandes vorausgesetzt, als ein Teil der Hausordnung gelten[95]). Diese Bestimmungen wurden indessen, wie verschiedene andere, so namentlich über Ausbildungslehrgänge für die Aufsichtsbeamten, in die Verordnung, die unter einer bürgerlichen Regierung in Kraft gesetzt worden ist, nicht übernommen.

Lübeck.

In Lübeck führte Senator Mehrlein, der das lübecker Strafvollzugswesen vom 30. III. 1919 bis zum 1. IV. 1929, dem Tage seiner Vereinigung mit dem hamburger Strafvollzug leitete, einige unmittelbar mit der Praxis verknüpfte Reformen durch, die in ihrer Tendenz uns bereits bekannten Bestrebungen entsprechen. So ordnete er im Januar 1921 an, daß hinfort die Gefangenen paarweise zusammengehen und sich hiebei auch unterhalten dürfen[96]). Einige Zeit später beseitigte er das Kastensystem in der Anstaltskirche und ließ diese zu einem in üblicher Ausstattung gehaltenen

[95]) Entwurf v. 6. XI. 1924, §§ 530 ff. — Dr. Weiß hat mir freundlicherweise den Entwurf zur Verfügung gestellt.

[96]) Diese Anordnungen sind nicht veröffentlicht. Ihre Kenntnis verdanke ich Senator Mehrlein persönlich.

Vortragssaale ausbauen. Zwei Jahre später, im Januar 1923, führte er regelmäßige musikalische und deklamatorische Vorträge sowie Turnspiele ein. Auf dem Boden der Grundsätze von 1923 wurde auch hier das Strafvollzugswesen neu geregelt. Dies geschah durch die Dienst- und Vollzugsordnung vom 17. V. 1924, die jedoch keine erwähnenswerten Sonderheiten enthält.

II. Kapitel.

Die heutige Einstellung der deutschen Sozialisten zum Strafvollzug.

§ 3. Die Haltung der sozialdemokratischen Partei.

Es wirft sich nunmehr die Frage auf, wie die Sozialdemokratie im allgemeinen als Partei heute zum Strafvollzuge steht.

Schon die vorausgegangenen Untersuchungen werden zwar unter diesem Gesichtspunkte zu betrachten sein. Sie geben nicht nur ein Bild von der Betätigung einzelner Sozialisten auf dem Gebiete des Strafvollzugs, sondern gleichzeitig auch einen Anhaltspunkt für die Haltung der Sozialdemokratie zu den dabei berührten Problemen schlechthin, insofern man, was wohl nicht bestritten werden kann, eine politische Bewegung mit in erster Linie nach den Ansichten und Handlungen ihrer Träger, insbesondere ihrer Führer, beurteilen muß. Was aber bisher völlig unberücksichtigt blieb, ist die Frage nach der Stellungnahme der sozialdemokratischen Partei zum Strafvollzug der Nachkriegszeit, soweit sie nicht selbst an dessen Ausgestaltung beteiligt war, ist die Frage nach ihrer grundsätzlichen Einstellung zum Gefängniswesen der Gegenwart.

Betrachten wir zunächst, als die authentische Quelle der Meinung einer Partei, ihre Programme. Im ersten Programm, das sich die Sozialdemokratie nach dem Umsturz 1921 in Görlitz gab, äußerte sie sich zum ersten Male auch an dieser offiziellen Stelle zum Strafvollzuge unmittelbar. Sie forderte seine „reichsgesetzliche Regelung" im Rahmen eines „Schutz- und Erziehungs-, nicht Vergeltungsstrafrechts" [97]). In ähnlicher Weise verlangte sie im Heidelberger Programm von 1925 für das Strafrecht „Ersetzung des Vergeltungsprinzips durch das Prinzip der Erziehung des Einzelnen und des Schutzes der Gesellschaft" und für

[97]) Vgl. Das Heidelberger Programm, Verlag Dietz Nachf., S. 35, Anm.

den Strafvollzug „reichsgesetzliche Regelung im Geiste der Humanität und des Erziehungsprinzips"[98]). Das sind nichts anderes als die Grundsätze, die sie bisher stets vertreten hat (vgl. z. B. die Mannheimer Thesen). Etwas neues erfahren wir hier nicht. Mittel und Wege zur Durchführung dieser Ziele werden keine genannt. Auch der von Saenger im Auftrage des Parteivorstandes beigegebene Kommentar schweigt sich in dieser Beziehung aus. Es muß sogar betont werden, daß er, ungeachtet der mancherorts und, wie wir gesehen haben, gerade auch unter starker Mitwirkung von Sozialisten selbst, vorgenommenen Reformen und insbesondere ungeachtet der Grundsätze von 1923, die er völlig übergeht — wie sie übrigens auch im Reichstag sozialistischerseits übergangen wurden — noch ganz in der alten ablehnenden Haltung befangen ist. „Der Strafvollzug", sagt Saenger ähnlich wie Gradnauer 1905 in seinem „Elend des Strafvollzugs", „hat Bankerott gemacht wie keine andere Rechtseinrichtung des Staates." Der Gedanke der Erziehung ist seiner Ansicht nach „überhaupt nicht vorherrschend" oder er wird jedenfalls mit „unzulänglichen Mitteln" zu verwirklichen versucht. Diese Auffassung wird aber, wie kritisch man nur eingestellt sein mag, dem heutigen Stande des Gefängniswesens nicht mehr gerecht. Und wenn auch Parteiprogramme weniger diesen Gegenwartsstand der Dinge beleuchten sollen als ihre Neugestaltung fordern wollen, wenn sie nicht zurück nach dem Erreichten, sondern vorwärts nach dem Unerreichten blicken und schließlich auch stets nur die ganz großen Linien aufzeigen können, so wird man doch anzunehmen haben, daß die Sozialdemokratie auch in ihrem Programm sich heute nicht mehr auf die reine Kritik beschränken und die mannigfaltigsten über die ersten Versuche zweifellos hinausgehenden Verwirklichungen des Erziehungsgedankens unbeachtet lassen würde. Man wird anzunehmen haben, daß das Heidelberger Programm in diesem Punkte heute bereits überholt ist.

Berechtigung zu dieser Auffassung gibt das Verhalten der sozialdemokratischen Abgeordneten in den einzelnen Länderparlamenten. Hier, wo die Behandlung der Strafvollzugsfragen ja eine weit eingehendere sein kann, macht sich unverkennbar ein offensichtlicher Umschwung in der Gesamteinstellung bemerkbar mit dem Ergebnis, daß der heutige Strafvollzug wenigstens in seiner Idee grundsätzlich bejaht wird. Die Kritik an ein-

[98]) a. a. O. S. 35.

zelnen Einrichtungen und an Mißständen in der Praxis ist allerdings nach wie vor keine Seltenheit. Aber sie verliert doch immer mehr den früher üblichen Zug zur Verallgemeinerung. Die Klagen werden ihres ausgesprochen symptomatischen Charakters allmählich entkleidet.

Der Umschwung beginnt in dem Augenblick und überall da, wo ein eindeutiges Bekenntnis zum Erziehungsgedanken von der Regierung abgelegt wird. Er knüpft sich daher meist an die Einführung des Stufenstrafvollzugs.

So erklärte beispielsweise im Hauptausschuß des preußischen Landtags noch 1922 der Abgeordnete Bubert, der Strafvollzug stehe mit den heutigen Kulturverhältnissen nicht mehr in Einklang. Das Straf- und Vergeltungsprinzip müsse endlich durch den Grundsatz der Besserung ersetzt und der Strafvollstreckungsbeamte zum reinen Erzieher der Strafgefangenen gestempelt werden[99]), während schon im Jahre 1925 der Abgeordnete Gehrmann nicht ansteht, an der gleichen Stelle die Durchführung des progressiven Strafvollzugs durch das Ministerium offen als einen Fortschritt zu begrüßen, um dann 1927 festzustellen, daß dieser stufenweise Strafvollzug viel Gutes gebracht habe[100]). Aus solcher relativer Zustimmung ist in Preußen inzwischen eine absolute geworden. Als in der Sitzung des Hauptausschusses vom 5. III. 1930 Justizminister Dr. Schmidt die Ziele der neuesten, den Strafvollzug in Stufen endgültig regelnden Verordnung vom 7. VI. 1929 entwickelte, die, „die Erfahrungen der vergangenen Jahre zu einem psychiatrisch fundierten und pädagogsich ausgebauten System" zusammenfassend, nicht nur die Trennung der Gefangenen unter dem Gesichtspunkte ihrer Erziehbarkeit in besondere Anstalten für Vorbestrafte, für Gefangene unter 25 Jahren, kurzfristig Bestrafte, für geistig Abnorme und Berufsverbrecher, sondern auch für die einzelnen Stufen verschiedene Anstalten vorsehe, wobei in der Ausgangsanstalt die Selbstverwaltung soweit wie „im Rahmen einer Freiheitsstrafe überhaupt möglich" ausgebaut und die Überwachung der Gefangenen darauf beschränkt werden solle, „die von ihnen gewählten Obmänner bei der Leitung ihrer Gruppen zu unterstützen und zu beraten und den Anstaltsbetrieb als solchen in Gang zu halten", da erklärte sich Gehrmann mit diesen Gedanken voll einverstanden und „beglückwünschte den

---

[99]) Hauptaussch. d. preuß. Landtags, Sitzg. v. 5. V. 1922, Prot. S. 13.

[100]) ebenda, Sitzg. v. 15. VII. 1925, Prot. S. 9, u. Sitzg. v. 4. II. 1927, Prot. S. 36.

Justizminister dazu", wie es im Protokoll heißt, „daß es ihm in seiner erst dreijährigen Amtstätigkeit gelungen sei, eine so durchgreifende Änderung im Strafvollzuge durchgeführt und damit endlich etwas in die Tat umgesetzt zu haben, worum im Haupt- und Rechtsausschuß seit Jahren gekämpft worden sei" [101]). Ähnlich verlief die Entwicklung z. B. in Bayern. Hier hat sich 1922 noch der Abgeordnete Steeger im Landtag grundsätzlich gegen den Strafvollzug in seiner damaligen Gestalt ausgesprochen, weil er dem Gedanken der Besserung und Wiederaufrichtung des Gefangenen keine Rechnung trage und insbesondere durch seine „drakonischen" Disziplinarstrafen nicht erzieherisch wirken könne[102]). Im Jahre 1925 bezeichnete er dagegen die Strafvollstreckung, wie sie inzwischen praktisch durchgeführt werde, wenigstens als eine „Verbesserung gegenüber den früheren Verhältnissen" und 1926 meinte er schließlich, einen wesentlichen Schritt weitergehend, daß die Leitsätze, die damals von der Regierung für den Strafvollzug herausgegeben wurden, eine „geeignete Grundlage" für die Verwirklichung der Forderungen seiner Gesinnungsfreunde darstellten, eine Auffassung, die er in den folgenden Jahren bei den Besprechungen des Justizetats regelmäßig wiederholt hat[103]). Dieselben Beobachtungen über die grundsätzliche Einstellung lassen sich wohl in den meisten anderen Ländern machen. Erwähnt sei als kleineres Territorium noch Anhalt. Im dortigen Landtag sagte in der Sitzung vom 28. IV. 1927 der sozialdemokratische Landtagspräsident Peus: „Wir kommen im großen und ganzen zu dem Ergebnis, und das ist erfreulich, daß die moderne Auffassung sich in unserer Gefangenenanstalt (das ist Coswig) durchsetzt" [104]). Dabei ist zu berücksichtigen, daß in allen diesen Ländern heute kein Sozialist mehr an der Spitze der Justizverwaltung steht.

§ 4. Die Haltung der kommunistischen Partei.

Die Kommunistische Partei Deutschlands (gegründet am 1. I. 1919) wird wie in allen anderen Fragen so auch in ihrer Einstellung zum Strafvollzug wesentlich bestimmt durch das Ziel der (ebenfalls 1919 gegründeten) Kommunistischen Internationale (so-

---

[101]) a. a. O., Prot. S. 6.

[102]) Bayer. Landtag, Sitzg. v. 30. III. 1922, Prot. S. 325.

[103]) ebenda, Sitzg. v. 1. V. 1925, Prot. S. 782, u. Sitzg. v. 20. IV. 1926, Prot. S. 80, 6. VII. 1927, Prot. S. 108, 21. II. 1929, Prot. S. 697.

[104]) a. a. O., Prot. S. 1239 A.

genannte Dritte [Moskauer] Internationale), der sie sich Mai 1920 angeschlossen hat.

Dem Programm, das sich die Kommunistische Internationale auf ihrem sechsten Weltkongreß 1928 in Moskau gegeben hat, ist zu entnehmen, daß dieses Ziel in allen Ländern dasselbe ist, nämlich der „Aufbau des Sozialismus", wie er sich gegenwärtig praktisch in der Sowjetunion vollzieht[105]). Aus dieser Grundeinstellung der Kommunistischen Internationale ergibt sich, daß die Art und Weise, in der die Sowjetunion staatliche und gesellschaftliche Probleme löst, auch für die kommunistischen Parteien der übrigen Länder maßgebend ist. Es ist daher kein Zufall, sondern eine in der Struktur der kommunistischen Bewegung begründete Erscheinung, wenn die deutschen kommunistischen Abgeordneten in den einzelnen Landtagen, was wir noch wiederholt sehen werden, bei der Erörterung von Strafvollzugsfragen meistens auf das russische Gefängniswesen verweisen und den dortigen Maßnahmen entsprechende Bestimmungen verlangen. Für die Kommunisten ist der Strafvollzug der Sowjetunion das anzustrebende Vorbild, dem sie das „heutige System ... in ganz Westeuropa" bzw. in den kapitalistischen Staaten schlechthin gegenüberstellen (Abg. Menzel, 1928 im preußischen Landtag)[106]).

Stellt man die Frage, ob eine derartige Unterscheidung zwischen den Strafvollzugsbestimmungen der bürgerlichen Staaten und dem Gefängniswesen der Sowjetunion — um hier kurz auf dieses einzugehen — berechtigt ist, so wird man sagen müssen, daß die Basis, auf der es ruht, zwar offensichtlich eine andere ist, insofern die Gesetzgebung der Sowjetunion das „Straf"recht im alten Sinne des Wortes durch „Maßnahmen des sozialen Schutzes" ersetzt hat[107]). Zu einem weniger einheitlichen Urteil kommt man aber über das Wesen des Aufbaues, der sich auf dieser Basis erhebt, wenn hier überhaupt eine Beurteilung aus der Ferne gewagt werden kann.

Das eigentliche Ziel des russischen Strafvollzugs ist nach einer Broschüre des derzeitigen Leiters des russischen Gefängniswesens,

---

[105]) Vgl. die Statuten der Kommun. Internationale, abgedruckt im Programm der Kommunistischen Internationale, 1928, Verlag Carl Hoym Nachf., Hamburg-Berlin NW 6, S. 62 ff.

[106]) Hauptaussch. d. preuß. Landtags, Sitzg. v. 2. II. 1928, Prot. S. 11.

[107]) Vgl. u. a. Dr. Maurach, Das Gefängniswesen Sowjetrußlands, Monatsschr. f. Krim.-Psych. u. Strafrechtsref., 1926, S. 457 ff., u. Dr. Beringer, Strafgesetz und Strafvollzugsgesetz in der Sowjetunion, ebenda, 1929, S. 137 ff.

E. Schirwindt, „Gefängnisse in der Sowjetunion", die auch von den Kommunisten in den deutschen Parlamenten verschiedentlich zitiert wurde[108]), die „Korrektion des Verbrechers durch die Arbeit". Ihr wird, wie Schirwindt ausführt, in Rußland die Hauptaufmerksamkeit zugewendet, was sich schon daraus ergebe, daß das Gefängnisreglement „Korrektions-Arbeits-Kodex" betitelt ist[109]). Über die Art und Weise der Beschäftigung bestimme der Kodex selbst, daß sie den Zweck habe, „die Häftlinge an die Arbeit zu gewöhnen und sie einen Beruf erlernen zu lassen, um ihnen hiedurch die Möglichkeit zu geben, nach dem Verlassen der Haftanstalt ein werktätiges Leben zu beginnen" [110]). Das ist aber unbestreitbar auch die Auffassung, von der der deutsche Strafvollzug bei der Gefängnisarbeit ausgeht (vgl. §§ 62, 68 der Grundsätze von 1923). Dagegen dürfte in der praktischen Verwirklichung des Zieles ein nicht unerheblicher Unterschied bestehen, da man anscheinend die Gefängnisse in Rußland zu mehr oder weniger reinen Produktionsbetrieben umgestaltet hat. Die Zahl der Fabrikbetriebe beziffert Schirwindt für 1926 auf 190 (alle erst nach Herausgabe des Kodex, das heißt nach 1924 errichtet), die der Werkstätten auf 525 (gegenüber 29 im Jahre 1922). Eine noch anschaulichere Vorstellung von dieser Industrialisierung des Gefängniswesens gibt die Mitteilung, daß z. B. die Erzeugnisse der Gefängnisziegeleien 55 % der Gesamtproduktion des Landes ausmachten. Daneben werden besonders erwähnt: Textilfabriken (Lefatowo), Photoplattenfabrikation (Sokolniki), Tabakfabrikation (Nordkaukasus), Maschinenfabriken (Leningrad) sowie Holzbearbeitungswerkstätten, Druckereien, Metallbetriebe usw. Erheblichen Umfang nähmen auch die Arbeitskolonien ein (Torfbrüche, Waldarbeitsbetriebe) usw.[111]). Die Einrichtungen auf dem Gebiete der geistigen Bildung der Gefangenen scheinen wiederum den Bestrebungen unseres modernen Erziehungsstrafvollzugs mehr zu entsprechen. Hier wie dort sucht man diese durch Vorträge, Referate, Arbeitszirkel usw. zu heben. Außerdem bestehen allerdings

[108]) So z. B. eingehend von Heymann im bad. Landtag, Sitzg. v. 21. VI. 1928, Prot. S. 1843.

[109]) E. Schirwindt, Gefängnisse in der Sowjetunion, Verlag f. Lit. u. Politik, Wien-Berlin SW. 48, S. 5; auch hier wird grundsätzlich der Strafvollzug des heutigen Rußland demjenigen der „kapitalistischen Länder" gegenübergestellt, wo das Gefängnis „ein Klasseninstrument" zur Unterdrückung der Klassenfeinde des Bürgertums sei (S. 7).

[110]) a. a. O. S. 13.

[111]) a. a. O. S. 14 f. u. 24.

in den russischen Gefängnissen die in der Sowjetunion auch sonst üblichen handschriftlichen oder gedruckten Wandzeitungen[112]). Bemerkenswert erscheint ferner, daß jeder Häftling jede beliebige Zeitung lesen und einen eigenen Radioempfangsapparat haben darf[113]). Dabei muß man aber berücksichtigen, daß das Zeitungswesen wie der Rundfunk in Rußland verstaatlicht und zu einem Mittel der politischen Propaganda gemacht sind. Derartige Maßnahmen bedeuten daher praktisch nichts anderes als eine indirekte Förderung der Ziele der Partei. So sagt denn auch Schirwindt offen, die Bildungsarbeit in den Gefängnissen bezwecke, „das politische und Klassenbewußtsein der Arbeiter und Bauern zu fördern, die zufällig zu Verbrechern geworden sind" [114]). Was die weiteren Ausführungen Schirwindts, auf die wir gelegentlich noch zurückkommen werden, anbelangt, so enthalten sie zwar eine Reihe von Angaben, die die besondere Humanität des russischen Strafvollzugs gegenüber dem der „kapitalistischen Länder" beweisen sollen (ausgedehntere Zulassung von Besuchen, Redefreiheit, Urlaub, Milderung der Disziplinarstrafen usw.[115]) und die zum Teil auch zweifellos diskutable Erleichterungen bedeuten — wie z. B. die Aufhebung des Rauch- und des Sprechverbots —, dagegen schweigen sie sich vollkommen aus, welche tatsächlichen Maßnahmen zur Resozialisierung ergriffen werden und sagen vor allen Dingen nichts über die Erziehungstätigkeit der Strafvollzugsbeamten. (Mitteilungen über die Beamten, ihre Zusammensetzung, Anzahl usw. fehlen ganz.) Dadurch gewinnt man den Eindruck, daß das russische Strafvollzugswesen, abgesehen von den erwähnten Vorträgen und ähnlichen Maßnahmen, in der Arbeit allein schon einen ausreichenden Selbstheilungsprozeß der Kriminellen erblickt, wie ja auch Schirwindt erklärt, „das ganze System der Freiheitsentziehung" sei auf der „Korrektion des Verbrechers durch die Arbeit... aufgebaut"[116]). Das dürfte aber auf eine bedenkliche, für den konsequenten Marxisten allerdings naheliegende Überschätzung der materiellen Bedingtheit der Kriminalität hinauskommen. Uns erscheint jedenfalls ein Strafvollzugssystem, das die Zusammenhänge zwischen der inneren, seelischen Einstellung des Gefangenen und seinen Taten übersehen und von

[112]) a. a. O. S. 16.
[113]) a. a. O. S. 17.
[114]) a. a. O. S. 16.
[115]) a. a. O. S. 19—24.
[116]) a. a. O. S. 5.

einer systematischen, individuell ausgestalteten Erziehungsarbeit Abstand nehmen würde, nicht eine wirksame Bekämpfung der Kriminalität zu versprechen.

Hat die vorhin betonte Identität der Ziele der deutschen kommunistischen Partei mit den Zielen und Institutionen der Sowjetunion Veranlassung gegeben, an dieser Stelle überhaupt vom russischen Strafvollzug zu sprechen, so können wir, über die bestehenden Zusammenhänge im klaren, nunmehr feststellen, daß eine der Hauptforderungen der Kommunisten auf dem Gebiete des Gefängniswesens die Umgestaltung der Arbeitsbetriebe nach russischem Muster ist, wie das z. B. der Abgeordnete Menzel im preußischen Landtag verlangt hat. In Rußland, erklärte er wiederholt, habe man die Gefangenen durchweg in den Produktionsprozeß eingereiht, und das müsse auch bei uns geschehen. Nur dadurch könne der Strafvollzug gebessert werden[117]).

Neben dem Streben nach Angleichung an die russischen Einrichtungen ist ein weiterer charakteristischer Zug der Einstellung der kommunistischen Partei zum Strafvollzug in seiner Gesamtheit, daß sie auf dem Standpunkt steht, es sei hier ein erheblicher Widerspruch zwischen Theorie und Wirklichkeit vorhanden. So meinte wiederum Menzel 1927 im preußischen Landtag, wenn auch theoretisch die Vergeltungs- und Racheidee aufgegeben sei, herrsche „in der Praxis immer noch die frühere Grausamkeit"[118]). Und ebenso entgegnete er neuerdings auf die oben erwähnten Ausführungen des Justizministers Schmidt über die neue preußische Stufenverordnung, daß, „wie alle Bemühungen nach einer wirklichen Verbesserung des Strafvollzugs bisher ergebnislos gewesen" seien und „in Wirklichkeit alles beim Alten geblieben" sei, zweifellos auch die neuen Bestimmungen „nur auf dem Papier stehen" würden[119]). Demgemäß ist — entgegen der Haltung der Sozialdemokratie — auch heute noch für die Kommunisten eine in der Anhäufung von Einzelfällen bestehende Kritik an der Praxis eine immer wiederkehrende, typische Erscheinung. Von einer Bejahung des heutigen Strafvollzugs kann daher bei ihnen keine Rede sein.

Eine letztlich auch aus der allgemeinen Haltung der kommunistischen Partei zum Staate, aus ihrer unbedingten Ablehnung der

---

[117]) Preuß. Landtag, Sitzg. v. 23. X. 1925, S. 5097. Hauptaussch., Sitzg. v. 16. IV. 1926, S. 36.

[118]) ebenda, Hauptaussch.-Sitzg. v. 5. II .1927, S. 14.

[119]) ebenda, Hauptaussch.-Sitzg. v. 5. III. 1930, S. 11.

heutigen Staats- und Gesellschaftsform, wie immer sie in den einzelnen Ländern durchgeführt wird, erklärbare Erscheinung ist die Tatsache, daß sie, bisher wohl als einzige Partei, in den verschiedenen Parlamenten übereinstimmende Anträge zum Strafvollzug gestellt hat. Der schon mehrmals erwähnte, kürzlich verstorbene, preußische Landtagsabgeordnete Menzel (Halle), ihr Strafvollzugsspezialist, der sich fast ausschließlich mit Gefängnisfragen befaßte und dabei seine Tätigkeit keineswegs auf Preußen beschränkte (er besuchte z. B. auch wiederholt süddeutsche Strafanstalten), hat seine Forderungen in den Jahren 1923 bis 1926 jeweils in einem Sammelantrag zusammengefaßt, der teils in wörtlicher Übereinstimmung, teils in mehr oder weniger abgeänderter Weise, während dieser Jahre in anscheinend allen deutschen Parlamenten von den Kommunisten eingereicht wurde. (An Hand des mir zur Verfügung stehenden Materials konnte ich ihn, außer in Preußen, in Sachsen, Württemberg, Baden, Thüringen, Anhalt und Mecklenburg-Strelitz feststellen[120]). Es dürfte außer allem Zweifel stehen, daß Menzel diese Anträge, von denen er übrigens einmal sagte, sie würden „nicht aus Rußland, sondern aus seiner dreißigjährigen Erfahrung als Sozialdemokrat" — der er vor Gründung der kommunistischen Partei war — stammen[121]), an die außerpreußischen Fraktionen gesandt hat, die sie dann in entsprechender Weise verwerteten. Sie seien hier als die prinzipiellen Forderungen der kommunistischen Partei zum Strafvollzuge zunächst im Zusammenhang zitiert, und zwar in dem Wortlaut, wie sie in Preußen (1925), Thüringen (1925), Baden (1926) und mit nur ganz geringen Abweichungen auch in Anhalt (1925) gestellt worden sind. Diese Fassung lautet:

„Der Landtag wolle beschließen:

Der Strafvollzug ist nach modernen, humanen Grundsätzen umzugestalten, insbesondere sind sofort folgende Maßnahmen durchzuführen:

[120]) Vgl. Hauptaussch. d. preuß. Landtags, Sitzg. v. 24. IV. 1922, Prot. S. 3 ff. Anträge Nr. 5 bis Nr. 21, Sitzg. v. 30. I. 1923, S. 3, Antrag Nr. 1, Sitzg. v. 3. VI. 1924, S. 3, Antrag Nr. 4, Sitzg. v. 13. VII. 1925, S. 5, Antrag Nr. 24, Sitzg. v. 16. IV. 1926, S. 3, Antrag Nr. 4. — Sächs. Landtag, Sitzg. v. 16. VI. 1927, Antrag Nr. 235 (s. Landtagsbeilage z. Sächs. Staatszeitg. Nr. 78, S. 286). — Württemberg. Landtag, Anträge d. Finanzaussch., Beilage 343 v. 15. V. 1926, S. 267. — Bad. Landtag, Sitzg. v. 27. VII. 1926, Prot. S. 3042. — Thüring. Landtag, Sitzg. v. 10. II. 1925, Prot. S. 2635. — Anhalt. Landtag, Sitzg. v. 8. V. 1925, Prot. S. 200. — Mecklenbg.-Strelitzer Landtag, Sitzg. v. 25. III. 1927, Prot. S. 2543 ff.

[121]) Hauptaussch. d. preuß. Landtags, Sitzg. v. 4. VI. 1924, Prot. S. 25.

1. Den Gefangenen ist weitgehendes Selbstverwaltungsrecht unter Bildung von Gefangenenräten zu gewähren.

2. Den Gefangenen ist mindestens alle 8 Tage ein Brief zu gestatten und uneingeschränkte Korrespondenz mit Behörden und Abgeordneten.

3. In jeder Anstalt muß die Besuchszeit täglich auf mindestens vier Stunden eingeführt werden. Jeder Gefangene ist berechtigt, mindestens einmal in der Woche Besuch zu empfangen. Verheirateten Gefangenen ist in bestimmten Zwischenräumen der Besuch des Ehegatten in Abwesenheit des Aufsichtsbeamten zu gestatten.

4. Die Gefangenen haben das uneingeschränkte Recht zum Lesen politischer Zeitungen, Zeitschriften, Bücher, Broschüren, jeder Richtung.

5. Aus den Gefängnisbibliotheken ist alle Traktätchenliteratur zu beseitigen. Dafür sind literarisch und wissenschaftlich wertvolle Bücher einzustellen.

6. Auf je 100 Anstaltsinsassen ist mindestens eine hauptamtliche Lehrkraft anzustellen.

7. Kleidung und Wäsche sind in ausreichendem Maße zu beschaffen.

8. Einzelhaft darf nicht strafweise verhängt werden.

9. Der Waffengebrauch bei Transport und Überwachung der Gefangenen ist untersagt. Politische Gefangene dürfen nicht gefesselt werden.

10. Das Anstalts- und Aufsichtspersonal der Strafanstalten muß eine der Eigenart des Berufs entsprechende Ausbildung erhalten. Das Hilfsbeamtenwesen muß aufhören.

11. Die Zahl der auf einen Aufsichsbeamten entfallenden, zu überwachenden Gefangenen darf höchstens 20 betragen.

12. Bei dem Eintritt in die Strafanstalt und bei der Entlassung ist der Grad der Erwerbsfähigkeit jedes Gefangenen festzustellen und zu bescheinigen. Für Erhaltung der vollen Erwerbsfähigkeit ist unbedingt Sorge zu tragen; während der Strafzeit eingetretene Minderung ist vom Staate voll zu entschädigen.

13. Die Arbeitszeit darf 48 Stunden in der Woche nicht überschreiten. Ein Tag muß völlig dienstfrei sein.

14. Alle Gefangenen sind nach Wunsch und Fähigkeit unter Ausschaltung aller unproduktiven Tätigkeit zu beschäftigen.

15. Jede Beschäftigung ist mit Rücksicht auf spätere produktive Tätigkeit auszugestalten.

16. Löhne und Arbeitsbedingungen sind nach den örtlichen Berufstarifen festzusetzen. Die Arbeitszeit darf 8 Stunden für Erwachsene und 6 Stunden für Jugendliche nicht überschreiten. Die Arbeitsräume müssen hygienisch und technisch einwandfrei sein. Zumindest müssen sie den gewerbepolizeilichen Vorschriften genügen. Den örtlichen Gewerkschaftskartellen steht das unbeschränkte Kontrollrecht zu.

17. Gefangenen, die während ihrer Strafzeit in eine Irrenanstalt überführt werden müssen, ist die dort zugebrachte Zeit voll anzurechnen. Geistig Minderwertige dürfen mit geistig gesunden Gefangenen nicht zusammengelegt werden.

18. Schwangere dürfen weder in Straf= noch in Untersuchungshaft genommen oder gehalten werden. Eine Inhaftnahme oder Inhafthaltung ist auch für die Dauer der Stillperiode auszuschließen.

19. Alle Gesetze, Gesetzesänderungen und Verordnungen, die hinsichtlich des Strafvollzuges oder des Strafmaßes für die Straf= Schutzhaft= und Untersuchungsgefangenen oder in bezug auf die Lage ihrer Familienangehörigen Änderungen bringen, sind den Gefangenen sofort nach Inkrafttretung mitzuteilen. In allen Fällen, in denen veränderte Verhältnisse Platz gegriffen haben, sind die Behörden von sich aus verpflichtet, die erforderlichen Schritte zu tun. Für Versäumnisse in dieser Hinsicht sind die Schuldigen haftbar zu machen.

20. Der Staat ist zur Fürsorge für die entlassenen Gefangenen verpflichtet. Dem Entlassenen ist Arbeit nachzuweisen. Bis zum Nachweis von Arbeit und Wohnung ist für die Unterkunft und Unterstützung des Entlassenen zu sorgen. Die Unterstützung muß mindestens in Höhe des durchschnittlichen Arbeitsverdienstes erfolgen."

Die Sozialdemokratie verhielt sich gegenüber diesen Anträgen meistens ablehnend. So erklärte der Abgeordnete Paulik im Landtag von Anhalt, wenn auch nicht zu leugnen sei, daß in manchem von ihnen ein guter Gedanke stecke, so sei aber doch nicht ersichtlich, wie sie verwirklicht werden sollen. Ein Ministerium, das die Anträge zur Durchführung bringen wolle, sehe sich zweifellos zunächst vor die Frage gestellt, wie diese im Einzelfalle gedacht sei[122]). Ganz ähnlich meinte in Baden der Abgeordnete Weißmann, es komme in den Anträgen zwar manche beachtliche Ansicht zum Ausdruck, die in die Tat umgesetzt auch eine Förderung

[122]) Anhalt. Landtag, Sitzg. v. 15. V. 1925, Prot. S. 273 A.

5*

des Strafvollzugs bedeuten könne, aber in der Form, wie sie nun einmal gestellt wurden, müsse seine Fraktion ihnen die Zustimmung versagen, da sie so undurchführbar seien[123]). In Preußen dagegen war die Sozialdemokratie nach den Worten ihres Fraktionsredners Bubert bereit, für „einige der Anträge zu stimmen, außer den zuweitgehenden"[124]). Leider kann dem Sitzungsprotokoll nicht entnommen werden, wie die Abstimmung verlaufen ist; im Endergebnis wurden sie jedenfalls alle abgelehnt[125]). Auch in Thüringen hat die sozialdemokratische Fraktion ihnen bei einzelnen Punkten ihre Unterstützung zuteil werden lassen. Aus dem Ausschußbericht des dortigen Landtages ist festzusellen, daß sie für die Anträge Ziffer 7 (Kleidung und Wäschebeschaffung), 13 (Arbeitszeit) und 14 (Beschäftigungsart) stimmte. Die beiden letzteren kamen auf diese Weise auch zur Annahme[126]). In Württemberg, wo sie der Abgeordnete Brönnle 1926 in einer stark gemäßigteren Form einreichte, wurden einige sogar ohne besondere Abstimmung angenommen[127]). Wir werden hievon noch in anderem Zusammenhang zu berichten haben.

Zu erwähnen wäre an dieser Stelle noch, daß auch Karl Liebknecht sich programmatisch zum Strafvollzug geäußert hat, und zwar in einer seinen Zuchthausbriefen angeschlossenen Denkschrift „Gegen die Freiheitsstrafe" aus dem Frühjahr 1918[128]). Er meint dort insbesondere, man müsse die Gefangenen der Gesellschaft näherzubringen und sie mehr für die allgemeinen Interessen zu gewinnen suchen. Namentlich soll man sie „an den Verkehr mit edlen, pädagogisch gewandten Menschen gewöhnen". Im Rahmen einer individuellen Behandlung sollen die Gefangenen zur Offenheit, zu Vertrauen und Selbständigkeit erzogen und zu einer Lebensführung gebracht werden, wie sie für das Leben in der Freiheit ein Vorbild sein könne. Deshalb müsse man sie auch für ihre Familien arbeiten lassen und ihre „solidarischen, sozialen Neigungen locken und pflegen ...". Das alles sei aber bisher noch nicht genügend der Fall. „Man erzwingt eine gewisse Regelmäßigkeit des äußeren Lebens", sagt Liebknecht, „aber eine unnatürliche

---

[123]) Bad. Landtag, Sitzg. v. 27. VII. 1926, Prot. S. 3048.

[124]) Hauptaussch. d. preuß. Landtags, Sitzg. v. 4. VI. 1924, Prot. S. 25.

[125]) ebenda, Sitzg. v. 5. VI. 1924, S. 19. Auch in den übrigen Jahren wurden sie regelmäßig abgelehnt.

[126]) Thüring. Landtag, 1924/26, II. Abt., Ausschußbericht Nr. 237, S. 628 f.

[127]) Württembg. Landtag, Beilage 343 v. 15. V. 1926, S. 267.

[128]) Karl Liebknecht, Briefe aus dem Felde, aus der Untersuchungshaft und aus dem Zuchthaus, Verlag d. Aktion, Berlin-Wilmersdorf 1919, S. 127 ff.

und peinliche, die in der Freiheit nirgends Gewohnheit, Selbstverständlichkeit, ja nur Möglichkeit sein oder werden kann, vielmehr so, daß diese „Ordnung“ nach der Entlassung schleunigst wieder abgelegt werden muß und also mit Recht nur als lästige Fessel empfunden wird. Man verhindert gewisse verwerfliche Handlungen, aber mit Mitteln, die diese Verhinderung nicht zu einer Art freien Entschließung entwickeln, sondern das Unterlassen stets nur als erzwungen, als peinlichen, widerwillig empfundenen Zwang empfinden lassen, weit davon entfernt, sie zu einem Ausfluß freien, selbständigen Willens oder auch nur zu einem Verhalten der Gewohnheit werden zu lassen“[129]).

Vergleicht man nach dem Vorhergesagten die Einstellung der Kommunisten zum heutigen Strafvollzug mit derjenigen der Sozialdemokraten, so ergibt sich zweifellos ein wesentlicher Unterschied, der in der Verschiedenheit des Verhältnisses begründet ist, in dem diese beiden politischen Bewegungen zum heutigen Staate und seinen Einrichtungen im allgemeinen stehen. Dieser Unterschied verliert indessen, was sich schon bei der Stellungnahme der einzelnen sozialdemokratischen Fraktionen zu dem kommunistischen Sammelantrag gezeigt hat, an Bestimmtheit, sobald man sich mit Einzelfragen der Reform der bestehenden Institutionen befaßt. Befinden sich auch die sozialistischen Parteien hinsichtlich ihrer praktischen Einstellung zu den bestehenden Verhältnissen in einem unüberbrückbaren Gegensatz, so besteht doch, wie wir im folgenden sehen werden, über die Auffassungen, die sie von ihrer Verbesserungsbedürftigkeit und Verbesserungsmöglichkeit haben, eine in der sozialistischen Weltanschauung unmittelbar wurzelnde, weitgehende Übereinstimmung. Jedenfalls aber überschneiden sich hier in vielen Punkten die Ansichten der einzelnen Vertreter der beiden Richtungen.

III. Kapitel.

Theoretische Ideen und praktische Vorschläge für die Ausgestaltung des Strafvollzuges im besonderen.

§ 5. Das Erziehungsproblem.

Nachdem wir versucht haben, die Beziehungen der Sozialisten zum Strafvollzuge in ihrer historischen Entwicklung zu verfolgen und in ihrer grundsätzlichen Einstellung darzustellen, soll nunmehr

---

[129]) a. a. O. S. 130.

ihre Stellungnahme zu den einzelnen Problemen des Strafvollzugs untersucht werden.

Vergegenwärtigen wir uns, daß der Vollzug der Strafe bedingt ist durch die Einstellung zur Strafe schlechthin und daß die Sozialisten die Strafe für eine rein zweckhafte, dem Schutze der menschlichen Gesellschaft vor dem Verbrechen dienende Einrichtung halten, so werden wir zunächst hieraus zu folgern haben, daß nach sozialistischer Auffassung der Strafvollzug im einzelnen nach seiner Eigenschaft als Schutzmaßnahme zu gestalten ist. Will man aber die menschliche Gesellschaft vor dem Verbrechen wirksam schützen, so kann es — abgesehen von hier nicht zu behandelnden sozialpolitischen Maßnahmen — wohl nur zwei Wege geben, die zu diesem Ziele führen, nämlich den Rechtsbrecher, soweit das möglich ist, der Gesellschaft anzupassen, oder, wenn es nicht mehr möglich ist — das Vorhandensein derartiger Fälle vorausgesetzt —, ihn unschädlich zu machen.

Anpassung und Unschädlichmachung sind also die beiden Unterziele eines folgerichtig durchgeführten Schutzstrafrechts (Sicherungsstrafrechts), die beiden Mittel zu seiner Verwirklichung, die auch von den Sozialisten als ausgesprochenen Anhängern dieser Straftheorie anerkannt werden müssen.

In der Tat hat sich denn auch Haase in seinem Mannheimer Referat zu diesen Unterzielen, die er die beiden „Grundprinzipien einer modernen Strafrechtswissenschaft" nennt, bekannt[130]). Und ähnlich sagt Ingwer: „In einem gerechten Strafgesetz müßte der Strafzweck nur auf die Besserung des Verbrechers oder auf dessen Unschädlichmachung gerichtet sein"[131]). Während aber der Anpassungsgedanke, teils wie hier in der Form der Besserung, teils wie in den Parteiprogrammen von Görlitz und Heidelberg oder in zahlreichen der oben erwähnten Verordnungen, in der Gestalt des im Strafvollzug allgemein durchgedrungenen Erziehungsprinzips heute offizielle Anerkennung in der Partei gefunden hat, ist die Auseinandersetzung mit dem Problem der Unschädlichmachung, die von jeher im wesentlichen auf die Literatur, die Theorie, beschränkt war — erinnert sei nur an die Aufsätze Edmund Fischers in den Sozialistischen Monatsheften der Vor-

---

[130]) a. a. O., Prot. S. 375.

[131]) Ingwer, Der Strafzweck, die Strafe und der Strafvollzug, Neue Zeit, 21. Jhg., 2. Bd., S. 626 ff.

kriegszeit[132]) — allem Anschein nach allmählich völlig verstummt. Die Erklärung für diese Erscheinung dürfte darin liegen, daß die Anpassung des Rechtsbrechers an die Gesellschaft vom heutigen Standpunkte der Sozialdemokratie aus auch im Rahmen einer nicht sozialistischen, noch klassengeschichteten Gesellschaftsordnung stets versucht werden muß, während die Unschädlichmachung nach wie vor ein gefährlicher Gedanke ist, der unter den gegenwärtigen Verhältnissen noch nicht verwirklicht werden kann.

Nachdem nämlich die Sozialdemokratie seit dem Görlitzer Programm von 1921 den Übergang zum Sozialismus aus der bestehenden Gesellschaftsordnung heraus im Wege der historischen Entwicklung, der fortschreitenden sozialen Umschichtung erwartet, und — im Gegensatze zu den Kommunisten, die deshalb auch nie programmatisch einen Erziehungsstrafvollzug fordern, sondern grundsätzlich nur auf Erleichterungen in der Strafvollstreckung hinarbeiten — die Ordnung dieser Gesellschaft, den Staat, ausdrücklich bejaht[133]), muß auch ihr Verhältnis zum Rechtsbrecher ein anderes sein. Nun kann sie dem Rechtsbruch nicht mehr desinteressiert gegenüberstehen und ihn bei gewissen politisch gelagerten Fällen vielleicht sogar billigen. Er wird jetzt in jedem Falle zu einem Angriff auf den von ihr mitgeschaffenen Staat, eine Bedrohung der von ihr gewollten und geschützten Ordnung, die

---

[132]) Edmung Fischer, Laienbemerkungen z. Reform d. Strafrechts (Soz. Monatsh., 1906, 1. Bd., S. 487 ff.), Über das Strafrecht d. Zukunft (ebenda, 1909, 1. Bd., S. 158), Der Schutz der Geisteskranken und der Gesellschaft vor ihnen (ebenda, 1913, 1. Bd., S. 38 ff.). Fischer wünschte, daß Anormale jeder Art, sobald ihre Gefährlichkeit für die Gesellschaft erkannt ist, in entsprechenden Anstalten untergebracht werden. Ebenso auch „diejenigen harmlosen Geistesschwachen, denen es unmöglich ist, in der Gesellschaft zurechtzukommen". „Die Freiheit des psychopathischen Landstreichers und des geisteskranken Säufers", sagt er, „hat keinen Wert und die gewaltsame Internierung dieser bedauernswerten Kranken ist für sie selbst eine Wohltat und gesellschaftlich geboten" (a. a. O. S. 42). — August Forel, Todesstrafe und Sozialismus, ebenda, 1908, 2. Bd., S. 1046 ff., vertrat den Gedanken der Unschädlichmachung bis zu seiner äußersten Konsequenz und hielt sogar die Tötung für angebracht bei „solchen menschlichen Individuen, die zu derart wilden Tieren ausgeartet sind, daß ihre Gefangenhaltung für sie und ihre Mitmenschen eine größere Grausamkeit als ihr Tod wäre". Das sei keine Todesstrafe, als deren grundsätzlicher Gegner er sich bekennt, sondern „eine Befreiung durch den Tod" (S. 1048). — Shipley meinte: „Gewisse Typen von Verbrechern sollten überhaupt nie freigelassen werden. Andere sollten erst freigelassen werden, nachdem sie sterilisiert worden sind" (Verurteilung auf unbestimmte Zeit, Neue Zeit, 28. Jhg., 1. Bd., S. 885).

[133]) Vgl. Ludwig Quessel, Der moderne Sozialismus, S. 11.

sie selbst bei der Übertretung eines Gesetzes, das sie auch heute noch beseitigt wissen will, abwehren muß. Deshalb ist heute für die Sozialdemokratie die Anpassung des Rechtsbrechers an die Gesellschaft, die ihre Verwirklichung im Vollzug der Freiheitsstrafe zu finden hat, nicht mehr nur eine für richtig befundene Forderung der modernen Strafrechtswissenschaft von rein theoretischer Bedeutung, wie sie es etwa für Haase auf dem Mannheimer Parteitag oder für Ingwer gewesen sein dürfte, sie ist vielmehr eine Forderung von eminent praktischer Wichtigkeit, an deren Durchführung ihr selbst im Interesse der Aufrechterhaltung der staatlichen Ordnung gelegen sein muß, und die sie deshalb in ihr Programm ausdrücklich aufgenommen hat.

Ganz anders liegen indessen die Dinge hinsichtlich der Unschädlichmachung. Hier, wo es sich nicht mehr nur darum handelt, den Verbrecher zu einem legalen Verhalten zu veranlassen, sondern ihn zwangsweise aus der Gesellschaft zu entfernen, ist zu berücksichtigen, daß für die Sozialisten — gleichviel welchen Bekenntnisses — der heutige Staat doch ein Klassenstaat, mehr noch, daß die heutige Justiz in ihren Augen eine „Klassenjustiz" ist. Denn nun kommt zum mindesten als ein hemmendes Moment die Befürchtung des bewußten oder unbewußten — über die subjektive Seite der „Klassenjustiz" finden sich verschiedenartige Äußerungen[134]) — Mißbrauchs einer derartigen Maßnahme durch diejenigen, in deren Händen ihre Ausübung gegenwärtig liegen würde. Ob diese Befürchtung berechtigt ist oder nicht, war in den Reihen der Sozialisten von jeher mehr oder weniger bestritten[135]). Jedenfalls er-

[134]) Heine erklärte z. B. unter Bezugnahme auf die Interpretation des Handbuchs f. soz.-dem. Wähler, der Ausdruck „Klassenjustiz" solle nicht besagen, daß die betr. Richter beabsichtigen, das Recht wissentlich zu beugen, sondern daß ihnen das nötige Verständnis für die arbeitenden Klassen fehle (Reichstagssitzg. v. 19. IV. 1912, Prot. S. 1246). Ähnlich Dr. Cohn: Der Richter neige unbewußt den Interessen der Klassen zu, denen er entstamme, und verfolge oft auch staatspolit. Zwecke, die nicht durch die Tat selbst gegeben seien (Reichstagssitzg. v. 16. II. 1914 u. 14. V. 1918). Im Gegensatz hierzu spricht Dr. Rosenfeld von Fällen der „Rechtsbeugung" und des „bewußten Mißbrauchs der Justiz gegen die Arbeiterklasse" (Reichstagssitzg. v. 29. VIII. 1924, Prot. S. 1115, u. v. 26. III. 1926, Prot. S. 6770). — Von kommun. Seite wird stets der Klassencharakter des Rechts betont. Demgemäß werde auch in Moskau „ohne Umschweife gesagt: Unser Revolutionstribunal ist ein proletarisches Klassengericht, ein Gericht zur Niederhaltung der Konterrevolution" (Höllein, Reichstagssitzg. v. 13. VII. 1922, Prot. S. 8539).

[135]) Radbruch meint z. B., daß die „Tagesfrage der Vertrauenskrise" bei der Geltungsdauer eines neuen Strafgesetzbuchs von „vielleicht einem kleinen Jahrhundert... keine ausschlaggebende Rolle spielen" könne (Sozialismus

scheint ihnen die Durchführung des zweiten Unterziels des Schutzstrafrechts, der Unschädlichmachung, ganz unbedenklich erst in einer sozialistischen Gesellschaft. Auf diese Probleme braucht jedoch hier nicht näher eingegangen zu werden, weil die Freiheitsstrafe, mit der wir uns zu befassen haben, nicht der Unschädlichmachung, sondern nur der Anpassung, der Erziehung, dient und auch in Zukunft dienen soll. Wichtig werden die angedeuteten Meinungsverschiedenheiten erst im Zusammenhang mit den sogenannten „Maßregeln der Besserung und Sicherung", des Entwurfs eines ADStGB., die denn auch ziemlich skeptisch betrachtet und zum Teil — so die Sicherungsverwahrung — eindeutig abgelehnt werden[136]).

Wozu soll nun der Rechtsbrecher nach der Auffassung der Sozialdemokratie erzogen werden? Die Antwort auf diese Frage haben wir im wesentlichen schon gegeben: zur Anpassung an die Gesellschaft. Er soll wieder eingegliedert werden in den sozialen Organismus, soll resozialisiert werden. D a s Z i e l d e r E r z i e h u n g s a r b e i t i s t, d e n G e f a n g e n e n z u e i n e m g e s e t z m ä ß i g e n L e b e n h i n z u f ü h r e n, u n d d a r ü b e r h i n a u s n a c h M ö g l i c h k e i t i h n z u e i n e m n ü t z l i c h e n (nicht bloß nicht schädlichen) M i t g l i e d d e r V o l k s g e m e i n s c h a f t z u m a c h e n. Über dieses Erziehungsziel

---

und Strafrechtsreform, Soz. Monatsh., 1927, S. 525), während Oborniker dem entgegenhält, diese sogenannte Tagesfrage habe nach dem Zeugnis keines Geringeren als von Liszt schon heute das biblische Alter erreicht und werde womöglich auch ein neues Strafrecht überdauern (Justiz, Bd. 2, Heft 6, S. 581).

[136]) Bei der ersten Beratung des Entwurfs im Plenum des Reichstags erklärte Landsberg, der Gedanke der Sicherungsverwahrung habe etwas bestechendes, aber er sei heute noch nicht zu verwirklichen, da u. a. die psycholog. u. soziolog. Voraussetzungen für so weitgehende Maßnahmen bei dem jetzigen Richterstand nicht gegeben seien (Reichstagssitzg. v. 21. VI. 1927, Prot. S. 10.955). Im gleichen Sinne sprach er sich im Strafrechtsausschuß aus. Insbesondere vermißten seine Freunde auch genaue Angaben darüber, wie der Vollzug durchgeführt werden solle (13. Sitzg. v. 29. X. 1928, Prot. S. 9). Ebenso die Stellungnahme der Kommunisten Dr. Alexander und Geschke (14. Sitzg. v. 30. X. 1928, Prot. S. 4 u. 7). Auch die Unterbringung in ein Arbeitshaus wird von sozialist. Seite abgelehnt und an deren Stelle die in einem Bewahrungsgesetz zu regelnde Überweisung in ein Asyl oder ähnliche Anstalten verlangt (vgl. 12. Sitzg. d. Strafrechtsaussch. v. 26. X. 1928, Prot. S. 6 u. 8). Die Einführung von Heil-, Pflege- und Erziehungsanstalten wird im wesentlichen unterstützt. Bezüglich des V o l l z u g s bemerkten bisher Frau Pfülf und Dr. Moses, daß insbesondere gegen die geschäftl. Ausbeutung der Pfleglinge in privaten Anstalten Vorsorge zu treffen sei (12. Sitzg. des Strafrechtsaussch., Prot. S. 4).

besteht in den Reihen der Sozialdemokratie völlige Übereinstimmung. Wir fanden es bereits in zahlreichen Verordnungen sozialistischer Minister deutlich ausgesprochen und finden es ebenso in der Literatur und den Äußerungen sozialdemokratischer Abgeordneter in den Parlamenten. So meinte ähnlich, wie schon in den Siebzigerjahren N. N. in der „Zukunft" und 1905 Gradnauer in seinem „Elend des Strafvollzugs", vor einiger Zeit Otto Krebs in der „Arbeiterwohlfahrt": der Rechtsbrecher solle in den Strafanstalten „zum Staatsbürger erzogen werden, der nach der Entlassung einen rechten Gebrauch von der Freiheit machen" könne[137]) und der Abgeordnete Neu, der ehemalige sächsische Justizminister, erklärte im sächsischen Landtag, es müsse „immer das Ziel eines vernünftigen Strafvollzugs sein, den Gefangenen wieder in die Gesellschaft einzugliedern" [138]). Der Gedanke, auch seine positive Mitarbeit in der Gesellschaft anzustreben, kommt dabei wohl am besten zum Ausdruck in einer Rede des Abgeordneten Winker im württembergischen Landtag, wenn er, sich die Auffassung des Fürsorgeleiters Ebeling zu eigen machend, sagt: „Es muß das besondere Ziel des Strafvollzugs sein, den Gefangenen während seiner Strafzeit für den Eintritt in die Volksgemeinschaft so vorzubereiten, daß er sich seiner Verantwortung der Allgemeinheit gegenüber bewußt ist..." [139]).

Aber gerade hier ist scharf zu unterscheiden zwischen den eigentlichen Zielen des Strafvollzugs und etwaigen Nebenzielen, die man sich als erstrebenswert noch dazu stecken mag, deren Erreichung man aber nicht unbedingt verlangen darf. Das gilt insbesondere für die i n n e r e W a n d l u n g. Zu diesem Problem meint, der herrschenden Meinung folgend, Radbruch, die Besserung sei „nicht als sittliche, sondern nur als ‚bürgerliche' zu verstehen"[140]). Der Zweck des Strafvollzugs sei erfüllt, wenn der Verbrecher willens geworden sei, keine weiteren Straftaten zu begehen und sich die erforderlichen Fähigkeiten erworben habe, diesen seinen Willen auch durchzuführen. Der äußeren Natur des Rechts entsprechend könne es dabei nicht darauf ankommen, aus welchen inneren Motiven heraus er so handeln wolle, ob etwa aus Ehrfurcht vor dem Gesetz oder nur aus reinem Eigennutzen. In gleichem

[137]) Otto Krebs, Straffälligenfürsorge, Sonderdruck a. d. Zeitschr. Arbeiterwohlfahrt, S. 23.
[138]) Sächs. Landtag, Sitzg. v. 11. VII. 1929, Prot. S. 274 D.
[139]) Württ. Landtag, Sitzg. v. 10. VII. 1925, Prot. S. 1481.
[140]) Radbruch, Einführung i. d. Rechtswissenschaft, S. 89.

Sinne äußerte sich Weiß. Nach den inneren Beweggründen dürfe man im Strafvollzuge ebensowenig forschen, wie man das im gewöhnlichen Leben tue[141]). Deshalb hält es auch Otto Krebs für unrichtig, daß der Entwurf eines StVG. die sittliche Festigung des Gefangenen erreicht wissen will, da sie eine innere Wandlung voraussetze, die der Staat nicht verlangen könne. „Weit richtiger", sagt er, „setzt deshalb § 182 des Entwurfs als Ziel des Strafvollzugs in Stufen die Erziehung zu einem gesetzmäßigen und geordneten Leben fest"[142]).

Einen abweichenden Standpunkt nehmen anscheinend die religiösen Sozialisten ein. Sie begnügen sich nicht mit der Erstrebung eines rein gesetzmäßigen Lebens, sondern halten die sittliche Besserung für das letzte Ziel der Strafe. So teilt Kohlstock in den Schriften der religiösen Sozialisten die Auffassung, es komme alles auf die innere Wandlung an, in der Überzeugung, daß beim Verbrechen eben doch die menschliche Schuld nicht außer acht gelassen werden dürfe und daß sie von den meisten Verbrechern auch nicht abgestritten werde[143]). Er will daher die Gefangenen dazu gebracht haben, daß sie die Tat innerlich bereuen, daß sie sich sittlich bessern und die Gesetze nicht nur befolgen, weil sie Strafe befürchten, sondern weil es das Gewissen ihnen vorschreibt. Aber auch er hält die Herbeiführung dieser inneren Wandlung nicht für eine Aufgabe des Staates, sondern für das höhere Ziel der Kirche, glaubt jedoch, daß der Staat mit der verfassungsmäßig garantierten Zulassung der Religionsgesellschaften in den Strafanstalten diese religiös sittliche Erziehung nicht nur nicht hindern, sondern wohl auch „zur Ergänzung und Vertiefung seines Zieles benutzen" wolle[144]). Richtiger dürfte es allerdings sein — wenn man schon die Auffassung Kohlstocks teilt — das letztere daraus zu folgern, daß der Staat Geistliche für die Strafanstalten von sich aus bestellt, und, wie dies in der Reichsratsvorlage des Entwurfs eines StVG. vorgesehen ist, der Gefängnisgeistlichkeit den Beamtencharakter verleiht, denn ihre Zulassung in den Strafanstalten an sich ist wohl nur als Folge der verfassungsmäßig grundsätzlich gewährleisteten freien Religionsübung anzusehen,

---

[141]) Dr. Weiß, auf der Augsburg. Tagung d. Vereines d. deutschen Strafanstaltsbeamten 1927 (Blätt. f. Gefängnisk., 1927, S. 210).

[142]) Krebs, Straffälligenfürsorge, S. 51.

[143]) Kohlstock, Unschuldig verurteilt, Verlag d. relig. Sozialisten, Karlsruhe — Rüppurr, S. 114 ff.

[144]) a. a. O. S. 115.

insofern der Gefangene in der Befriedigung seiner religiösen Bedürfnisse behindert wäre, wenn sein Geistlicher keinen freien Zutritt zu ihm hätte.

Wie soll nun die Resozialisierung erreicht, wie die Erziehungsarbeit im einzelnen gestaltet werden? Ausgehend von der Ansicht, daß die Straffälligen zum größten Teile willensschwache Menschen sind, daß es sich bei ihnen weniger darum handelt, einen bösen Willen zu brechen, als einen schwachen zu stärken (Radbruch[145])), sehen die Sozialisten die Aufgabe im wesentlichen in der „Wiederaufrichtung der Persönlichkeit" (Krebs[146])), in der „Ermutigung" (Kleist[147])). Deswegen muß man dem Gefangenen die Möglichkeit geben, seinen Willen zu stählen und ihn zu erproben, indem man ihm in systematischer Steigerung bestimmte Ziele setzt. Das ist es auch, was man von Seiten der Sozialdemokratie bisher im Strafvollzug so sehr vermißt hat und was man wohl heute hauptsächlich im Stufensystem begrüßt. Das Fehlen jedes positiven Inhalts, jedes inneren Wertes, hielt insbesondere Radbruch für das Furchtbare der früheren Freiheitsstrafe, wenn er sagte, daß sie ein „Stück Tod mitten im Leben" sei, eine Strafe, die zwar nicht mehr den Leib verstümmele, wie das einstens üblich war, aber in nicht minder grausamer Weise das Leben[148]).

Im übrigen müssen die Anpassungsbestrebungen von Fall zu Fall verschieden durchgeführt werden. Man muß bestrebt sein, dem Gefangenen nach Möglichkeit gerade das zu geben, was ihm bisher gefehlt hat. Man muß suchen, wo bei jedem einzelnen die schwache Stelle liegt, die ihn den Anforderungen des Lebens nicht gewachsen sein ließ und ihm so zum Verhängnis wurde. So meint schon N. N.: Besitzt der Gefangene keine genügende Schulbildung, keine ausreichenden Kenntnisse, so muß man ihm diese geben; ist er innerlich verbittert, so bedarf er vor allem der Liebe und Milde; bei körperlicher Verwahrlosung hat man ihn an Reinlichkeit und Ordnung zu gewöhnen. Und in ähnlicher Weise wünscht er, daß bei Arbeitsscheuen durch entsprechende Beschäftigung wieder die Freude an der Arbeit, bei geistig Verkümmerten das Interesse an einem guten Buch oder

---

[145]) Radbruch, Die Psychologie d. Gefangenschaft, Zeitschr. f. d. ges. Strafrechtswiss., 32. Jhg., S. 352.

[146]) Krebs, Straffälligenfürsorge, S. 22.

[147]) Fritz Kleist, Die Idee der „Ermutigung" im Strafvollzuge, Arbeiterwohlfahrt, 1930, H. 8, S. 225 ff.

[148]) Radbruch, a. a. O. S. 353.

einem fesselnden Vortrag geweckt, und dem in schlechte Gesellschaft Geratenen eine bessere, passende gegeben werde. Das Leitmotiv, das dieser Arbeit zugrundeliegt, soll dabei stets das Bewußtsein der Mitschuld der Gemeinschaft, der Mitschuld aller sein, und das Bestreben, „das wieder gut zu machen, was an jenen, die arm sind an Geist und Herz und die vorzugsweise die Gefängnisse bevölkern, gesündigt worden ist"[149]).

Echte Erziehungsarbeit setzt aber vor allem auch eine äußerlich erzieherisch wirkende Umgebung voraus. Auf die Wichtigkeit des Milieus weist, auch hier mit sozialistischen Gedankengängen bewußt oder unbewußt im Einklang stehend, namentlich Otto Krebs hin[150]). Nicht der Geist allein sei es, von dem der Erfolg der Resozialisierung abhänge, die Erziehung müsse vielmehr auch wirksam unterstützt werden durch eine Lebensgestaltung, durch Lebensformen, die ihm entsprechen. Eine wahre Erziehungsanstalt zeigt daher seiner Ansicht nach schon von außen, daß in ihr erzogen wird. Dieser Anforderung genügten aber die heutigen Gefängnisbauten mit ihren Gittern und Mauern — gegen Entweichungen gäbe es „besser geeignete Mittel ganz anderer Natur" — noch nicht (inzwischen wohl doch der erste Pavillon von Hahnöfersand, Glasmoor und vermutlich auch die neue Anstalt Brandenburg). „Es gehört Farbe hinein in die Strafanstalt", ruft er aus, „und Licht und Luft dazu." Die Fenster sollen vergrößert werden und einen freien Blick in die Natur gewähren und das Wohngerät müsse wenigstens „den Anforderungen an einen in Form und Zweckmäßigkeit einwandfreien einfachen Hausrat genügen" [151]).

Wie Krebs sich dabei insbesondere die Farbe in der Strafanstalt und die angemessene Einrichtung der Wohnräume auch unter den heute üblichen baulichen Verhältnissen denken mag, davon kann man sich wohl ein Bild machen, wenn man in der von ihm selbst bis 1928 geleiteten Anstalt Untermaßfeld die Zellen der dritten Stufe — aber nicht nur diese — sieht. In drei satten Tönen gestrichen, die untere Hälfte braun, Türe, Schränke und Holzvertäfelung blau, der obere Teil abwechselnd rot, grün usw., das aufklappbare und über Tag an die Wand geschlossene Bett von Holzleisten umgeben, auf deren oberer gewöhnlich einige Bücher oder Bilder aufgestellt sind und durch einen einfachen aber geschmack-

---

[149]) N. N., a. a. O. S. 710.
[150]) Krebs, a. a. O. S. 23.
[151]) Krebs, a. a. O. S. 24.

vollen Vorhang verdeckt, der wenn auch kleine Tisch mit einer bunten Decke und meist einem Strauß frischer Feldblumen geschmückt, an der Wand ein paar Farbdrucke, die Photographien der Angehörigen, wohl auch einmal eine selbst gefertigte Federzeichnung oder ein Holzschnitt und in der Ecke aufbewahrt, sofern — was recht oft zutrifft — der Bewohner ein Musikfreund ist, eine von zu Hause geschickte oder vom verfügbaren Arbeitsverdienst erworbene Geige, eine Flöte oder eine Trompete, so macht eine solche Zelle durchaus den Eindruck eines bescheidenen aber dennoch freundlichen Wohnraumes. In ähnlicher Weise sind die Gemeinschaftsräume der zweiten und dritten Stufe, der Vortragssaal und nunmehr auch das Wohnhaus eines in der Nähe gelegenen, von einigen Gefangenen der dritten Stufe bewirtschafteten, kleinen Gutes ausgemalt, bald in lebhaften und leuchtenden Farben, vorzugsweise rot und grün, bald wie der Gang des „Bereichs der dritten Stufe" hauptsächlich in einem Grundton, der in mehrere nach oben heller werdende Streifen zerlegt ist. Man kann sich der wohltuenden Wirkung dieser übrigens auch schon in anderen Anstalten ähnlich ausgestatteten Umgebung kaum entziehen und meint sie auch in den Gesichtern und Worten der Menschen widergespiegelt zu finden, die hier wohnen und deren Aufgeschlossenheit und ansprechende Freundlichkeit aus einer bedingungslosen Selbstverständlichkeit herauszukommen scheinen.

Die Erfordernisse, die die Neuorientierung im Strafvollzuge an die *Gefängnisbauten* stellt, hat in hohem Maße auch die Sozialisten in den Parlamenten beschäftigt. Ist doch jede Verbesserung in dieser Hinsicht mit erheblichen Kosten verbunden und daher von der Bereitstellung der erforderlichen Geldmittel im Etat abhängig. In Preußen hat die dortige sozialdemokratische Landtagsfraktion schon 1922 im Hauptausschuß beantragt, das Staatsministerium zu ersuchen, gelegentlich der Neuordnung des Strafvollzugs die kleinen Gefängnisse nach Möglichkeit zu schließen, weil in diesen „die für die Änderung des Strafvollzugs aufgestellten Richtlinien nicht durchgeführt werden" könnten[152]). In Zusammenhang mit der Einführung des Stufensystems forderte sie 1925, daß für die Errichtung einer Strafanstalt auf der Grundlage dieses Systems — auch das ist ein Beweis für seine Bejahung — eine erste Baurate in Höhe von 400.000 RM in den Haushaltsplan

---

152) a. a. O. Sitzg. v. 8. V. 1922, Prot. S. 3, Antrag Nr. 61.

eingesetzt werde[153]). Nachdem diese Bemühungen, wenn auch erst in etwas späterer Zeit, von Erfolg begleitet waren (Neubau Brandenburg[154]), regte sie vor kurzem den Ausbau des Gefängnisses Spandau zu einem modernen Jugendgefängnis an und beantragte, die Mittel hiezu im Etat von 1931 vorzusehen. Auch dieser Antrag wurde angenommen[155]). Bei der Begründung der Anträge wies Gehrmann stets darauf hin, daß die modernen Erziehungsmethoden, namentlich wie sie die Verordnung vom 7. VI. 1929 beabsichtige, in den alten, meist ursprünglich gar nicht für den Strafvollzug erbauten Gefängnissen und Zuchthäusern nicht verwirklicht werden könnten und daß deshalb sobald wie möglich zu weiteren Neubauten geschritten werden müsse[156]), eine Forderung, für die er sich in Verbindung mit seinem Parteifreunde Kuttner auch in dem vom preußischen Justizministerium herausgegebenen Buche „Strafvollzug in Preußen" einsetzt[157]). Im sächsischen Landtag stellte 1927 der Abgeordnete Neu aus denselben Gesichtspunkten heraus den Antrag, die Regierung zu ersuchen, einen Vorschlag zu einem, „allen neuzeitlichen Erfordernissen entsprechenden Zentralgefängnis" auszuarbeiten und dem Parlamente zu unterbreiten, konnte sich jedoch mit seinen Bestrebungen nicht durchsetzen[158]). Unmittelbar Stellung nahm man zur Bauweise in Hamburg. In der dortigen Gefängnisdeputation sprach sich 1925 bei der Erörterung über die Verlegung der hamburgischen Gefängnisse das sozialdemokratische Mitglied Perner, im wesentlichen den Ausführungen Liepmanns folgend, dafür aus, daß neben

---

[153]) Hauptaussch.-Sitzg. v. 13. VII. 1925, Prot. S. 7, Antrag Nr. 27. In der Begründung wies Gehrmann ausdrücklich darauf hin, daß „ganz besonders dringend" der Neubau in Brandenburg sei (a. a. O. Sitzg. v. 15. VII. 1925, Prot. S. 8).

[154]) Der obigen Anregung entsprechend wurde 1926 in den Haushalt zur Vorbereitung des Neubaus die Summe von 50.000 RM eingestellt (vgl. Ministerialdirigent Hasse in d. Sitzg. d. Hauptaussch. v. 17. IV. 1926, Prot. S. 7) und 1927 bereits die erste Baurate von 850.000 RM (vgl. Gehrmann a. a. O., Sitzg. v. 4. II. 1927, S. 38).

[155]) Preuß. Landtag, 3. Wahlp., 1. Tagg., 1928, 30. Anlage zur 127. bis 129. Sitzg. d. Hauptaussch., S. 15, Antrag Nr. 82 (Abstimmung Sitzg. v. 5. III. 1930, Prot. S. 39).

[156]) Hauptaussch.-Sitzg. v. 15. VII. 1925, S. 8, u. Sitzg. v. 5. III. 1930, S. 7.

[157]) Carl Gehrmann und Erich Kuttner, Parlament und Strafvollzug, in „Strafvollzug in Preußen", herausgeg. v. Preuß. Justizministerium, 1928, Verlag Bensheimer, S. 32 f.

[158]) Sächs. Landtag, Sitzg. v. 16. VI. 1927, Prot. S. 1270, Antrag Nr. 380, III., Ziff. 9 (vgl. Landtagsbeil. z. Sächs. Staatszeitg. Nr. 78, S. 284).

Hahnöfersand und dem Gefängnis Glasmoor möglichst auch das neu zu errichtende Zuchthaus nicht in dem vorgeschlagenen Arena=, sondern dem erzieherisch zweckmäßigeren Pavillon=system gebaut werden solle[159]).

Ein Problem, das bei der Behandlung des Erziehungsstrafvoll=zugs nicht übergangen werden kann, ist die Frage nach der Erziehbarkeit des Menschen an sich. In dieser Frage scheinen die Sozialisten sehr optimistisch zu sein. Von Krebs wird sie un=eingeschränkt bejaht. Für ihn gibt es schlechthin keine Unerzieh=baren, und wer diesen Glauben nicht aufbringen kann, der würde seiner Ansicht nach besser davon absehen, überhaupt erziehen zu wollen[160]). Wenn man auch diesem „starken Optimismus eines echten Erziehers" wie ihn Radbruch nennt[161]), nur insofern bei=zupflichten vermag, als zugegeben werden muß, daß auf jeden Menschen erzieherisch wenigstens irgendwie eingewirkt werden, nicht aber, und darauf kommt es hier doch wohl an, daß jeder zu einem legalen Verhalten gebracht werden kann, so wird man Krebs ohne jeden Vorbehalt darin Recht geben, daß dem ganzen Problem im heutigen Strafvollzug nur eine untergeordnete Bedeutung zu=kommt. Denn da nun einmal, folgert Krebs in diesem Zusammen=hang zweifellos zutreffend, der Vollzug der heutigen Freiheitsstrafe ausschließlich auf dem Resozialisierungsgedanken aufgebaut ist, kann man in den Gefängnissen, selbst wenn man will, einen sogenannten Unerziehbaren nicht anders behandeln, als indem man versucht, ihn zu erziehen, weil eine andere Methode zur Resozialisierung bisher nicht bekannt geworden ist[162]). Die Auf=fassung Krebs' wird im großen und ganzen auch von Weiß geteilt, der ebenfalls fordert, daß man jeden Gefangenen zu erziehen ver=sucht, und glaubt, daß man auch bei jedem eine Seite findet, wo er sich der Erziehung zugänglich zeigt. Kann man bei dem einen, meint er, die Liebe zur Arbeit, den Sinn für Ordnung und Sauber=keit wecken, so verspricht bei einem anderen die Freude an der Kunst oder der Natur ihn wieder in geordnete Bahnen zu lenken. Schlechthin unverbesserlich sei daher niemand[163]).

---

[159]) Hambg. Gefängnisdep., Sitzg. v. 28. V. 1925, Prot. S. 5.

[160]) Krebs auf der Karlsruher JKV.=Tagung 1927, Mitteil. d. JKV., 1927, S. 191 ff. (vgl. auch Straffälligenfürsorge, S. 20).

[161]) Radbruch, gelegentl. d. Bespr. d. Karlsruher JKV.=Tagung in d. Justiz, Bd. III., H. 1, S. 6.

[162]) Mitteil. d. JKV., 1927, S. 192.

[163]) Dr. Weiß auf der Augsburger Tagung d. Vereins deutscher Straf=anstaltsb. 1927, Blätter, f. Gefängnisk., 1927, S. 209.

Umstritten ist dagegen, inwieweit eine Trennung der Gefangenen unter dem Gesichtspunkt ihrer Erziehbarkeit vorgenommen werden soll, und namentlich, wie die geistig Minderwertigen im Strafvollzug zu behandeln sind. Mit dieser Frage hat sich, wie wir im ersten Kapitel gezeigt haben, die Sozialdemokratie schon in der Vorkriegszeit eingehender befaßt. Hauptsächlich Gradnauer und die Mannheimer Thesen hatten damals nachdrücklich die Entfernung solcher Personen aus den Gefängnissen und Zuchthäusern und ihre Unterbringung in besonderen, möglichst von Ärzten und Pädagogen zu leitenden Anstalten gefordert[164]). Heute setzt sich die Sozialdemokratie, hier im wesentlichen mit den Kommunisten einig gehend, meist nur noch für die Bildung besonderer Psychopathenabteilungen ein, wobei allerdings nicht immer ersichtlich ist, ob damit nicht doch eine völlige Abtrennung im Sinne der Errichtung von Sonderanstalten gewünscht wird. (Entsprechende Anträge von sozialdemokratischer Seite wurden beispielsweise in den Landtagen von Preußen 1924[165]), in Bayern 1922 und 1925[166]), Oldenburg 1930[167]) und in der hamburger Gefängnisdeputation 1925[168]) gestellt; von kommunistischer Seite durch Menzel im preußischen Landtag 1922[169]).) Außerdem verlangte der Abgeordnete Steeger im bayerischen Landtag wieder-

[164]) Gradnauer, Elend d. Strafvollzugs, S. 91; Mannh. Thesen, Ziff. 2, (vgl. oben Anm. 36).

[165]) Hauptaussch. d. preuß. Landtags, Sitzg. v. 3. VI. 1924, S. 7, Antrag Nr. 19 (Dr. Rosenfeld u. Gen.): „In den Strafanstalten werden besondere Abteilungen für geistig minderwertige Verbrecher eingerichtet, in denen durch sanitäre Einrichtungen, durch die Art der Beschäftigung, die Ausbildung zu beruflicher Arbeit sowie durch die Handhabung der Disziplin die Eigenart dieser Verurteilten und ihre besonderen Bedürfnisse berücksichtigt werden.“ (Angenommen Sitzg. v. 5. VI. 1924, Prot. S. 20). Vgl. auch ebenda Antrag Nr. 2.

[166]) Bayer. Landtag, Sitzg. v. 30. III. 1922, Prot. S. 327, u. 1. V. 1925, Prot. S. 784. In der ersteren begrüßte Steeger besonders die Einrichtung von psychiatr. Kliniken bei den Gefängnissen München und Nürnberg (vgl. S. 310), in der letzteren bemängelte er namentlich, daß diesen Anstalten bei weitem nicht alle wirklich Erkrankten zugewiesen würden.

[167]) Oldenbg. Landtag, Ber. d. Aussch. I. v. 4. III. 1930, S. 194, Antrag Nr. 2: „Der Freistaat Oldenburg schließt sich sofort dem preuß. Strafvollzug an. Soweit dadurch verbesserte Einrichtungen für Psychopathen oder körperliche Kranke sich notwendig erweisen, sind dieselben zu schaffen.“

[168]) Hambg. Gefängnisdep. Sitzg. v. 25. VIII. 1925, Prot. S. 4. Gelegentlich der Einrichtung einer besonderen Anstalt für geistig Minderwertige beantragte Frau Zabe, daß auch für Frauen eine bes. Abteilung gebildet werde.

[169]) Hauptaussch. d. preuß. Landtags, Sitzg. v. 5. V. 1922, S. 10.

holt die Absonderung schwerer Verbrecher von den der Besserung leichter zugänglichen[170]). Ganz anderer Ansicht ist aber Krebs. Er hält die getrennte Unterbringung der schwer Erziehbaren und selbst der Psychopathen für bedenklich, sowohl wegen der Gefahr der Abschiebung unbequemer Elemente als auch insbesondere, weil durch eine so weitgehende Differenzierung — schon die Jugendlichen und erstmals Bestraften scheiden ja durch den Entwurf eines StVG. von vornherein aus — ein lebensfremdes Milieu geschaffen werde, das den Gefangenen nicht für die Freiheit tauglich machen könne. Deshalb solle man „die leicht psychopathischen und die schwer erziehbaren Gefangenen getrost bei den übrigen belassen" [171]). Er selbst habe mit Erfolg versucht, sie wie die übrigen Gefangenen zu behandeln und sie dabei nach Möglichkeit in die einzelnen Arbeitssäle und Arbeitskommandos verteilt[172]).

Der Erziehungscharakter der modernen Freiheitsstrafe kann nach Ansicht der Sozialisten nicht ohne Rückwirkungen auf das materielle Strafrecht bleiben. In diesen Fragen, die hier nur gestreift werden können, stimmt man darin überein, daß die kurzzeitige wie die lebenslängliche Freiheitsstrafe abzulehnen sind; die erstere, da sie völlig ungeeignet ist, eine erzieherische Wirkung auszuüben, die letztere, da sie den Gefangenen der Gesellschaft überhaupt nicht mehr zurückgibt[173]). In neuerer Zeit hat der Kampf um die Beseitigung der lebenslänglichen Zuchthausstrafe indessen für die Sozialdemokratie an praktischer Bedeutung verloren, insofern, wie Rosenfeld 1928 im Strafrechtsausschuß erklärte, Aussicht auf die Abschaffung der Todesstrafe bestehe und beides zugleich kaum erreicht werden könne[174]). (Durch die Zunahme

---

[170]) Bayer. Landtag, Sitzg. v. 20. IV. 1926, Prot. S. 81, u. Sitzg. v. 6. VII. 1927, Prot. S. 108.

[171]) Krebs, Straffälligenfürsorge, S. 65.

[172]) Krebs a. d. Karlsruher JKV.-Tagung 1927 (Mitt. d. JKV., 1927. S. 194).

[173]) Die Abschaffung der kurzen Freiheitsstrafen wurde auch in den Mannheimer Thesen gefordert (Prot. S. 142 A 5); vgl. ferner Otto Lang, Soz. Monatsh., 1914, 1. Bd., S. 520 ff.; Loewenfeld, ebenda, 1920, 1. Bd. S. 295; Radbruch, Justiz, Bd. II, H. 6, S. 538 f., und Reichstagssitzgg. v. 25. I. 1921, Prot. S. 2112, 19. XI. 1921, Prot. S. 5126, 17. XII. 1921, Prot. S. 5314 (Beratungen d. von Radbruch als dam. Justizminister vorgelegten Gesetzes über die Ersatzgeldstrafen v. 21. XII. 1921). — Gegen die lebensläng. Freiheitsstrafe z. B. Lehn, Das Strafrecht u. d. Sozialismus, Die Neue Gesellschaft, 1. Jhg., S. 144; Steinhoff, Soz. Monatsh., 1925, S. 581 f.; Oborniker, Justiz, Bd. III, S. 234.

[174]) Strafrechtsaussch., 16. Sitzg. v. 5. XI. 1928, Prot. S. 3.

der Nationalsozialisten dürfte die Lage sich inzwischen aber nicht unwesentlich verschoben haben.) Stark umkämpft ist indessen die unbestimmte Strafzumessung. Zwar hat sie schon vor Jahren der Amerikaner Shipley in den Sozialistischen Monatsheften geradezu als die Voraussetzung für eine konsequente Erziehungsarbeit bezeichnet und einen eingehenden Vorschlag zu ihrer Durchführung gemacht (Beschränkung der Richter auf die Beantwortung der Schuldfrage und Verfügung der Entlassung durch eine mit mindestens zwei Ärzten besetzte Anstaltskommission[175]). Aber bereits Gradnauer erklärte in seinem „Elend des Strafvollzugs" derartige Anregungen für praktisch undurchführbar, da die in bestimmten Strafmaßen liegende Garantie der Rechtssicherheit höher einzuschätzen sei. Zudem müsse die Ungewißheit über das Strafende auf den Gefangenen selbst geradezu niederschmetternd wirken und werde nicht selten wohl sogar zu psychischen Erkrankungen führen[176]). Heute ist auch hier die „Klassenjustiz" das Hauptbedenken, das gegen die Einführung des unbestimmten Strafurteils geltend gemacht wird und das besonders Oborniker veranlaßt, seine Einführung im gegenwärtigen Augenblicke abzulehnen[177]).

§ 6. Das Haftsystem.

Die Unterbringung der Gefangenen ist, wie neuerdings wieder der internationale Gefängniskongreß von 1930 in Prag gezeigt hat[178]), noch immer ein ungelöstes Problem. Die Streitfragen, die hier auftauchen, werden teils durch gesundheitliche, teils durch erzieherische Momente bedingt, wobei die letzteren heute um so stärker in den Vordergrund getreten sind, als sich die Erkenntnis Bahn gebrochen hat, daß der Strafvollzug eine Erziehungsaufgabe ist. Die Berücksichtigung der gesundheitlichen Gesichtspunkte ergibt sich damit von selbst.

Die Sozialisten waren von jeher weder Anhänger der ständigen Gemeinschaftshaft noch der strengen Isolierung. Sie erstreben

[175]) Shipley, Verurteilung auf unbestimmte Zeit, Neue Zeit, 28. Jhg., 1. Bd., S. 881 ff.

[176]) Gradnauer, a. a. O. S. 86 ff.

[177]) Oborniker, Grundprobleme d. Strafrechtsreform und freies richterliches Ermessen, Justiz, Bd. II, H. 2, S. 152.

[178]) Vgl. Frankf. Ztg., Reichsausgabe v. 29. VIII. 1930. Bei der Abstimmung gewannen die Vertreter der Einzelhaft (Belgier und Franzosen) gegenüber den Anhängern der Gemeinschaftshaft (Deutsche, Engländer u. Amerikaner) mit 76 gegen 63 Stimmen die Oberhand.

vielmehr eine Kombination beider Systeme mit der Begründung, jeder dieser Arten der Einsperrung würden an sich gute Einflüsse innewohnen, in ihrer ausschließlichen Anwendung müßten jedoch beide zum Mißerfolg führen.

Schon N. N. übersieht in seiner Aufsatzreihe aus dem Jahre 1877 nicht die Schäden der Kollektivhaft mit ihren meist überfüllten Arbeits- und Schlafsälen[179]). Aber für durchaus verfehlt hält er es, nun in der Isolierung die Rettung sehen zu wollen. Das hieße statt des einen Übels ein anderes und noch viel schlimmeres wählen. Er hält sie für eine grausame und überflüssige Quälerei, die geeignet sei, dem Gefangenen ernstlichen gesundheitlichen Schaden zuzufügen. Das Gefühl des Losgerissenseins, das die Freiheitsstrafe an sich schon mit sich bringt, werde hier zu einer seelischen Vereinsamung gesteigert, zu psychischen Folterqualen, die allmählich Körper und Geist des Eingesperrten zerrütteten, so daß niemand eine längere Isolierhaft ertragen könne, ohne wesentlichen, dauernden Schaden an Leib und Seele zu nehmen[180]). Dazu komme, daß die Wirkung der Isolierung trotzdem nicht bei allen Gefangenen die gleiche sei, was sie von vornherein zu einer ungerechten Maßnahme mache[181]). Der Auffassung, daß sie wenigstens einen bessernden Einfluß ausübe, hält N. N. entgegen, der Mensch könne nur in der Gemeinschaft gebessert werden und nur in der Gemeinschaft zeige sich, wes Geistes Kind er sei. Wenn man also nicht lediglich eine religiöse Bekehrung erstrebe, sondern den Gefangenen für das Leben erziehen wolle, dann müsse man ihn in die Gemeinschaft bringen und nicht von ihr lösen. Allerdings müsse diese Gemeinschaft eine passende, unter dem Gesichtspunkt der Besserungsmöglichkeit ausgewählte sein. Aus diesen Erwägungen heraus macht N. N. den schon kurz erwähnten Vorschlag, die Gefangenen möglichst in kleine Gruppen einzuteilen, innerhalb deren das Schweigegebot aufzuheben ist, wobei nur durch die, jedoch auf das unbedingt erforderliche Maß beschränkte, Beaufsichtigung eine gewisse Beobachtung der Gespräche stattfinden würde. Von einem derartigen Verkehr glaubt er nicht nur keinen Schaden befürchten zu müssen, sondern ist durchaus überzeugt, daß die Gefangenen „sich gegenseitig sitt-

---

[179]) N. N., a. a. O. S. 679.
[180]) a. a. O. S. 674, 677 f.
[181]) a. a. O. S. 677.

lich und geistig helfen und fördern können[182]). Die Mehrzahl der Gefangenen sei nämlich nicht schlechter als viele andere in Freiheit lebende Menschen, schon deshalb, weil die Justiz bekanntlich nicht alle Verbrecher und auch nicht gerade immer die schlimmsten fasse. Diese Gruppengemeinschaft kommt jedoch nur für die Tageszeit in Betracht. Nachts soll jeder Gefangene in einer kleinen Einzelzelle, die den gesundheitlichen Erfordernissen genügt, schlafen und dort auch nach Wunsch seine freien Stunden in Ruhe verbringen dürfen[183]). Von der Gruppenhaft auszuschließen wären diejenigen Gefangenen, von denen mit Sicherheit ein schädlicher Einfluß auf die übrigen zu erwarten ist. Sie sollen entweder ganz isoliert oder aber in eine besondere Kollektivhaft mit strenger Aufsicht und Schweigegebot genommen werden (vgl. die abweichende Ansicht von Krebs). Der Erziehung und Belehrung dieser Gefangenen müsse man sich in besonderem Maße widmen, damit ihre Eingliederung in die Gruppengemeinschaften möglichst bald erfolgen könne. Die Zahl der auf diese Weise zu Isolierenden schätzt N. N., wie er sagt, auf Grund persönlicher Beobachtungen, auf etwa 10—20 % in den Gefängnissen und etwas mehr in den Zuchthäusern[184]). Eine Isolierungsmöglichkeit soll außerdem für diejenigen Gefangenen bestehen, die eine Trennung von den übrigen ausdrücklich wünschen, da es in den meisten Fällen eine ungerechte Schärfung der Haft bedeuten würde, wenn man einen derartigen Wunsch nicht erfüllte[185]). Diesen Vorschlägen soll auch bei der Bauweise der Gefängnisse Rechnung getragen werden[186]). Solange aber noch einzelne Gefängnisse ganz oder zum Teil auf völlige Isolierung eingestellt sind, in ihnen also nicht einmal gemeinschaftlich gearbeitet werden kann, müßten die Gefangenen Gelegenheit haben, täglich mindestens drei Stunden in den zu bildenden kleinen Gruppen sich miteinander zu unterhalten. Gelegenheit hicfür bieten vor allem der Spaziergang und die Essenspausen[187]).

Ähnliche Anschauungen vertritt G r a d n a u e r. Wenngleich er annimmt, daß es weniger das Haftsystem an sich ist, worauf

---

[182]) a. a. O. S. 675.
[183]) a. a. O. S. 705.
[184]) a. a. O. S. 676.
[185]) a. a. O. S. 707.
[186]) a. a. O. S. 705.
[187]) a. a. O. S. 706.

der Bankerott des bisherigen Strafvollzugs zurückzuführen sei, als der Geist, in dem die Strafe vollzogen wurde, den er den Geist der rächenden Vergeltung nennt[188]), so hält doch auch er eine Reform auf diesem Gebiete für dringend erforderlich. Bezüglich der Verderblichkeit der Kollektivhaft zitiert er den bekannten Satz Krohnes: „Strafvollzug in gemeinsamer Haft heißt, den Rechtsbrecher dadurch für seinen Rechtsbruch strafen, daß man ihn auf Staatskosten weiter im Verbrechen ausbildet“ [189]). Aber ebenso ist er wie N. N. überzeugt von der Gefährlichkeit und Schädlichkeit der strengen Isolierung, wobei er sich besonders auf die Haftberichte von Leuß stützt. Er wird nicht müde, zu betonen, daß die einsame Einsperrung, verbunden mit einer eintönigen Arbeit und dem Fehlen von genügend Licht und Luft, den Gefangenen zur seelischen Verödung und zu nervösen Überreizungen, nicht zuletzt auch sexueller Art, treiben müsse, zu Niedergeschlagenheit und Mutlosigkeit, unterbrochen von plötzlichen Verzweiflungsausbrüchen, Erscheinungen, die immer mehr die Tatkraft schwächten und dem an sich schon willensschwachen Verbrecher noch den Rest seiner Energie raubten[190]). Auch er sieht daher die Lösung des Problems in der Bildung einzelner, nach Alter und Art möglichst zusammenpassender Gruppen von etwa 20 bis 30 Mann. Die so zu bildenden Gruppen sollen in Gemeinschaft arbeiten. Deshalb sind an Stelle der jetzigen großen Arbeitssäle kleinere zu schaffen[191]). Von einer generellen Absonderung besonders verdorbener Gefangener, wie sie N. N. wünscht, scheint er absehen zu wollen. Jedenfalls verlangt er, daß die Einzeleinsperrung nie ohne die ausdrückliche Zustimmung des Einzusperrenden angeordnet werden darf[192]).

Die psychischen Wirkungen der Haftsysteme hat R a d b r u c h hauptsächlich auf Grund der Haftmemoiren von Dichtern, die seiner Ansicht nach am ehesten fähig sind, zu beobachten und mitzuteilen, was in ihnen vorgeht, in einer eingehenden und tief-

[188]) Gradnauer, Das Elend des Strafvollzugs, S. 23. Er meint: „Nicht Gemeinschaftshaft oder Einzelhaft kann die Hauptfrage des Freiheitsentzuges sein. Die allein entscheidende Frage kann nur sein, ob das Prinzip, dem das Leben der Gefangenen, sei es in Gemeinschafts-, sei es in Einzelhaft, unterworfen wird, die rächende Vergeltung sein soll oder die Festigung und Besserung des Gefangenen.“

[189]) a. a. O. S. 22 f.

[190]) a. a. O. S. 24.

[191]) a. a. O. S. 91 f.

[192]) a. a. O. S. 91.

schürfenden Studie untersucht[193]). Die Ergebnisse sind ein Beweis für die Richtigkeit der Auffassungen N. N.'s und Gradnauers.

In der Kollektivhaft sieht Radbruch eines der denkbar festgefügtesten sozialen Gebilde, das durch den alle Gefangenen mehr oder weniger beherrschenden Haß gegen ihr aufgezwungenes Schicksal, gegen ihr gemeinsames Los des Ausgestoßenseins aus der Gesellschaft und das gemeinsame Ohnmachtsgefühl gegenüber ihrer jetzigen Lage, zusammengehalten werde. Berücksichtige man dabei noch, daß die Gefangenen zu ständigem Beisammensein gezwungen sind, so erscheine es nur zu begreiflich, wenn sich auf die Dauer jeder den Normen und Gewohnheiten dieser Gemeinschaft füge, und, wie namentlich Dostojewski berichte, der Eindruck auf die Mitgefangenen die Richtschnur werde, die das Verhalten des Einzelnen einzig und allein bestimme. Gleichzeitig werde aber eine solche Gemeinschaft, weil der Einzelne nie die Möglichkeit habe, sich ihr wenigstens für Stunden zu entziehen, letzten Endes sich selbst zur größten Qual. Solidarität nach außen, gegenseitige bis zum Überdruß gesteigerte Abneigung im Innern, das sind nach Radbruch die charakteristischen Symptome dieses Systems[194]).

Die Folgen der Einzelhaft sind indessen in keiner Weise erfreulicher. Hier beobachtet Radbruch eine etappenmäßig fortschreitende Entwicklung ihrer Wirkungen. Zunächst scheine es fast, als ob die Einsamkeit einen Gewinn bringe. Die Sinneseindrücke, die sonst den Menschen oft kaum zum ruhigen Denken kommen ließen, seien auf ein Minimum beschränkt. Statt dessen nehme das Innenleben erheblich zu. Das Gehirn gewöhne sich daran, die Dinge bis zum Ende zu überlegen. Die Denkweise werde schärfer und gehaltreicher[195]). Die Beschäftigung mit dem Seelenleben führe dabei oft zu religiösen Bekehrungen. Aber wie N. N. glaubt auch Radbruch, daß diese Wirkungen auf religiösem Gebiete, die ihm ein Beweis für den kirchlichen Ursprung der strengen Isolierung sind, nicht von Dauer sein können und keine ernstliche Besserung versprechen. Denn

---

[193]) Radbruch, Die Psychologie der Gefangenschaft, Zeitschr. f. d. ges. Strafrechtsw., 1911, S. 339 ff. Benutzt sind hauptsächlich die Memoiren von Casanova, Trenck, Moser, Schubart, Silvio Pellico, Dostojewski, Reuter, Fontane, Verlaine, Wilde.

[194]) a. a. O. S. 340.

[195]) a. a. O. S. 342 f. Radbruch stützt sich hier namentlich auch auf Auer, Zur Psychologie d. Gefangenschaft, Untersuchungshaft, Gefängnis- und Zuchthausstrafe, geschildert von Entlassenen, Beck, München 1905.

sie seien nichts anderes als eine andere Form des Unterliegens. Konnte der Gefangene früher den Einflüssen der Tatumstände nicht widerstehen, so widerstehe er jetzt nicht denen der Einsamkeit. Der Glaube, der in der Hilflosigkeit der Gefangenschaft gewonnen wird, scheint Radbruch wohl geeignet, geduldiger im Leiden zu machen, nicht aber stärker und mutiger für den Lebenskampf. Vor dem Taten fordernden Leben versage er[196]). Dieser Periode eines gewissen inneren Wachsens folge bald eine Zeit, in der die Gedanken, immer mächtiger werdend, auch immer mehr ihre eigenen, ungewollten und beängstigenden Wege gingen. Der Gefangene, nicht mehr fähig, durch Aufnahme neuer Sinneseindrücke, durch eine körperlich und seelisch erfrischende, die inneren Kräfte erneuernde Betätigung den erforderlichen Ausgleich zu seinem Innenleben zu schaffen, werde allmählich das Opfer seiner Gedanken, die kommen und gehen „nicht wie er will, sondern wie sie wollen" [197]). Die Konzentrationskraft schwinde (hierin glaubt auch Radbruch die Ursache dafür gefunden zu haben, daß so viele Gefangene nach der Haft an Gedächtnisschwäche und ähnlichen Erscheinungen leiden[198]). Je mehr aber der Gefangene spüre, wie nun zu seiner äußeren Ohnmacht noch eine innere hinzutrete, desto größer werde die Gefahr, daß er durch ein plötzliches Sichaufbäumen seine Erniedrigung abschütteln wolle; ein vielleicht geringfügiger Anlaß führe so zu dem bekannten „Zuchthausknall", wenn die qualvollen Schreie eines Tobsüchtigen die vereinsamten Zellengenossen aufhorchen ließen, die sich auch in der Einzelhaft in solchen Stunden zutiefst verbunden fühlten in einer Gemeinschaft des Leides, wie sie nur das Zuchthaus kenne[199]). Aber mit diesen Erscheinungen sei die Entwicklung noch nicht beendet. Der Gefangene werde nicht nur zum Spielball seiner Gedanken, sondern auch seiner immer mehr verwirrten Sinne. Qualvollen Traumbildern folgten Gesichts- und Gehörshalluzinationen im wachen Zustande, die schließlich zu schweren Psychosen führten[200]). Gleichzeitig kreise die Gedanken-

---

[196]) a. a. O. S. 343 f.

[197]) a. a. O. S. 344.

[198]) a. a. O. S. 345.

[199]) a. a. O. S. 346. Seinen ergreifendsten Ausdruck, sagt Radbruch, habe dieses Solidaritätsgefühl, „das in solchen Augenblicken wie ein unendlich feines Fluidum die getrennten Leidensgenossen durch die Wände ihrer Zellen hindurch miteinander verbindet", in Wildes Zuchthausballade gefunden.

[200]) a. a. O. S. 347. Radbruch zitiert hier Schubart: „Bald sah ich meinen Vater, der mir sein geschwollenes Bein aufs Herz legte, daß ich keuchend

welt des Vereinsamten, bar jeder äußeren Anregung, immer mehr um ihn selbst, um sein eigenes Ich. Diese Selbstbeobachtung soll, meint Radbruch, nach Ansicht der Verfechter des Isoliersystems zur Selbsterkenntnis und damit zur Besserung führen. Aber schon Kant und Goethe hätten gewußt und betont, daß die Selbstbeobachtung in Wirklichkeit nicht der Weg zu einem tatkräftigen Aufwärtsstreben ist. Nicht im Grübeln erkennen wir uns selbst, sondern im Handeln. So schaffe denn diese Selbstbespiegelung in den Gefängnissen und Zuchthäusern nicht entschlußstarke, gefestigte Menschen, die wissen, was sie wollen, sondern energielose Phantasten[201]). Derartige Folgen würden auch von manchen Gefangenen bald vorausgesehen, die dann, wofern sie noch die Kraft dazu haben, sich selbst eine Aufgabe, ein Ziel, setzten, um nicht als Opfer ihrer Gedanken und ihrer überspannten Phantasie schließlich noch den Verstand zu verlieren[202]).

Radbruch kommt so zu dem Ergebnis, daß auch in den Gefängnissen nur in der Gemeinschaft für die Gemeinschaft erzogen werden kann und sieht dabei zunächst zwei Wege zur Wiedereingliederung des Verbrechers in den gesellschaftlichen Organismus offen. Einmal bestände die Möglichkeit, ihn von außen, von der Gesellschaft her, wieder an diese zu ziehen. Durch möglichste Beseitigung der Vorschriften, die den Verkehr mit der Außenwelt beeinträchtigen, durch häufigere Besuche und Briefwechsel, geeignete Buch- und Zeitungslektüre, Vorträge und ähnliche Darbietungen könne man versuchen, ihn zu gewinnen. Aber alle diese an sich stets erstrebenswerten Versuche, selbst wenn sie noch so weitgehend ausgebaut würden, wozu vor allem auch eine erhebliche Vermehrung und Verbesserung der Beamtenschaft erforderlich sei, könnten doch nicht den erhofften Erfolg haben und würden nicht ausreichen, um die Kluft einzuebnen, die den Gefangenen von der Gesellschaft trenne[203]). Deshalb müsse man den zweiten Weg beschreiten und den Gefangenen durch die Gemeinschaft seiner Mitgefangenen zu bessern und zu erziehen suchen (was ja

---

unter seiner wachsenden Schwere mit einem Jammerschrei erwachte"... Und in wachem Zustand, ebenfalls Schubart: „Ich sah mitten unterm Beten oder Lesen oder in schlaflosen Nächten gähnende, grinsende, blaße, schwindlichte, mit beiden Händen tappende Figuren vor mir, oder nächtliche Vögel mit langen, aufgerissenen Schnäbeln und Fledermausflügeln..."

[201]) Vgl. z. B. auch Kohlstock, Unschuldig verurteilt, S. 136, über die zahlreichen Erfinder in Gefängnissen (Perpetuum mobile!).

[202]) a. a. O. S. 350. Das gelte besonders von Casanova.

[203]) a. a. O. S. 351 f.

auch N. N. meint). Radbruch befürwortet daher die Einführung des Systems von **Elmira**, dessen wesentliche Merkmale er darin sieht, daß es die Strafe dem Gefangenen zu einer Aufgabe macht, deren Bewältigung ihn lockt und an der er innerlich wächst und erstarkt, und ferner, daß es die Lebensbedingungen in der Gefangenschaft nach Möglichkeit denen der Außenwelt angleicht und den Gefangenen nicht künstlich absondert. Auch in der Strafanstalt müsse das Leben „ein Leben in der Gemeinschaft" sein, an dessen Ausgestaltung die Gefangenen selbst im Rahmen verschiedenartiger Vereinigungen (Arbeits-, Geistes-, Erholungsgemeinschaften usw.) beteiligt werden sollen, wie dies in den amerikanischen Reformatories der Fall sei[204]). Daneben solle man ihre Ansichten und ihr Wollen durch Wort und Schrift (Gefängniszeitungen) und durch möglichste Mitarbeit in der Verwaltung (teilweise Selbstverwaltung) zum Ausdruck kommen lassen. Den etwaigen Gefahren einer solchen Gemeinschaftshaft könne man begegnen, indem man sich das auch bei Verbrechern bestehende Bewußtsein der Relativität ihres Gesunkenseins und ihr Bestreben, sich von dem vermeintlich noch tiefer Gesunkenen entsprechend abzuheben, zu Nutzen macht, um die besseren von den schlechteren jeweils fernzuhalten, ein Gedanke, der allerdings wenig sympathisch berührt und nicht ganz unbedenklich erscheint, weshalb wohl auch Radbruch selbst diese Selbsteinschätzung wenigstens durch eine Besserstellung der wirklich Fortgeschrittenen in die richtigen Bahnen gelenkt wissen will[205]).

In den Haftmemoiren, die in den letzten Jahren von den Sozialisten veröffentlicht worden sind, finden sich insbesondere zahlreiche Stellen, die auf die schädlichen Folgen der **Einzel**haft hinweisen. Auch auf sie ist hier einzugehen, weil sie in dem Bestreben geschrieben sind, zu Verbesserungen des Strafvollzugs

---

[204]) a. a. O. S. 354.

[205]) In bemerkenswerter Weise werden neuerdings wieder durch Philipp Halsmann, Briefe aus der Haft an eine Freundin, Engelhorn Nachf., Stuttgart 1930, die Beobachtungen Radbruchs bestätigt. Vgl. insbes.: „Es ist unglaublich, wie mich das Gefängnis verändert hat. Ich bin früher wirklich nie sentimental gewesen, aber jetzt ist es ganz schrecklich ..., jede Kleinigkeit kann mich unerhört glücklich oder sehr unglücklich machen ..." (S. 46). „... Ich träume jetzt sehr viel, und zwar unglaublich kompliziertes, abenteuerliches und literaturgefärbtes Zeug" (S. 128). „Ich bin jetzt Objekt der merkwürdigsten und betrüblichsten psychischen Vorgänge; ich beobachte, registriere, analysiere sie, kann aber nichts gegen sie machen. Ich fürchte, es kommt bald zu einer Spaltung des Bewußtseins" (S. 203).

anzuregen und weil bei den Versuchen, derartige Verbesserungen durchzuführen, in den Parlamenten nicht selten von sozialistischer Seite als Beweismaterial auf sie zurückgegriffen wird[206]).

Rosa Luxemburg versuchte in ihrer fast dreieinhalb-jährigen Haft, während der sie ganz von der Außenwelt ab-geschnitten war, die Qual der Vereinsamung durch die Verbin-dung mit der Natur, selbst mit der leblosen Natur, zu mildern, ein sehr begreiflicher Zug, der sich auch bei Liebknecht, Toller und anscheinend bei fast allen Gefangenen in mehr oder weniger starkem Maße findet[207]). Bald freut sie sich am Gesang einer Nachtigall vor ihrem Fenster, dem Lockruf einer Blaumeise, bald an dem Gebrumm einer Hummel, die sich in ihre Zelle verirrt[208]). Auf dem kleinen Weg, den sie im Gefängnis Wronke neun Monate während des Spaziergangs Tag für Tag allein entlang geht, kennt sie „jeden Stein und jedes Unkräutlein, das zwischen den Steinen wächst". „An den Pflastersteinen interessieren mich", so schreibt sie einmal in einem Brief, „die bunten Farben; rötlich, bläulich, grün, grau. Namentlich in dem langen Winter, der so sehr auf ein bißchen lebendiges Grün warten ließ, haben sich meine farben-hungrigen Augen ein wenig Buntheit und Anregung zu schaffen gesucht[209])." Aber dieses Verwachsensein mit der Natur, das nichts anderes als eine Flucht vor seelischer Abgeschiedenheit ist, nimmt, wie sie selbst fühlt, bald „beinahe krankhafte Formen an" [210]). Muß sie sehen, wie auf dem Gefängnishof ein paar rumänische Büffel, die ihre schwere Last nicht ziehen können, erbarmungslos gepeitscht werden, oder hört sie die bangen Klagelaute eines Haubenlerchenpaares, das in dem kalten Winter die Nahrung für seine Jungen nicht findet, dann laufen ihr die Tränen hemmungslos die Backen herunter und sie bekommt buchstäblich einen Herz-krampf, wenn sie sich auch noch so sehr klar macht, daß das keinen Sinn hat und daß sie für diese Dinge ja nicht verantwort-

---

[206]) So verwies z. B. Gehrmann auf das Buch Fechenbachs (preuß. Land-tag, Sitzg. v. 1. II. 1926, Prot. S. 8354), während Vollmer (KP.) und Besser (KP.) bei der Behandlung des Sexualproblems eingehend auf Plättner Bezug nehmen (württ. Landtag, Sitzg. v. 12. VI. 1929, Prot. S. 916 f., bzw. anhalt. Landtag, Sitzg. v. 23. IV. 1929, Prot. S. 260 D f.).

[207]) Karl Liebknecht, Briefe, a. a. O. S. 88; Ernst Toller, Das Schwalben-buch; vgl. z. B. auch Halsmann, a. a. O. S. 192 u. 196.

[208]) Rosa Luxemburg, Briefe aus dem Gefängnis, Verlag d. Jugendintern. Berlin, S. 30, 32, 39.

[209]) a. a. O. S. 42 f.

[210]) a. a. O. S. 75.

lich ist. Sicher nicht mit Unrecht meint sie, daß das wohl mit ihrem durch die Haft geschwächten Nervenzustand zusammenhängt[211]).

Fechenbach berichtet von seiner zweijährigen Einzelhaft zwar, daß er seine Abgeschlossenheit in der Zelle nur in der ersten Zeit für eine Strafverschärfung gehalten und später eingesehen habe, daß sie nicht nur wegen der größeren Reinlichkeit, sondern auch in seelischer Hinsicht der Gemeinschaftshaft in jener Anstalt vorzuziehen gewesen sei[212]). (Übrigens betont auch Radbruch ausdrücklich, daß er die Einzelhaft der üblichen Gemeinschaftshaft trotz aller Mängel weit überlegen erachtet, und nur ihre Ersetzung durch das bessere System von Elmira wünscht[213]).) Es zeigt sich aber, daß auch er unter der Einsamkeit leidet, daß er krampfhaft nach jeder sich bietenden Gelegenheit zu einer Anregung greift und daß schließlich auch die schädlichen Wirkungen des dauernden Alleinseins nicht ausbleiben. Das Bestreben, die drückende Stille der Zelle nur für ein paar Minuten zu unterbrechen, läßt ihn beispielsweise die Frage des Beamten, ob er frisches Wasser benötige, stets bejahen, um wenigstens das Öffnen der Zellentür, das Aus- und Einfüllen des Wassers zu hören und ein menschliches Gesicht zu sehen. Glücklich ist er, wenn der Beamte gar noch ein paar Worte an ihn richtet und sich daran ein kurzes Gespräch entspinnt. „Worüber, das ist ganz gleichgültig", sagt er, „man hat sonst keine Gelegenheit mit jemandem ein paar Worte zu wechseln und in der Abgeschlossenheit der Zelle steigert sich das Bedürfnis, ein paar Worte zu sprechen und einen anderen Menschen sprechen zu hören[214])." Um die Sprache nicht ganz zu verlieren und den Ohren den Klang einer menschlichen Stimme zu verschaffen, liest er sich denn auch gelegentlich des Abends selbst laut vor[215]). Ebenso wie Max Hoelz, der, gleichzeitig von der Qual schlafloser Nächte so Befreiung suchend, stundenlang Verse von Herwegh, Freiligrath und Mühsam deklamiert, die er sich in seinem Gedächtnis bewahrt hat[216]). Da das aber verboten ist,

---

[211]) a. a. O. S. 64, 75 ff.

[212]) Felix Fechenbach, Im Hause der Freudlosen, Bilder aus dem Zuchthaus, Dietz-Verlag, 1925, S. 43.

[213]) Radbruch, a. a. O. S. 350, Anm. 23.

[214]) Fechenbach, a. a. O. S. 55.

[215]) a. a. O. S. 56.

[216]) Max Hoelz, Vom weißen Kreuz zur roten Fahne, Malik-Verlag, Berlin 1929, S. 337, derselbe, Briefe aus dem Zuchthaus, Erich-Reiß-Verlag, Berlin, S. 40.

haben derartige Ablenkungsversuche meist Disziplinarstrafen zur Folge.

In diesem Zusammenhange ist auch das Auftreten von Halluzinationen zu beobachten. Fechenbach erklärt, er habe oft in den nicht endenwollenden Zuchthausnächten in halbwachem Zustande grauenhafte Erscheinungen gehabt. Das Gefühl des Einstürzens der Decke und der Zellenmauern sei dabei am häufigsten gewesen, und unfähig, sich von der Stelle zu bewegen, habe er oft geglaubt, von ihnen zermalmt zu werden[217]). Solche Szenen nehmen gelegentlich geradezu phantastische Formen an, die indessen in der Gefängnisliteratur nichts Unbekanntes mehr sind. So sieht Fechenbach einmal einen mächtigen Riesen auf sich zukommen, der ihn mit einem Stacheldrahtnetz umgarnt[218]), und Plättner umtanzen selbst im wachen Zustande Dutzende von Frauengestalten, Phantasiegebilde, an die er früher niemals auch nur im entferntesten gedacht habe, die ihm aber in ähnlicher Weise von vielen Mitgefangenen geschildert worden seien[219]).

Es bedarf in der Tat, wie Radbruch meint, einer gewaltigen Energie und einer bewußten Zielsetzung, um diesen entnervenden Zuständen mit der Zeit nicht endgültig zu erliegen. Hoelz stürzt sich daher in dem Bestreben, den seelischen Wirkungen seiner achtjährigen Zuchthaushaft entgegenzuarbeiten, z. B. auf das intensive Studium von Marx, den er nach zweimaligen Durchlesen systematisch zu exzerpieren beginnt und bei dessen Lektüre er oft ganze Nächte — in seiner Zelle brannte stets aus Sicherheitsgründen ein Nachtlicht — zubringt[220]). In ähnlicher Weise stellt sich Plättner eine bestimmte Aufgabe (Studium der Sexualnot der Gefangenen), der er die letzten drei Jahre seiner Haft in intensiver Arbeit, oft von morgens 7 Uhr bis abends 10 Uhr, widmet[221]).

Über seinen Zustand nach der Haft sagt Hoelz, daß er sich noch ein halbes Jahr lang ständig nach der Einsamkeit gesehnt habe, und daß es ihm stets sehr schwer gefallen sei, mit anderen Menschen, selbst mit guten Freunden, länger als einige Minuten zusammen zu sein. Beim Sprechen habe er immer das beängstigende Gefühl gehabt, nicht die richtigen Worte zu finden und bei

---

217) Fechenbach, a. a. O. S. 109.

218) ebenda, vgl. Anm. 200.

219) Karl Plättner, Eros im Zuchthaus, Mopr.-Verlag, Berlin NW. 7, S. 82.

220) Hoelz, Vom weißen Kreuz zur roten Fahne, S. 283 f., Briefe aus dem Zuchthaus, S. 113.

221) Plättner, a. a. O. S. 50.

öffentlichen Kundgebungen, wenn er einen größeren Hörerkreis vor sich sah, habe ihm die innere Erregung geradezu die Kehle zusammengeschnürt[222]).

Faßt man die vorstehenden Äußerungen der Sozialisten zum Haftproblem in ihren wesentlichen Punkten kurz zusammen, so ergibt sich, daß sie in dieser Frage eine grundsätzlich einheitliche Stellung einnehmen, die sich auf folgende Formel bringen läßt: Gruppengemeinschaftshaft für die Arbeit, für die geistige und körperliche Pflege und die Erholung; Einzelhaft für die Nacht und für die freien Stunden, soweit der Gefangene allein sein will.

Dieses Ziel verfolgen die Sozialisten auch in ihrer parlamentarischen Tätigkeit.

Dabei wird im gegenwärtigen Augenblick — abgesehen von den wenigen Fällen von Neubauten, bei denen ihm voll Rechnung getragen werden kann — vor allem gefordert, daß die großen Schlaf- und Arbeitssäle in kleinere umgewandelt und außerdem Nachtzellenbauten errichtet werden. Zum Beispiel hat im preußischen Landtag, nachdem dort schon 1922 Rosenfeld bemängelt hatte, daß in einzelnen Anstalten oft für 500 Mann nur 8—10 Schlafräume vorhanden seien[223]), die sozialdemokratische Fraktion 1925 beantragt, 200.000 RM für den Umbau großer Arbeitssäle in kleinere zu bewilligen (außer einem bereits bestehenden Posten gleicher Höhe für den Umbau großer Schlafsäle[224]). Gleichzeitig erklärte Gehrmann im Plenum, es müsse unbedingt für die Errichtung weiterer Nachtzellenbauten gesorgt werden[225]). Diesen Anregungen war der Erfolg nicht versagt. In der Landtagssitzung vom 29. III. 1930 konnte Justizminister Dr. Schmidt mitteilen, man habe jetzt fast überall aus den großen Schlafsälen kleinere gemacht oder von ihrer Benutzung ganz abgesehen, und ebenso auch die großen Arbeitsräume aufgeteilt[226]). Dieselben Bestrebungen lassen sich auch in anderen Parlamenten feststellen. Im anhaltischen Landtag begrüßte 1927 die Abgeordnete Frau

[222]) Hoelz, Vom weißen Kreuz zur roten Fahne, S. 389 f.

[223]) Preuß. Landtag, Sitzg. v. 23. V. 1922, Prot. S. 10.184.

[224]) Hauptaussch. d. preuß. Landtags, Sitzg. v. 13. VII. 1925, Prot. S. 7, Antrag Nr. 27.

[225]) Preuß. Landtag, Sitzg. v. 23. X. 1925, Prot. S. 517, u. Hauptaussch.-Sitzg. v. 15. VII. 1925, Prot. S. 8.

[226]) a. a. O., Prot. S. 12.938.

Fiedler, daß man in der dortigen Anstalt Coswig aus einem Schlafsaal drei gebildet habe, so daß jetzt nur noch 10—13 Betten in einem Raume ständen[227]), und in Württemberg sprachen die Redner beider sozialistischer Fraktionen der Regierung wiederholt ihre Anerkennung zur Errichtung neuer Zellenbauten in den Anstalten Ludwigsburg und Hall aus und baten, diese Bauarbeiten zu beschleunigen[228]).

Von den Kommunisten wird insbesondere die Einzelhaft bekämpft. In dem Sammelantrag, der von ihnen in allen Ländern gestellt wurde, wünschten sie, daß sie zumindest nicht strafweise verhängt werden dürfe (Ziffer 8). Wesentlich weiter geht aber ein von der preußischen Landtagsfraktion 1930 gestellter Antrag, der lautet: „Einzelhaft darf gegen den Willen des Gefangenen nicht zur Anwendung kommen. Die Bestimmungen bezüglich der Einzelhaft sind in der DVO. entsprechend zu ändern"[229]). Damit würde verwirklicht werden, was Gradnauer schon 1905 in seinem „Elend des Strafvollzugs" ausdrücklich gefordert hatte, wenn er sagte, die Einzeleinsperrung „sollte nur ... mit Zustimmung des Einzusperrenden verhängt werden"[230]). Im württembergischen Landtag sprach sich Brönnle (KP.) ebenfalls gegen sie aus, da die Isolierung seiner Ansicht nach auf den Menschen „zermürbend und lähmend" wirken müsse. Zum Vergleiche wies er auf die entsprechenden Bestimmungen in Rußland hin und betonte, daß dort die Höchstdauer für Einzelhaft 14 Tage betrage, während sie bei uns ohne weiteres bis zu drei Jahren vollzogen werden könne[231]). Schirwindt schreibt hierzu in der oben erwähnten Broschüre „Gefängnisse in der Sowjetunion": „Einzelhaft ist nur als Disziplinarmaßnahme und auch nur für kurze Zeit gestattet. Außerdem gelten strenge Regeln (Einzelhaft von längerer Dauer als 7 Tage muß von der Aufsichtskommission genehmigt werden)"[232]). Daraus ergäbe sich somit, daß die Einzelhaft in Rußland entgegen den Bestrebungen der deutschen Kommunisten gerade ein Strafmittel ist.

---

[227]) Anhalt. Landtag, Sitzg. v. 28. IV. 1927, Prot. S. 1231 A.

[228]) Württ. Landtag, Sitzg. v. 12. VI. 1926, Prot. S. 2837 (Brönnle, KP.), 12. VI. 1929, Prot. S. 906 (Dr. Schumacher), 11. III. 1930, Prot. S. 2029 (Gompper).

[229]) Preuß. Landtag, 3. Wahlp., 1. Tagg., 1928, 30. Anlage z. 127. bis 129. Sitzg. d. Hauptaussch. S. 9, Antrag Nr. 48 (abgelehnt Sitzg. v. 5. III. 1930, Prot. S. 38.

[230]) Gradnauer, a. a. O. S. 91.

[231]) Württ. Landtag, Sitzg. v. 27. I. 1928, Prot. S. 4706.

[232]) Schirwindt, a. a. O. S. 18.

§ 7. Die Gesundheitspflege.

Die Erhaltung der Gesundheit des Gefangenen ist nach Ansicht der Sozialisten nicht nur im Interesse der Rückfallverhütung eine Zweckmäßigkeitsaufgabe, sondern auch eine Rechtspflicht des Staates, da die Institution der Freiheitsstrafe ihn nur dazu berechtige, dem Gefangenen die Freiheit zu nehmen, ihn nicht aber noch an einem anderen Rechtsgut, wie etwa der Gesundheit zu schädigen. Stadthagen war es namentlich, der deshalb im alten Reichstag wiederholt die Rechtmäßigkeit von Strafvollzugsmaßnahmen verneinte, die über die Freiheitsentziehung, wie sie im RStGB. gestaltet ist, hinaus die Lebensweise des Gefangenen in körperlicher oder in geistiger Beziehung behinderten[233]). Für den Anhänger des Erziehungsstrafvollzugs ist aber auch zu berücksichtigen, daß das körperliche Wohlbefinden des Gefangenen die Voraussetzung für die Wirksamkeit der Erziehungsarbeit ist. So weist bereits N. N. darauf hin, daß die Willenskraft und die geistige Beweglichkeit eines Häftlings, ohne die eine Besserung nicht erreichbar sei, wesentlich von seinem Gesundheitszustand abhingen[234]).

Von diesen Gesichtspunkten ausgehend, verlangen die Sozialisten zunächst, daß in den Strafanstalten die Bedingungen für eine in hygienischer Hinsicht einwandfreie Lebensmöglichkeit geschaffen werden. Die Forderungen, die sie dabei im einzelnen stellen, tragen in erheblichem Maße dem Umstande Rechnung, daß das Leben des Gefangenen mehr als jedes andere durch Dinge bestimmt wird, die dem Außenstehenden als unwesentliche Kleinigkeiten erscheinen mögen, die aber für den Gefangenen selbst durch ihre tagtägliche, unvermeidbare und unbeseitbare Wiederholung den Charakter des Unwesentlichen bald verlieren. Sie zeigen damit zweifellos eine beachtliche, zum Teil durch eigene Erfahrungen erklärbare Sachkenntnis. Besondere Beachtung verdient auch, daß manche der zu erwähnenden Wünsche, die heute bereits mit der Durchführung des Erziehungsstrafvollzugs verwirklicht werden, seit Jahrzehnten immer wieder in mehr oder weniger gleicher Weise vorgetragen wurden. Das gibt ihnen noch für die Gegenwart, wo sie zum Teil schon Allgemeingut breiterer Kreise geworden sind, ihre eigene Bedeutung.

---

[233]) Reichstagssitzg. v. 4. II. 1901, Prot. S. 1105. Ähnlich Gradnauer, Reichstagssitzg. v. 13. V. 1904, Prot. S. 2896, u. Sinzheimer, Nationalversamml., Sitzg. v. 8. X. 1919, Prot. S. 2929.

[234]) N. N., a. a. O. S. 712.

So finden wir schon die oben erwähnte Forderung von Krebs, es müsse mehr Licht und Luft in die Strafanstalten hereingelassen werden, bereits bei N. N. und Gradnauer, wenn sie verlangen, daß die Arbeitsräume, Schlafsäle und Zellen von genügender Größe, Helligkeit und Luftigkeit sein sollen[235]). Namentlich für die Einzelzellen wird gefordert, daß die Richtlinien des Reichsgesundheitsamtes und etwaiger Gefängniskommissionen stets eingehalten werden. Eine Größe von 8, 10 und 11 m^3 entspricht, wie Stadthagen einmal im Reichstag erklärte, keinesfalls den gesundheitlichen Mindesterfordernissen[236]). Die Schlafkojen müssen unter allen Umständen beseitigt werden. (Stöcker [KP.] 1925 im Reichstag[237]); Menzel [KP.] 1925 und Gehrmann 1927 im preußischen Landtag[238]).)

Die Zellenfenster sind, was verschiedentlich betont wurde, ebenfalls zu klein und ferner zu hoch angebracht. Sie sollen deshalb durch solche in üblicher Größe und Höhe ersetzt werden. Außerdem ist das Verbot des Hinaussehens, das heute meistens noch besteht, abzuschaffen. Der Gefangene muß, wie N. N. sagt, auch Gelegenheit haben, ab und zu einen Blick in die Welt zu werfen, um von draußen Anregungen zu empfangen[239]). Krebs, der derselben Auffassung ist, meint zudem, die Zellen könnten mit so kleinen Fenstern keineswegs genügend erhellt werden, so daß der Gefangene auf die Dauer seine Augen „unfehlbar verderben" müsse[240]). Der Einbau normaler Fenster wurde daher insbesondere bei der Errichtung von Gefängnisneubauten verlangt (z. B. durch Brönnle [KP.] 1926 gelegentlich des Neubaus in Ludwigsburg[241])).

Sogenannte Fensterblenden, das heißt Vergitterungen und Vernagelungen der Fenster mit Brettern und Blechstücken sollen auf alle Fälle entfernt werden. Derartige Vorrichtungen bemängelte Liebknecht schon 1875 im Reichstage[242]) und ebenso

[235]) N. N., a. a. O. S. 705 u. 750; Gradnauer, Elend des Strafvollzugs, S. 49 u. 91.

[236]) Reichstagssitzg. v. 22. II. 1899, Prot. S. 1060.

[237]) Reichstagssitzg. v. 12. VIII. 1925, Prot. S. 4424.

[238]) Menzel bemängelte insbes., daß diese Kojen vielfach nicht heizbar seien (Hauptaussch. d. preuß. Landtags, Sitzg. v. 15. VII. 1925, Prot. S. 6). Gehrmann forderte die Erhöhung des Etatspostens zum Zwecke ihrer Entfernung (ebenda, Sitzg. v. 5. II. 1927, Prot. S. 38).

[239]) N. N., a. a. O., S. 749.

[240]) Krebs, Straffälligenfürsorge, S. 24.

[241]) Württ. Landtag, Sitzg. v. 12. VI. 1926, Prot. S. 2837.

[242]) Reichstagssitzg. v. 29. I. 1875, Prot. S. 1416.

der Abgeordnete Herbert 1898 an der gleichen Stelle, weil sie, wie er während eines sechswöchigen Aufenthalts in einer solchen Zelle selbst habe feststellen müssen, den schon ohnehin nicht sehr hellen Raum so verdunkelten, daß man bei trübem Wetter fast überhaupt nichts sehe[243]). Über dieselben Einrichtungen beklagte sich in neuerer Zeit Hoelz. Die Blenden verhindern, sagt er, daß genügend Luft in die Zelle kommt und das trübe fahle Licht läßt sie geradezu zu einer Totenkammer werden. Ihre Beseitigung zu fordern sei deshalb eine „Pflicht der gesamten Öffentlichkeit"[244]). Im preußischen Landtag hat sich denn auch 1925 Menzel (KP.) in diesem Sinne ausgesprochen[245]).

In allen von den Gefangenen benützten Räumen, insbesondere in den Zellen, sollen Ventilatoren eingebaut werden, die von dem Gefangenen selbst bedient werden können (N. N.[246])). Nicht zuletzt auf die Beschaffenheit der Gefängniskost sei es zurückzuführen, daß die Luft in den Zellen nie lange gut bleibe. Der Gefangene soll daher in der Lage sein, sobald es ihm erforderlich scheint, die Luft zu erneuern.

Im Winter müssen die Zellen stets gut geheizt sein. Unzureichend seien in der Regel die von außen zu bedienenden Öfen. Wenn angefeuert werde, würden die Zellen bald so unerträglich warm, daß man die Fenster aufmachen müsse, so daß alle Wärme hinausgehe und man gezwungen sei, fast den ganzen Tag in der Kälte zu sitzen. Bebel, der diese Erfahrungen — von denen übrigens auch Leuß berichtet[247]) — am eigenen Leibe gemacht hat, sagt, daß er oft den ganzen Tag eine Wolldecke um die Füße gewickelt, in der kalten Zelle gesessen und trotzdem sich noch einen Blasenkatarrh zugezogen habe[248]). Ähnliche Beschwerden brachte 1911 der Abgeordnete Hengsbach über die Zustände in einem Kölner Arrestlokal vor[249]). Aber es fehlt auch nicht an schlimmeren Folgen wie die von Leuß und Auer angeführten Fälle zeigen, wo

---

[243]) Reichstagssitzg. v. 1. II. 1898, Prot. S. 767.

[244]) Hoelz, Vom weißen Kreuz zur roten Fahne, S. 292.

[245]) Hauptaussch.-Sitzg. v. 15. VII. 1925, Prot. S. 6. Die Blenden, meinte hier Menzel, verursachten „Kopfschmerzen und Flimmern vor den Augen".

[246]) N. N., a. a. O. S. 750.

[247]) Hans Leuß, Aus dem Zuchthaus, Verlag Räde, Berlin 1904, sagt, die Zelle sei bei dieser Art Heizung „in der Regel nur morgens kurze Zeit warm, sonst immer kalt" (vgl. Kap. Das Zuchthaus).

[248]) Reichstagssitzg. v. 23. III. 1900, Prot. S. 4938.

[249]) Reichstagssitzg. v. 28. II. 1911, Prot. S. 5027. Er spricht davon, daß „entweder große Kälte oder mörderisch trockene Glutluft" geherrscht habe.

Gefangene die Füße erfroren haben und sogar zu Beinamputationen geschritten werden mußte[250]). Erst vor kurzem kamen Vorkommnisse solcher Art im württembergischen Landtag zur Sprache. Der sozialdemokratische Abgeordnete Gompper erklärte dort 1929, im vergangenen Winter hätten sich in mehreren Strafanstalten die Heizanlagen als unzulänglich erwiesen und einzelne Gefangene infolgedessen die Glieder erfroren (was allerdings von der Regierung bestritten wurde)[251]). Um derartige Übelstände möglichst von vornherein zu verhindern, wird der Einbau einwandfreier Kollektivheizungen verlangt, eine Forderung, die sich schon bei N. N. findet[252]) und die z. B. 1930 der Abgeordnete Weißmann gelegentlich der Justizdebatte im badischen Landtag wiederum erhob[253]).

Bemängelt wird auch, daß die Gefängniskleidung im Winter oft zu dünn sei, was nicht selten ebenfalls Erkrankungen zur Folge habe. Der eben genannte Abgeordnete Weißmann beantragte deshalb 1920 im badischen Landtag, den Etatposten für Bekleidung zu erhöhen, damit den Gefangenen wärmere Kleider angefertigt werden können[254]). (In diesem Zusammenhang sei erwähnt, daß in Preußen nach einer Mitteilung des Justizministers in der Landtagssitzung vom 29. III. 1930 für sämtliche Gefangene eine wärmere Winterunterkleidung eingeführt wurde, um den auch dort geäußerten Klagen über mangelnden Kälteschutz abzuhelfen[255]).)

Einer dringenden Verbesserung bedarf nach Ansicht der Sozialisten — von wenigen gegenteiligen Äußerungen abgesehen — die Gefängniskost. Da sie nicht nur die Energie des Gefangenen, sondern seine Kräfte nach Möglichkeit vermehren soll, muß sie unter allen Umständen ausreichend sein. Es darf sich nicht, was gelegentlich doch der Fall sei, ein dauerndes Hungergefühl bemerkbar machen. Man hat vielmehr, wie Bebel sagte, auch den Bedürfnissen stärkerer Esser Rechnung zu tragen[256]). Die Beschaffenheit der Nahrung soll so sein, daß sie in erster Linie dem Körper diejenigen Nährstoffe zuführt, die er zu seiner Existenz

---

[250]) Leuß, a. a. O.; Auer, Zur Psychologie d. Gefangenschaft, S. 117 u. 136.
[251]) Württ. Landtag, Sitzg. v. 12. VI. 1929, Prot. S. 932 f.
[252]) N. N., a. a. O. S. 751.
[253]) Bad. Landtag, Sitzg. v. 30. I. 1930, Prot. S. 960.
[254]) Bad. Landtag, Sitzg. v. 11. III. 1920, Prot. S. 1121.
[255]) a. a. O. S. 12.939.
[256]) Reichstagssitzg. v. 23. III. 1900, Prot. S. 4937. Ebenso N. N., a. a. O. S. 713.

benötigt, also die nach den Forschungsergebnissen der Wissenschaft erforderlichen Mengen von Eiweiß, Fett und Kohlehydraten. In einem Aufsatze über die Untersuchung der Kost in den preußischen Gefängnissen aus dem Jahre 1888 zeigte Lux an Hand eingehender Berechnungen, daß der Gehalt des Gefängnisessens um einen erheblichen Prozentsatz hinter dem zurückblieb, was nach der damaligen wissenschaftlichen Auffassung zumindest zu gewähren war[257]). Auch heute kann die Gefängniskost in dieser Beziehung anscheinend noch nicht befriedigen. Insbesondere wird immer noch die Vermehrung des Fett- und Eiweißgehalts verlangt, und zwar sowohl in der Literatur (Krebs[258])) wie in den Parlamenten (Menzel [KP.] in Preußen[259]), Gompper in Württemberg[260]) usw.); die Zugabe von Milch zum Morgenkaffee scheint deshalb dringend erwünscht. Sie wurde im preußischen und württembergischen Landtag (Helfers[261], Gompper[262])) und in der hamburgischen Gefängnisdeputation (Zabe[263])) angeregt. Im letzteren Falle mit dem Erfolg, daß jetzt im Jugendgefängnis Hahnöfersand an Sonntagen Milch zum Kaffee gegeben wird.

Ferner soll die Kost schmackhaft zubereitet sein und eine gewisse Abwechslung in der Speisenfolge aufweisen. „Diese kostet weiter nichts", meint Krebs, „als ein wenig guten Willen und etwas Nachdenken"[264]). Sie ist zudem unerläßlich, denn die stete Aufnahme fast gleicher Speisen ruft, wie schon N. N. betonte, einen immer stärker werdenden Widerwillen gegen das Essen hervor, der oft trotz großen Hungers nicht überwunden werden kann[265]). Dabei ist noch besonders zu berücksichtigen, daß das übliche Massenkochen mit Dampf ohnehin eine gewisse Gleichförmigkeit mit sich bringt. Vor allem darf auch das Essen nicht zu oft in Suppen und Breispeisen bestehen und nicht zu

---

257) H. Lux, Unters. d. Kost i. d. preuß. Gefängnissen, Neue Zeit, 7. Jhg., S. 359. Ähnlich Kunert, Reichstagssitzg. v. 9. V. 1914, Prot. S. 8626.

258) Krebs, Straffälligenfürsorge, S. 24.

259) Menzel, im Hauptaussch. d. preuß. Landtags, Sitzg. v. 5. II. 1927, Prot. S. 11, wünscht, daß die „Fettrationen der Gefangenen bedeutend erhöht werden".

260) Gompper, Württ. Landtag, Sitzg. v. 11. III. 1930, Prot. S. 2028, hält insbesondere die Verabreichung von Milch und fettreichen Nahrungsmitteln an kranke Gefangene für dringend erforderlich.

261) Hauptaussch. d. preuß. Landtags, Sitzg. v. 5. III. 1930, Prot. S. 33.

262) Gompper, a. a. O. S. 2028 f.

263) Hamb. Gefängnisdep., Sitzg. v. 1. VII. 1924, Prot. S. 3.

264) Krebs, Straffälligenfürsorge, S. 24.

265) N. N., a. a. O. S. 713.

wässerig sein. Der Gefangene muß möglichst etwas zum Kauen bekommen (Krebs[266])). Klagen über die Eintönigkeit des Essens werden begreiflicherweise recht zahlreich in den einzelnen Parlamenten laut. So erklärte 1922 der Abgeordnete Steeger im bayerischen Landtag, daß es in einer bestimmten Strafanstalt monatelang nur Dörrgemüse gegeben habe[267]) und 1925 trug im württembergischen Landtag Dr. Schumacher ähnliche Beschwerden vor[268]). Wiederholt wurden die Abendsuppen beanstandet und gefordert, daß sie durch feste Nahrung ersetzt werden (so Gehrmann und Menzel [KP.] im preußischen Landtag[269])). Als besonders typisch kann man einen teilweise auch von Erfolg begleiteten Antrag des Abgeordneten Müller (KP.) im oldenburgischen Landtag bezeichnen, der 1929 und 1930 für die Verbesserung der Abendkost 10.000 RM bewilligt haben wollte, damit an Stelle der „Wassersuppen" wenigstens einigemale in der Woche Speisen in fester Form, etwa Pellkartoffeln mit Sauce, zur Ausgabe kämen[270]).

Daß der Gefangene stets mit frischem Trinkwasser versehen sein muß, ist eine Forderung, die schon N. N. erhoben hat[271]).

Dem Grundsatze, durch die Art des Vollzugs der Strafe nicht den einen Gefangenen schlechter zu stellen wie den anderen, entstammt das Verlangen, daß bei der Beköstigung auch auf die frühere Lebensweise des Gefangenen Rücksicht zu nehmen ist. „Es ist etwas ganz anderes", meint Auer, „ob man ein Essen demjenigen vorsetzt, der eine solche Kost gewohnt ist, oder Personen, die eben doch auf einem etwas höheren Lebensniveau stehen"[272]). Entsprechendes gelte auch für Gefangene, die ohne ausgesprochen krank zu sein, nur eine leicht verdauliche Nahrung vertrügen.

---

[266]) Krebs, a. a. O. S. 25.

[267]) Württ. Landtag, Sitzg. v. 30. III. 1922, Prot. S. 326.

[268]) Württ. Landtag, Sitzg. v. 28. I. 1925, Prot. S. 458.

[269]) Gehrmann, Hauptaussch. d. preuß. Landtags, Sitzg. v. 3. II. 1928, Prot. S. 25; Menzel, ebenda, Sitzg. v. 16. IV. 1926, Prot. S. 33: „In allen Anstalten herrschten die Klagen über die monotone Abendsuppe."

[270]) Stenogr. Berichte über d. Verhandlg. d. 5. Landtags des Freistaats Oldenburg, 3. Vers. Anlage Nr. 230. Antrag Nr. 3, I (vgl. auch Sitzg. vom 14. V. 1929, Prot. S. 140) u. Bericht d. Ausschusses I. v. 4. III. 1930, S. 194, Antrag Nr. 3 b). Nach einer Erklärung der Regierung wird auf Grund dieser Landtagsverhandlungen nunmehr dreimal wöchentlich feste Kost (Brot und Wurst, Käse oder Bückinge) zum Abendessen verabreicht (vgl. den eben zit. Bericht, S. 188).

[271]) N. N., a. a. O. S. 751.

[272]) Reichstagssitzg. v. 18. I. 1897, Prot. S. 4122.

Jeder Gefangene soll deshalb, sofern ihm die Gefängniskost nicht zuträglich oder nicht ausreichend ist, berechtigt sein, sich selbst zu beköstigen oder sich wenigstens eine Zusatznahrung verschaffen dürfen. Wo die Durchführung der Selbstbeköstigung in der Anstalt auf Schwierigkeiten stößt und die Beschaffung anderer Kost von auswärts nicht möglich ist, wäre dem Gefangenen, fährt Auer fort, zu gestatten, etwa einen Spirituskocher in seiner Zelle zu benutzen und sich das Essen so eigenhändig zuzubereiten, was ihm selbst und einigen seiner politischen Freunde auch bereits einmal erlaubt worden sei[273]). Natürlich ist die Selbstbeköstigung in Umfang und Art auf das dem Gesundheitszustand des Einzelnen entsprechende Maß zu beschränken, damit nicht ein Teil der Gefangenen nur auf Grund seiner finanziellen Verhältnisse sich die Strafe erleichtern kann. Darauf wies namentlich N. N. hin[274]). In den letzten Jahren treten die Kommunisten im preußischen Landtag aus ähnlichen wie den von Auer genannten Gründen für eine wenigstens zusätzliche Selbstversorgung durch Übersendung von Lebensmittelpaketen ein. Nachdem sie zunächst vergeblich deren unbeschränkte Zulassung verlangt hatten, beantragten sie neuerdings wiederholt, daß solche Pakete zumindest außer an Weihnachten und an den Namens- und Geburtstagen auch an anderen hohen Feiertagen wie Ostern, Pfingsten usw. empfangen werden dürfen. Bei gleichzeitigem Eintreffen mehrerer Pakete an ein- und denselben Gefangenen soll ihr Inhalt, soweit er dem Adressaten nicht ausgehändigt werden kann, an andere Gefangene verteilt werden, jedenfalls aber solle man keine Pakete zurückschicken. Auch dieser Antrag blieb bisher ohne Erfolg[275]).

Als besonders mißlich wird die Verpflegung in den kleinen Gerichtsgefängnissen empfunden. Hier liege die Beköstigung der Gefangenen stets in Händen des Justizwachtmeisters oder besser gesagt in denen seiner Frau und es fehle meist an jeder Kontrolle über die Beschaffenheit des in diesen Anstalten gereichten Essens. Die Beamten selbst klagten darüber, daß sie oft nicht einmal ihre Auslagen voll ersetzt bekämen, was sich natürlich dann dahin aus-

---

[273]) Ebenda.

[274]) N. N., a. a. O., S. 716.

[275]) Katz, Schulz und Menzel, Preuß. Landtags, Sitzg. v. 24. V. 1922, Prot. S. 10.243/46; Menzel, Hauptaussch. d. preuß. Landtags, Sitzg. v. 4. VI. 1924, Prot. S. 5; Preuß. Landtag, Sitzg. v. 7. VI. 1926, Prot. S. 12.412, Antrag Nr. 3622, Ziff. 6; Hauptaussch.-Anträge z. Justizhaushalt 1927, S. 7, Nr. 29, 1928, S. 1, Nr. 3.

wirke, daß eine Zeitlang das Essen noch schlechter werde (so Bubert[276]), Menzel (KP.)[277]) im preußischen, und Kuhlmey (KP.)[278]) im Mecklenburg-Strelitzer Landtag). Die sozialdemokratische Fraktion des preußischen Landtags stellte daher 1922 den Antrag, in den dauernd belegten kleinen Gefängnissen die Verpflegung durch die Strafvollzugsämter unmittelbar zu gewähren und, wo das nicht möglich sei, die Justizwachtmeister hiefür besser zu bezahlen, im übrigen aber diese Gefängnisse nach Möglichkeit überhaupt zu schließen[279]).

Zur Durchführung der angeregten Verbesserung der Gefängniskost sollen nach Möglichkeit die betreffenden Etatposten erhöht werden. Die für die Kost vorgesehenen Aufwendungen — in Preußen nach Gehrmann z. B. für 1929 pro Mann und Tag 69½ Pfg.[280]), in Thüringen nach Dr. Kieß 1925 sogar nur 61 Pfg.[281]) — werden entschieden als unzureichend betrachtet. Die Kommunisten haben daher in Preußen 1928 unter ausdrücklicher Zustimmung der sozialdemokratischen Fraktion beantragt, allein den Betrag für Verpflegung im Strafvollzugsetat um nicht weniger als 3,000.000 R. M.[282]) und 1930 um 2,300.000 R. M.[283]) zu erhöhen.

Gleichzeitig versuchten ebenfalls die Kommunisten in den verschiedenen Länderparlamenten auf anderem Wege, auf dem ihnen die Sozialdemokraten jedoch nirgends gefolgt sind, eine generelle Verbesserung der Kost herbeizuführen. Sie stellten nämlich wiederholt den Antrag, den Gefangenen dieselbe Beköstigung zu geben wie den Soldaten der Reichswehr bzw. den Mannschaften der staatlichen Ordnungspolizei[284]). Dieser Antrag ist nie zur Annahme gekommen, ohne daß man näher auf ihn eingegangen wäre. Ledig-

---

[276]) Hauptaussch.-Sitzg. v. 5. V. 1922, Prot. S. 14.

[277]) Hauptaussch.-Sitzg. v. 15. VII. 1925, Prot. S. 8.

[278]) Mecklenburg-Strelitzer Landtag, Sitzg. v. 22. IV. 1925, Prot. S. 1229.

[279]) Hauptaussch.-Sitzg. v. 8. V. 1922, Prot. S. 2, Antrag Nr. 60.

[280]) Hauptaussch.-Sitzg. v. 3. II. 1928, Prot. S. 25.

[281]) Thüring. Landtag, Sitzg. v. 10. II. 1925, Prot. S. 2617. Dafür könne man „keine wirklich gute und den körperlichen Arbeiten der Gefangenen angepaßte Ernährung liefern“.

[282]) Hauptaussch., Anträge z. Justizhaushalt 1928, S. 4, Nr. 28. Der Mehrbetrag soll „vorwiegend für eine wesentliche Erhöhung der Fettration“ verwandt werden.

[283]) Ebenda, Anträge zum Justizhaushalt 1930, S. 8, Nr. 41.

[284]) So z. B. Hauptaussch. d. preuß. Landtags, Sitzg. v. 30. I. 1923, S. 3, Antrag Nr. 1, Ziff. 2, v. 3. VI. 1924, S. 3, Antrag Nr. 4, Ziff. 1. — Anhalt. Landtag, Sitzg. v. 8. V. 1925, Prot. S. 200 D. Thüring. Landtag, Sitzg. vom 10. II. 1925, Prot. S. 2635.

lich in Anhalt meinte der zuständige Minister, seine Durchführung sei schon deshalb nicht zweckmäßig, weil ein Soldat, der ständig im Freien sei, eine ganz andere Ernährung haben müsse, als ein Gefangener[285]). Demgegenüber betonte jedoch einmal der Abgeordnete Kilian (KP) im preußischen Landtag, daß man hier auch gewisse psychologische Momente wie die Qual der Freiheitsentziehung und die Angst vor der ungewissen Zukunft, die die Körperkräfte erheblich aufzehrten, berücksichtigen müsse, so daß man jedenfalls nicht einfach sagen könne, der Gefangene habe meist eine leichtere, ruhigere Beschäftigung und brauche deshalb nicht die kräftigere Nahrung eines schwerer Arbeitenden[286]). Das gleiche Schicksal wie die eben erwähnten Bestrebungen hatte ein Antrag Menzels (KP.) aus dem Jahre 1925, der wünschte, daß das Essen täglich mindestens 3000 Kalorien enthalten müsse. Auch für ihn fand sich nicht die erforderliche Mehrheit[287]).

Des weiteren verlangen die Sozialisten, daß in den Gefängnissen mehr auf R e i n l i c h k e i t gesehen werde. Namentlich sei darauf zu achten, daß die Bettwäsche der Gefangenen stets in sauberem Zustand gehalten ist und nicht schon von anderen benützt war, daß die Leibwäsche öfters gewechselt und häufiger Gelegenheit zum Baden gegeben wird. Es schadet durchaus nichts, meint N. N., wenn der Gefangene hiebei an mehr Ordnung und Sauberkeit gewöhnt werde, als er vorher gekannt habe[288]). Denn der Strafvollzug ist „nicht danach einzurichten, ob in der Freiheit einige Bevölkerungsteile noch jämmerlicher ihr Leben verbringen müssen, sondern ausschließlich nach den Aufgaben und Zielen, die ihm selbst gestellt sind“ (Gradnauer)[289]). Auch hinsichtlich der Beschwerden auf diesem Gebiete ist die eingangs gemachte Bemerkung zu wiederholen, daß sie sich seit den letztvergangenen Jahrzehnten wenig verändert haben. Wie sich Liebknecht 1875 im Reichstag einmal über den „ekelerregenden Zustand“ von Bettwäsche beklagte, in der schon drei oder vier Wochen ein oder mehrere andere geschlafen hätten[290]) oder Auer 1897 auf Grund

---

[285]) Staatsminister Müller im anhalt. Landtag, Sitzg. v. 15. V. 1925, Prot. S. 283 A.

[286]) Preuß. Landtag, Hauptaussch., Sitzg. v. 1. II. 1923, Prot. S. 13.

[287]) Hauptaussch. d. preuß. Landtags, Sitzg. v. 13. VII. 1925, S. 4, Antrag Nr. 17.

[288]) N. N., a. a. O. S. 750.

[289]) Gradnauer, Elend d. Strafvollzugs, S. 92.

[290]) Reichstagssitzg. v. 29. I. 1875, Prot. S. 1415.

der Erlebnisse inhaftierter Redakteure ähnliches berichtete[291]), so erklärte 1925 im bayerischen Landtag der Abgeordnete Büchs (KP.), er habe während seiner Strafzeit selbst gesehen, wie man in Zellen, in denen vorher Syphilitiker gelegen hätten, ohne vorherige Reinigung der Betten frische Zugänge einwies, und verlangte nachdrücklich die Unterbindung solcher Vorkommnisse[292]). Das Ergebnis etwaiger Nachprüfungen ist leider nicht festzustellen.

Zu den ältesten und wohl am häufigsten wiederholten Forderungen der Sozialisten auf diesem Gebiete gehört zweifellos die Beseitigung des unhygienischen und „scheußlichen" Kübelsystems. Man kann ohne Übertreibung sagen, daß sie in fast allen Ländern mit mehr oder weniger langen Unterbrechungen bei den Strafvollzugsdebatten immer wieder auftaucht. An Stelle der Kübel sollen richtige Klosetts mit Wasserspülung eingebaut werden, was zum Teil jetzt auch schon geschieht[293]).

Ferner werden Bade- und Wascheinrichtungen in genügender Anzahl verlangt (so Bubert im preußischen[294]), Weißmann im badischen[295]) und Fiedler im anhaltischen Landtag[296]).

Zahlreich sind auch die Klagen über Ungeziefer in den Betten und Anstaltskleidern. Sie haben, gleichfalls schon von Bebel und Liebknecht vorgebracht[297]), dazu geführt, daß man stellenweise die Aufnahme besonderer Etatposten für die Ungeziefervertilgung wünschte. So hat im preußischen Landtag Menzel (KP.) mit seinem dahingehenden, von ihm selbst so genannten „Läuseantrag" eine gewisse Berühmtheit erlangt[298]), und in Mecklenburg-Strelitz forderte der sozialdemokratische Abgeordnete Bartosch in einer einstimmig angenommenen Resolution die Anschaffung von Entlausungsapparaten, damit künftig alle

---

[291]) Reichstagssitzg. v. 18. I. 1897, Prot. S. 4122.

[292]) Bayr. Landtag, Sitzg. v. 1. V. 1925, Prot. S. 755.

[293]) Vgl. Menzel (KP.), Preuß. Landtag, Sitzg. v. 24. V. 1922, Prot. S. 10.266. — Weißmann, Bad. Landtag, Sitzg. v. 30. I. 1930, Prot. S. 960. — Becker (KP.) Württ. Landtag, Sitzg. v. 10. VII. 1925, Prot. S. 1483; Brönnle (KP.), ebenda, Sitzg. v. 27. I. 1928, Prot. S. 4708. — Hartmann (KP.), Mecklenbg.-Strelitzer Landtag, Sitzg. v. 22. IV. 1925, Prot. S. 1227. — Dr. Pardo, Hambg. Gefängnisdep., Sitzg. v. 14. I. 1930, Prot. S. 3 usw.

[294]) Hauptaussch. d. preuß. Landtags, Sitzg. v. 5. V. 1922, Prot. S. 14.

[295]) Bad. Landtag, Sitzg. v. 30. I. 1930, Prot. S. 960.

[296]) Anhalt. Landtag, Sitzg. v. 23. III. 1928, Prot. S. 1627 D.

[297]) Liebknecht, Reichstagssitzg. v. 29. I. 1875, Prot. S. 1416. Bebel, Reichstagssitzg. v. 23. III. 1900, Prot. S. 4938.

[298]) Preuß. Landtag, Sitzg. v. 23. V. 1922, Prot. S. 10.160 u. v. 24. V. 1922, Prot. S. 10.264.

Gefangenen vor ihrer Einbringung von Ungeziefer gereinigt werden können[299]).

Schließlich sei noch auf einige weniger wichtige, immerhin aber allgemeinere Gepflogenheiten betreffende Dinge hingewiesen. Im Reichstag bemängelte Bebel, daß Zahnbürsten nur als besondere Vergünstigung ausgehändigt wurden[300]). Stadthagen bat, daß die Gefangenen die inzwischen wohl überall in Wegfall gekommenen Masken nicht gegen ihren Willen anzuziehen brauchen, weil sie die Atmung behindern, was besonders für Lungenkranke sehr schädlich sei[301]). Und in der hamburger Gefängnisdeputation wandte sich kürzlich Frau Zabe dagegen, daß die Gefangenen im dortigen Frauengefängnis Holzpantoffeln tragen müssen, so daß sie sich später kaum mehr an das übliche Schuhwerk gewöhnen könnten[302]).

Die Eigenart des Lebens in der Gefängnishaft macht es erforderlich, daß neben der Beobachtung der bisher gezeigten Richtlinien für die Gesundheitspflege nach sozialistischer Auffassung auch positive Maßnahmen ergriffen werden müssen, um den seelischen und körperlichen Gefahren einer oft jahrelangen Abgeschlossenheit zu begegnen. Diese Maßnahmen dürften, wenn sie einen wirklichen Ausgleich bieten sollen, nicht vom Standpunkte des in der Freiheit lebenden Menschen aus nach dessen Bedürfnissen beurteilt und vielleicht verurteilt werden, sondern seien einzig und allein nach dem Ziel der Freiheitsstrafe selbst zu bestimmen, das sie zu fördern haben[303]).

Zunächst ist den Gefangenen täglich ein Aufenthalt in der freien Luft von mindestens einstündiger Dauer zu verschaffen (unter anderem von Müller (KP.), unter ausdrücklicher Zustimmung des sozialdemokratischen Fraktionsredners Krause, 1929 im oldenburger Landtag beantragt[304])). Dabei sollen die Gefangenen aber nicht in monotonem Kreislauf stumm herumgeführt werden, da ein solcher „unwürdiger Spaziergang“ keine Erholung sei (Krebs)[305]). Man müsse ihnen vielmehr das Recht geben, sich mög-

---

[299]) Mecklenbg.-Strelitzer Landtag, Sitzg. v. 3. VI. 1924, Prot. S. 651/657.

[300]) Reichstagssitzg. v. 23. III. 1900, Prot. S. 4938.

[301]) Reichstagssitzg. v. 30. I. 1981, Prot. S. 1253.

[302]) Hambg. Gefängnisdep. Sitzg. v. 7. II. 1928, Prot. S. 8.

[303]) Vgl. oben Anm. 289.

[304]) Oldenbg. Landtag, Sitzg. v. 14. V. 1929, Prot. S. 140 u. 143.

[305]) Krebs, Straffälligenfürsorge, S. 57. Er bemängelt insbesondere, daß dieser Spaziergang im kreisförmigen Gänsemarsch auch durch den Entwurf eines Strafvollzugsgesetzes nicht abgeschafft wird.

lichst ungezwungen zu bewegen und sich während dieser Freistunde auch miteinander zu unterhalten. Diese Forderung, die von den Sozialisten schon von jeher erhoben worden ist (vgl. Mannheimer Thesen), haben sie, wie wir sahen, auch in der Nachkriegszeit, soweit sie freie Hand hatten, weitgehend verwirklicht. Einen Antrag auf Beseitigung des Sprechverbots in der Freistunde hat übrigens erst 1930 wiederum die kommunistische Fraktion des preußischen Landtags gestellt, während die Sozialdemokraten in einem Zusatzantrag, der dann auch angenommen wurde, dieses Mal nur verlangten, zunächst lediglich die Möglichkeit der Aufhebung dieses Verbots zu prüfen[306]).

Der bloße Aufenthalt im Freien allein genügt aber nicht, um den Körper des Gefangenen auf die Dauer gesund zu halten und gar noch zu kräftigen. Schon N. N. sagt, man müsse auch „das Blut in Wallung bringen und die Muskeln systematisch kräftigen". Deshalb seien ein regelmäßiger Turnunterricht und regelmäßige gymnastische Übungen unerläßlich[307]). T u r n e n und S p o r t sind nach Krebs, der sich heute besonders für ihre Einführung in den Strafanstalten einsetzt, nämlich nicht nur Vergnügen, sondern „dem Stubenmenschen ebenso notwendig wie die tägliche Nahrung" [308]). In den Parlamenten findet man zu dieser Frage nur wenige über Äußerungen allgemeiner Art hinausgehende Anregungen. Es ist daher schon eine Besonderheit, wenn beispielsweise im anhaltischen Landtag der Abgeordnete Besser (KP.) 1928 erklärte, der Garten der dortigen Strafanstalt (Coswig) solle in einen S p o r t p l a t z umgewandelt werden, so daß Bewegungsspiele gemacht werden könnten, und zu diesem Zwecke solle man einzelne Mannschaften für Handball und ähnliche Spiele aus den Gefangenen zusammenstellen[309]). Für diejenigen Gefangenen, die wegen körperlicher Leiden oder wegen zu hohen Alters an derartigen Spielen nicht teilnehmen können, ist der Spazierhof zu bepflanzen, damit sie während der Erholungsstunde auch eine Freude haben und sich „ihrem Auge der Trost grüner Rasenflächen und bunter Blumen" bietet (Krebs)[310]).

Der Spaziergang und etwaige Turnspiele sollen, was bisher nur sehr selten der Fall ist, auch an Sonn- und Feiertagen stattfinden.

---

[306]) Hauptaussch., Anträge z. Justizhaushalt 1930, Nr. 32 u. Nr. 98, Sitzung v. 5. III. 1930, Prot. S. 38.

[307]) N. N., a. a. O., S. 748.

[308]) Krebs, a. a. O. S. 27.

[309]) Anhalt. Landtag, Sitzg. v. 23. III. 1928, Prot. S. 1631 C.

[310]) Krebs, a. a. O. S. 27.

Heute empfänden wohl die meisten Gefangenen gerade den Sonntag als den härtesten Tag der ganzen Woche, da sie an ihm nicht einmal eine Freistunde haben und, sofern sie noch nicht in Gemeinschaft sein dürfen, sich völlig selbst überlassen bleiben. Es wird daher verlangt, daß genügend Aufsichtsbeamte eingestellt werden, damit auch an diesem Tage wenigstens der Spaziergang nicht ausfällt[311]).

Als ein Bericht von eigenem Erleben und eigener Erfahrung ist von besonderer Bedeutung, was Max Hoelz über den Wert des Turnens schreibt. Hoelz litt körperlich aufs stärkste unter den Folgen seiner strengen Isolierung und hatte schon nach wenigen Wochen Haft über ständiges Kopfweh und dauernde Schlaflosigkeit zu klagen, die schließlich, durch die Auswirkungen einer Arreststrafe verschärft, zu einem gänzlichen Nervenzusammenbruch und einem ernsthaften Selbstmordversuch führten[312]). Auf Anraten des Anstaltsarztes begann er hierauf mit täglichen gymnastischen Übungen nach dem System Müller und mit kalten Abreibungen. Die ersten Versuche mußte er allerdings schon nach jeweils 3—5 Minuten aufgeben, da sich alles vor seinen Augen drehte und er deshalb unfähig war, die Übungen fortzusetzen[313]). Aber nach etwa dreiviertel Jahren kann er sie schon bis zu zwei Stunden ausdehnen und findet auch wieder einen regelmäßigen und erquickenden Schlaf, wenn auch nur von kurzer Dauer (4 Stunden). Gleichzeitig stellt sich eine bisher nicht gekannte Konzentrationskraft ein. Während er früher zu einer Briefseite oft Tage gebraucht hatte, macht ihm geistiges Arbeiten jetzt keine Schwierigkeiten mehr[314]). Diesen täglichen gymnastischen Übungen, die er später mit Boxen (täglich eine Viertelstunde gegen ein mit Sand oder Roßhaar gefülltes an der Zellenwand befestigtes Kissen) und mit Geräteturnen ergänzte, glaubt er es neben seinen geistigen Studien allein verdanken zu sollen, daß er die achtjährige Haft überstehen konnte. Hoelz versuchte auch in den verschiedenen Anstalten, in die er verbracht wurde, die anderen Gefangenen für derartige Freiübungen zu interessieren. Damit hatte er aber wenig Erfolg, da selbst die zunächst dafür Begeisterten die

---

[311]) Brönnle (KP.) im württ. Landtag, Sitzg. v. 11. VI. 1926, Prot. S. 2818. Vgl. auch z. B. Rosa Luxemburg: „Heute ist wieder Sonntag, der tödlichste Tag für Gefangene . . .“ (Briefe aus d. Gefängnis, S. 21).

[312]) Hoelz, Vom weißen Kreuz zur roten Fahne, S. 244, 250.

[313]) a. a. O. S. 283.

[314]) a. a. O. S. 374.

Übungen bald aufgaben, weil, wie Hoelz meint, die Zellenluft ihre Willens- und Körperkräfte schon zu sehr geschwächt hatte[315]). Daß er mit seinen Ansichten trotzdem nicht allein stand, ergibt sich daraus, daß der während seiner Sonnenburger Zeit unter den dortigen kommunistischen Gefangenen ausgebrochene Hungerstreik die Einführung eines gemeinsamen Turnens — neben den beiden weiteren Forderungen: Zellenbeleuchtung bis 10 oder 12 Uhr abends und unbeschränktes Briefschreiben an die Angehörigen — bezweckte[316]).

Ich selbst konnte in einer der Anstalten, die ich besuchte, feststellen, daß zwei zu lebenslänglicher Freiheitsstrafe Verurteilte, von denen der eine 17, der andere 12 Jahre Einzelhaft hinter sich hat und die beide durch ihre körperliche Frische und geistige Interessiertheit sofort unter den übrigen Mitgefangenen auffallen, täglich ihre ein- bis zweistündigen selbst erdachten Turnübungen und ebenso Abwaschungen in der Zelle machen, auf die sie den allergrößten Wert legen und die sie ebenfalls zur Erhaltung ihrer Gesundheit für unerläßlich halten. Es sollen aber auch die beiden einzigen in der ganzen Anstalt sein, die ihren Vorsatz konsequent durchführen. Jedenfalls kann an der außerordentlichen Bedeutung, die ein gutgeleiteter, systematischer Turnunterricht, ergänzt durch angemessene sportliche Veranstaltungen, für die körperliche und geistige Entwicklung der Gefangenen hat, kein Zweifel bestehen.

Von gesundheitlichen Gesichtspunkten ist auch die Stellung der Sozialisten zu der noch vielfach umstrittenen Rauchfrage bestimmt. Sie wünschen grundsätzlich, daß die Gefangenen, soweit sie sich ordentlich führen, ausnahmslos Gelegenheit zum Rauchen bekommen sollen, und zwar in erster Linie deshalb, weil sie sonst zu äußerst gesundheitsschädlichen Mitteln greifen würden, was erfahrungsgemäß schlechthin nicht verhindert werden könne. So erklärte der Abgeordnete Krause im oldenburgischen Landtag 1929, es sei doch zweifellos besser, den Gefangenen Raucherlaubnis zu geben, als daß sie, wie das ja zur Genüge bekannt sei, aus den Spucknäpfen sich den ausgekauten Tabak zusammensuchten, um auf diese Weise zum Rauchgenuß zu kommen. „Das halten wir", meinte er, „für so schädlich, daß man einem Menschen, der sich gut führt, gestatten sollte, sein Rauchbedürfnis in genügender Weise zu befriedigen." Im übrigen sei es wohl denkbar, daß die Raucherlaubnis unter der Bedingung guter Führung auch erziehe-

---

315) a. a. O. S. 373, 380.
316) a. a. O. S. 380.

rische Wirkungen habe[317]). Was ihre Durchführung anbelangt, so meinte Besser (KP.) im anhaltischen Landtag, man könne zum Beispiel jedem Gefangenen in der Freistunde etwa eine Zigarre oder zwei Zigaretten zum sofortigen Genuß verabreichen[318]), während der württembergische Abgeordnete Schumacher vorschlug, besondere Raucherräume zu schaffen. Damit werde gleichzeitig die Belästigung der Nichtraucher und die Befürchtung einer Feuersgefahr ausgeschaltet[319]). Die letztere sei überdies, wie der Abgeordnete Vollmer (KP.) ebenda ergänzend bemerkte, viel größer, wenn heimlich geraucht werde, als wenn man an einer geeigneten Stelle hiezu offen Gelegenheit gebe[320]). Förmliche Anträge zur Beseitigung des Rauchverbots wurden von sozialistischer Seite im preußischen Landtag[321]) und in der hamburger Gefängnisdeputation gestellt[322]).

Auch hier bestätigen die Schilderungen von Hoelz, der ebenfalls für die Freigabe des Rauchens eintritt, die Angaben der sozialistischen Parlamentarier. „Die Priemreste des ausgekauten Kautabaks“, schreibt er in seinen Zuchthauserlebnissen wörtlich, „wurden getrocknet, dann zerkleinert und mit Zuhilfenahme von Zeitungspapier, das in kleine Stücke geschnitten, als Klosettpapier in jeder Zelle lag, drehten sich die leidenschaftlichen Raucher Zigaretten. Aus einem Zwirnfaden, einem Metallknopf und einem während der Hofstunde aufgelesenen Stein machten sich die Gefangenen ein primitives Feuerzeug. Aus einer Decke, aus einer Weste, aus einem Hemd oder Handtuch schnitten sie ein Stück heraus, glühten es ab, und auf diese Weise gewannen sie für ein bis zwei Wochen Lunte.“ Dieses Kautabakrauchen, noch dazu mit Zeitungspapier bringe schwere gesundheitliche Nachteile mit sich. Manchem Lungenkranken werde es zum endgültigen Verhängnis. Zudem seien oft empfindliche Disziplinarstrafen die Folge. Aber alles werde, sagt Hoelz, lieber ertragen, als daß man darauf verzichte. Er selbst habe ein einziges Mal versucht, eine solche Zigarette zu rauchen; er habe sich alsbald

---

317) Oldenbg. Landtag, Sitzg. v. 14. V. 1929, Prot. S. 143.

318) Anhalt. Landtag, Sitzg. v. 23. III. 1928, Prot. S. 1629 D.

319) Württembg. Landtag, Sitzg. v. 27. I. 1928, Prot. S. 4712.

320) Ebenda, Sitzg. v. 12. VI. 1929, Prot. S. 916.

321) Preuß. Landtag, Hauptaussch. d. Sitzg. v. 5. III. 1930, Prot. S. 12 (Menzel).

322) Hambg. Gefängnisdep. Sitzg. v. 24. IV. 1930, Prot. S. 6 (Antrag Nicolassen, dem auch die übrigen sozialdem. und das kommun. Mitglied zustimmten).

erbrechen müssen und sei tagelang krank gewesen[323]). Ähnliches dürfte aus jedem Gefängnis zu berichten sein. Mit der Zeit gewöhnt sich der Magen jedoch auch an ein solches Kraut, versicherte mir ein noch junger Gefangener resigniert, nur sei es so scharf, daß man für eine gewöhnliche Zigarette bald jeden Geschmack verliere. Danach kann man sich ein Bild von den gesundheitlichen Folgen machen!

Die Gefahren, die in der Haft die Gesundheit des Gefangenen bedrohen, sind, wie wir gesehen haben, mannigfaltiger Natur und nicht immer leicht kontrollierbar. Auch das Aussehen und das Körpergewicht sind keine einwandfreien Merkmale für den tatsächlichen Gesundheitszustand. „Zunahmen der Gefangenen an Körpergewicht", sagt Krebs, „beweisen allein noch nichts..., da ein aufgeschwemmter Körper noch kein richtig und gut ernährter ist[324])." Um nun trotz dieser Schwierigkeiten bei jedem einzelnen Gefangenen zu einem möglichst umfassenden und abschließenden Ergebnis über die Folgen der Haft zu kommen, beantragten die Kommunisten in den einzelnen Länderparlamenten wiederholt, daß bei jedem Häftling sowohl bei seiner Einlieferung wie bei seiner Entlassung der Grad seiner Erwerbsfähigkeit genau festgestellt werden solle. Es wäre dann darauf zu achten, daß die Erwerbsfähigkeit während der Inhaftierung möglichst gesteigert wird. Sofern sie jedoch abnehme, müsse der Staat für den Schaden haften[325]). Bisher dürfte dieser Antrag, der mit der letztlich immer noch umgangenen Frage der Rechtsstellung des Gefangenen wesentlich zusammenhängt, nirgends praktische Bedeutung erlangt haben.

§ 8. Die Förderung der geistigen Interessen.

Was die geistigen Interessen der Gefangenen anbelangt, so sollen nach allgemeiner sozialistischer Auffassung einerseits Anregungen und Unterweisungen gegeben werden, die ihre Allgemeinbildung heben und der seelischen Erbauung und Erstarkung dienen, anderseits soll es ihnen auch nicht verwehrt sein, sich selbst weiterzubilden und ihre eigenen Wege zu gehen.

Unter den von seiten der Strafvollzugsbehörden zur geistigen Fortbildung der Gefangenen zu ergreifenden Maßnahmen muß dabei dem Gefängnisunterricht und den Gefängnisbibliotheken

---

[323]) Hoelz, a. a. O. S. 263.
[324]) Krebs, a. a. O. S. 24.
[325]) Vgl. oben Sammelantrag, Ziff. 12 (Anm. 120).

als dauernden und heute in jeder Strafanstalt vorhandenen Einrichtungen besondere Aufmerksamkeit zugewendet werden. Daneben haben Vorträge belehrender und unterhaltender Art sowie musikalische und gesangliche Darbietungen, zu denen nach Möglichkeit auch außenstehende Kräfte herbeigezogen werden sollen, in angemessener Zahl stattzufinden. Und schließlich ist auch den Gefangenen selbst, soweit sie hiezu geeignet sind, Gelegenheit zur Betätigung auf diesen Gebieten zu gewähren.

Die Ausgestaltung des Unterrichts ist durch die Ziele des Strafvollzugs und die Eigenart der zu Unterrichtenden, die in der Vielgestaltigkeit ihrer Zusammensetzung wohl schwerlich eine Parallele findet, bedingt. Es kann sich deshalb hier nicht um eine Schule im gewöhnlichen Sinne des Wortes handeln. Die Sozialisten fordern aber, daß auch im Gefängnisunterricht gewisse Richtlinien eingehalten werden. Es soll, wie der Abgeordnete Steeger im bayerischen Landtag erklärte, ein bestimmter Lehrplan aufgestellt[326]) oder, wie Krebs sagt, der Unterricht „ganz planmäßig" gegeben werden[327]). Über das System selbst scheint man sich indessen noch nicht ganz im klaren zu sein.

Krebs möchte eine Gliederung nach der Intelligenz der Gefangenen vorgenommen wissen, die gleich bei der Aufnahme durch Fähigkeitsprüfungen festzustellen wäre. Für die unter dem Durchschnitt Stehenden soll dann ein Hilfsschulunterricht und für die übrigen ein Elementarunterricht eingerichtet werden, der bei geistig Interessierteren durch Arbeitsgemeinschaften, in denen sie aktiv Anteil nehmen sollen, zu erweitern wäre. Bei der Unterrichtserteilung sei insbesondere auch auf die Charakterbildung Wert zu legen[328]).

Demgegenüber meint Weiß, daß es der Gefängnisunterricht sich nicht zur Aufgabe machen könne, die Kenntnis des Gefangenen zu erweitern, weil die Zeit doch nicht ausreiche, um in dieser Beziehung Wesentliches zu bieten. Man solle deshalb, sagt er ausdrücklich, gerade keinen Elementarunterricht geben, sondern sich an das Denken und Wollen des Gefangenen wenden und versuchen, „systematisch die geistigen Kräfte zu wecken" [329]). „Anschauen, Erkennen, Aufmerksamkeit, Gedächtnis, Urteilen, Schlie-

---

[326]) Bayer. Landtag, Sitzg. v. 20. IV. 1926, Prot. S. 81.

[327]) Krebs, a. a. O. S. 33.

[328]) Krebs, ebenda.

[329]) Weiß, Wie wirken sich die Reichsgrundsätze ... aus? Monatsschrift f. Krim.-Psych. u. Strafrechtsref. 1925, S. 172.

ßen“, kurz, die für das praktische Leben wichtigen Verstandeskräfte sollen geschult und die ethischen und religiösen Gefühle sollen gebildet werden. Ferner solle der Gefangene insbesondere zur Beherrschung seiner Leidenschaften und seines Trieblebens gebracht werden. Damit rüste man ihn gleichzeitig in geeigneter Weise für den Kampf ums Dasein. Die nach diesen Grundsätzen aufzubauende Schule möchte auch Weiß in verschiedene Abteilungen gegliedert haben. Diese sollen jedoch, dem von ihm gewünschten Charakter des Unterrichts entsprechend, nach der Stufenzugehörigkeit zusammengestellt werden, wobei allerdings gleichzeitig die geistigen Fähigkeiten zu berücksichtigen wären. Die Durchführung dieser Gedanken hätte natürlich eine erhebliche Vermehrung des Lehrerpersonals zur Voraussetzung, das, wie Weiß selbst meint, heute dafür nirgendwo ausreichen würde[330]).

Kleist, der Direktor der Strafanstalt Celle, sieht nach einem Aufsatz in der „Arbeiterwohlfahrt“ die Aufgabe des Lehrers vornehmlich in der Ermutigung der Gefangenen, hinter der die Vermittlung von Wissens- und Bildungsgut an Bedeutung zurücktrete. Er glaubt, daß der Asoziale immer nur aus einer gewissen Mutlosigkeit, aus einem Minderwertigkeitsgefühl heraus, sich außerhalb der Gesellschaft stelle und im Kampf gegen sie zu leben suche. „Nur der Mensch biegt auf die unnütze Seite ab“, sagt er, „der keinen Mut hat, auf der nützlichen Seite zu kämpfen[331]).“ Sinn und Zweck des Gefängnisunterrichts müsse es daher sein, bei dem Gefangenen die Hemmungen zu beseitigen. Die Mittel dazu gebe die Individualpsychologie in die Hand. In Arbeitsgemeinschaften und Aussprachen, die wie die Tagungen und Nestabende in der Jugendbewegung oder die Kurse der Volkshochschule zu gestalten sind, sollen in einer „vorbehaltlosen und restlos ehrlichen Diskussion“ alle Probleme geklärt werden, die der Klärung bedürfen[332]). (Unwillkürlich wird man hier an die Versuche von Bondy und Herrmann auf Hahnöfersand erinnert.) Dabei möge man möglichst ungezwungen an die Tagesereignisse, an die häuslichen Vorkommnisse oder an das Leben der Einzelnen anknüpfen. Insbesondere solle an dem Sexualproblem nicht vorübergegangen werden. Letztes Ziel dieser „Lebensschule“ ist auch

---

[330]) a. a. O. S. 173.

[331]) Fritz Kleist, Die Idee der „Ermutigung“ im Strafvollzuge, Arbeiterwohlfahrt, 5. Jhg., Heft 8, S. 227.

[332]) a. a. O. S. 228.

bei Kleist die Erziehung des Gefangenen in der Gemeinschaft zur Gemeinschaft[333]).

An den Rednerpulten der Parlamentssäle wurden diese Probleme bisher kaum behandelt. Es würde wohl zu weit führen, wollte man sich bei den Strafvollzugsdebatten mit diesen mehr akademischen Fragen der Auswirkung des Erziehungsgedankens im Gefängniswesen befassen, die heute noch wenig in die weitere Öffentlichkeit gedrungen sind.

Im allgemeinen wird in den einzelnen Landtagen lediglich gefordert, daß der Unterricht in qualitativer wie quantitativer Hinsicht verbessert wird, wofür sich schon Gradnauer aussprach[334]). Um das zu erreichen, sollen auch hier die Mittel im Etat möglichst erhöht werden. Im preußischen Landtag meinte beispielsweise Menzel (KP.), bei den Gefangenen sei die Schule „noch nötiger als bei den Kindern", da eine mangelhafte Bildung oft die Ursache der Kriminalität sei. Das für den Gefängnisunterricht ausgegebene Geld werde deshalb immer nützlich verwertet sein und gute Früchte tragen[335]).

Bezüglich der Ziele des Unterrichts wünschte der Abgeordnete Steeger im bayerischen Landtag, daß man die staatsbürgerliche Erziehung mehr in den Vordergrund stelle[336]). Im gleichen Parlament verlangte Dressel (KP.), daß in erster Linie die Fragen im Unterricht behandelt werden sollen, die für die Gefangenen, namentlich die Arbeiter, bei ihrem späteren Fortkommen von Bedeutung sind[337]). Ähnlich hatte übrigens auch Weiß im Entwurf zur braunschweigischen Strafvollzugsordnung vorgesehen, daß der Unterricht „den Sinn für Einordnung des Einzelnen in die Volksgemeinschaft und den Staatsgedanken fördern" müsse. Deshalb sollten auch „die Grundlagen der Staatsbürgerkunde und die wichtigsten Tagesereignisse — ohne parteipolitische Beeinflussung — besprochen werden"[338]). (Ebenso Krebs[339]).) Daneben sei auf die

---

[333]) a. a. O. S. 229. Für besonders geeignet hält er hiebei „Produktionsschulen" in der freien Natur, wie Gärtnereien und landwirtschaftliche Betriebe. Er will „eine Gesundung der Menschen nur in einer Verflechtung mit der Mutter Erde als möglich ansprechen".

[334]) Gradnauer, a. a. O. S. 92.

[335]) Preuß. Landtag, Hauptaussch.-Sitzg. v. 5. V. 1922, Prot. S. 10.

[336]) Bayer. Landtag, Sitzg. v. 1. V. 1925, Prot. S. 782.

[337]) Bayer. Landtag, Sitzg. v. 21. II. 1929, Prot. S. 671.

[338]) a. a. O. § 484, Abs. 4.

[339]) Krebs, a. a. O. S. 34 u. 57. Empfohlen werden Wochenübersichten, die von den Fürsorgern bekanntgegeben werden.

beruflichen Interessen der Gefangenen einzugehen. „Die Einstellung des Menschen zu seiner Arbeit soll durch den Unterricht verinnerlicht werden", sagt Weiß, „damit wird auch der wirtschaftliche Erfolg der Arbeit gesteigert[340])."

Gewicht gelegt wird von sozialistischer Seite ferner auf die äußere Ausstattung des Schulraumes. So forderte im badischen Landtag der Abgeordnete Schreck (KP.), daß die Einzelboxen entfernt würden[341]), (was allerdings in dem von ihm genannten Gefängnis schon geschehen war) und im anhaltischen Landtag wünschte die Abgeordnete Frau Fiedler, daß man, abgesehen von der Neuanschaffung zweckmäßiger Möbel und der Anbringung schöner Bilder, auch Blumen im Schulzimmer aufstellen möge, um den Gefangenen eine Freude zu bereiten. „Wir wissen alle", meint Frau Fiedler, „daß auch Freude zur Charakterbildung gehört, und wenn diese Menschen sich über dies und jenes freuen können, wenn sie aus ihrer grauen Zelle kommen, dann wird das auch zu ihrer Erziehung wesentlich mit beitragen[342])."

Ebenso wie der Unterricht sollen auch die Bibliotheken stärker ausgebaut werden, damit die Gefangenen mit genügend Lesestoff versehen werden können. Inhaltlich sollen sie mehr der heutigen Geistesströmung entsprechen und besser den Bedürfnissen ihres Leserkreises angepaßt sein. Gehrmann erklärte zum Beispiel schon vor Jahren im preußischen Landtag, man müsse Bücher anschaffen, die „dem Geist der neueren Zeit Rechnung tragen", und beklagte sich erst gelegentlich der letzten Strafvollzugsdebatte im Haupausschuß darüber, daß in den Bibliotheken noch zu viel veraltete Bücher seien. Man solle in jeder Weise bestrebt sein, das Niveau der Gefängnisbibliotheken zu heben, da gute Bücher die Erziehung wesentlich fördern[343]). Von den gleichen Gedanken ausgehend hat auch die kommunistische Abgeordnete Frau Wolfstein bedauert, daß die Mittel zu der von der preußischen Regierung bereits einmal in Aussicht gestellten Umgestaltung der Büchereien nach modernen, erzieherischen Gesichtspunkten später nicht bereitgestellt wurden[344]). Bei einer solchen Umgestaltung und bei Ergänzungen der Büchereien hat

---

[340]) a. a. O. § 483, Abs. 3.

[341]) Bad. Landtag, Sitzg. v. 27. VII. 1926, Prot. S. 3056.

[342]) Anhalt. Landtag, Sitzg. v. 28. IV. 1927, Prot. S. 1229 D f.

[343]) Preuß. Landtag, Hauptaussch., Sitzg. v. 15. VII. 1922, Prot. S. 10, und Sitzg. v. 5. III. 1930, Prot. S. 9. Ähnlich Rosenfeld i. d. Sitzg. v. 5. V. 1922, Prot. S. 20.

[344]) Preuß. Landtag, Sitzg. v. 24. V. 1922, Prot. S. 10.241.

man, wie der Abgeordnete Schumacher einmal im württembergischen Landtag betonte, vor allem auch die geistige Einstellung des heutigen Großstadtarbeiters zu berücksichtigen[345]).

Nach wie vor wird in besonderem Maße die sogenannte Traktätchenliteratur bekämpft. Erklärte schon Weinberg 1905 in der „Neuen Zeit", die Gefängnisbüchereien seien meist nichts als eine Sammlung „frömmelnder Schriften" [346]), so fordert die kommunistische Partei in den letzten Jahren in den einzelnen Parlamenten wiederholt, daß alle Traktätchenliteratur zu beseitigen ist und dafür wissenschaftlich wertvolle Bücher einzustellen sind[347]). Dieser Antrag wurde unter Weglassung seines ersten Teiles von Brönnle (KP.) 1926 im Finanzausschuß des württembergischen Landtags in der Form gestellt: „Die Gefängnisbibliotheken sind mit wertvollen neuzeitlichen Werken der Literatur und Wissenschaft auszustatten" und kam auf diese Weise ohne besondere Abstimmung zur Annahme[348]). Erinnert sei hier auch nochmals an die oben erwähnte Verordnung des sächsischen Justizministers Neu, in der dieser die Ausgabe von „Traktätchenliteratur" und solcher mit „nationalistisch-monarchistischem" Inhalt verbot.

Neben modernen belletristischen und wissenschaftlichen Büchern soll vorzugsweise berufliche Fachliteratur angeschafft werden, damit jeder Gefangene, besonders aber derjenige, der keine Gelegenheit hat, seinen Beruf in der Strafanstalt weiter zu betreiben, sich wenigstens auf diese Weise fortbilden kann. (So schon Gradnauer[349]).) Steeger verlangte neuerdings im bayerischen Landtag, daß auch laufend Fachzeitschriften gehalten werden[350]).

Daß ausgesprochen sozialistische Literatur in den Bibliotheken vertreten sein soll, wird anscheinend nirgends gefordert. Der Abgeordnete Götz (KP.) beschwerte sich im bayerischen Landtag z. B. wohl darüber, daß in einer bestimmten Strafanstalt Goethe und Heine, die er einmal selbst verlangt habe, nicht vorhanden gewesen seien[351]), nicht aber etwa über das Fehlen von Marx und

---

[345]) Württ. Landtag, Sitzg. v. 27. I. 1928, Prot. S. 4713.

[346]) Dr. Siegfrieda, Neue Zeit, 23. Jhg., 2. Bd., S. 829 f. (gelegentlich der Besprechung von Wulffen, Reformbestrebungen auf d. Gebiete des Strafvollzugs).

[347]) Vgl. oben Sammelantrag, Ziff. 5 (Anm. 120).

[348]) Württ. Landtag, Beilage 343 v. 15. V. 1926, S. 267.

[349]) Gradnauer, a. a. O. S. 92.

[350]) Bayer. Landtag, Sitzg. v. 20. IV. 1926, Prot. S. 81.

[351]) Bayer. Landtag, Sitzg. v. 20. IV. 1926, Prot. S. 48.

Engels. Anders verhält es sich natürlich, wie wir noch sehen werden, mit dem Lesestoff, den sich der Gefangene selbst beschaffen will.

Um jedem Gefangenen die Benutzung der Bibliothek nach eigenem Geschmack zu ermöglichen, muß ihm ein Katalog zur Verfügung gestellt werden (Steeger im bayerischen Landtag[352].) Daß er dann auch die gewünschten Bücher, falls sie nicht ausgeliehen sind, erhält und ihm nicht zwangsweise andere gegeben werden, ist an sich wohl eine Selbstverständlichkeit, auf die jedoch Gehrmann aus eigenen früheren Erfahrungen heraus und auf Grund neuerlicher Klagen trotzdem einmal hinweisen zu müssen glaubte[353]). Ferner sollen die Bibliotheken in gewissen Zeitabschnitten desinfiziert werden, damit keine Krankheitskeime durch die Bücher übertragen werden[354]).

Abgesehen vom Unterricht und den Bibliotheken sollen Vorträge, musikalische und gesangliche Darbietungen zur geistigen und seelischen Hebung der Gefangenen beitragen. Dabei soll man auch vor der Anwendung moderner Erbauungsmittel nicht zurückschrecken und Kino- und Radiovorführungen in den Strafanstalten ebenso abhalten, wie dies sonst geschieht. Krebs sagt, wo derartige Versuche gemacht worden seien, hätten sie sich durchaus bewährt. „Die Gefangenen sind eben keine anderen Menschen als die in der Freiheit lebenden; was auf sie wirkt, wirkt auch auf die Gefangenen[355]).“ Ebenso erklärte Brönnle (KP.) im württembergischen Landtag, es sei nicht einzusehen, warum nicht auch in den Strafanstalten, wenigstens für die höher eingestuften und die politischen Gefangenen, Radioapparate beschafft würden, da man doch das Radio allgemein als ein geistiges Erziehungsmittel betrachte[356]). Bei der Auswahl der Filme zu Kinovorstellungen ist wie bei den Büchern wiederum die ideelle Einstellung der Gefangenen zu beachten. Im bayerischen Landtag beklagte sich beispielsweise der Abgeordnete Dressel (KP.), daß meist religiöse Filme vorgeführt würden, nicht aber

---

[352]) Bayer. Landtag, Sitzg. v. 30. III. 1922, Prot. S. 327.

[353]) Preuß. Landtag, Hauptaussch., Sitzg. v. 15. VII. 1925, Prot. S. 10.

[354]) So Steeger im bayer. Landtag, Sitzg. v. 1. V. 1925, Prot. S. 783. Zweckmäßiger dürfte es allerdings sein, für Gefangene mit ansteckenden Krankheiten eine besondere Bücherei einzurichten und gegebenenfalls auch solche Bücher nach der Benutzung zu vernichten, wie ich das in der Strafanstalt Wolfenbüttel gesehen habe.

[355]) Krebs, a. a. O. S. 34.

[356]) Württ. Landtag, Sitzg. v. 27. I. 1928, Prot. S. 4709.

solche aus dem Arbeiterleben, „die das darstellen, was mit dem Arbeiter verwachsen ist, was ihn in seinem normalen Leben umgibt“ [357]). Zu derartigen Darbietungen sollen auch geeignete fremde Kräfte gewonnen werden. In dieser Beziehung, meinte einst N. N., muß man den Gefangenen so viel Anregung geben, wie sie sich die freien Arbeiter in ihren Bildungsvereinen schaffen[358]). Heute ist, wenn man Kleist und anderen folgt, als Richtschnur wohl eher das zu nehmen, was in den Volkshochschulen geboten und erstrebt wird. Bei der Wahl der Redner sollen sich die Gefängnisdirektoren, wie der Abgeordnete Siegenoth im sächsischen Landtag erklärte, auch an die politischen Parteien, die Gewerkschaften und Vereinigungen, wie etwa die Liga für Menschenrechte wenden[359]). Jedenfalls dürfe man, wenn sich geeignete Personen aus eigener Initiative zur Verfügung stellen, nicht kleinlich sein[360]).

Soweit die Gefangenen selbst zur Pflege des geistigen und seelischen Lebens in den Anstalten heranzuziehen sind, stehen neben etwaigen Vorträgen, Gesang und Musik im Vordergrund. Nach Krebs ist die Bildung von Gesangchören und Musikkapellen bisher stets von erzieherischer Wirkung gewesen und soll daher nach Möglichkeit überall durchgeführt werden[361]). Im gleichen Sinne haben sich auch die Sozialisten in den Parlamenten ausgesprochen. In Preußen begrüßte Gehrmann ihre Einführung in einigen Anstalten lebhaft und wünschte gleichzeitig, daß man sie auch anderweitig einrichte[362]). Ähnlich Brönnle (KP.) in Württemberg, wobei er darauf hinwies, daß z. B. in einer hessischen Strafanstalt die Gefangenen unter Verzicht auf Zusatznahrungsmittel aus ihren Arbeitsbelohnungen sich die erforderlichen Instrumente angeschafft hätten[363]).

[357]) Bayer. Landtag, Sitzg. v. 21. II. 1929, Prot. S. 671.

[358]) N. N., a. a. O. S. 747 f.

[359]) Sächs. Landtag, Sitzg. v. 30. XI. 1927, Prot. S. 1879 C.

[360]) So hat z. B. auch der Abg. Vollmer (KP.) im württ. Landtag über die Verweigerung der Bitte eines russ. Geigers, seinen polit. Freunden im Gefängnis ein Lied vorspielen und eines Singchors der Naturfreunde, in einem anderen Gefängnis ein paar Lieder zum Vortrag bringen zu dürfen, sich beschwert (Sitzg. v. 12. VI. 1929, Prot. S. 916).

[361]) Krebs, a. a. O. S. 35.

[362]) Preuß. Landtag, Hauptaussch., Sitzg. v. 15. VII. 1925, Prot. S. 10 f. Er meinte, in dieser Beziehung geschehe „eher zu wenig als zu viel“; deshalb solle das Justizministerium möglichst genaue Weisungen erlassen.

[363]) Württ. Landtag, Sitzg. v. 12. VI. 1926, Prot. S. 2837. — Ein Streichorchester und eine Musikkapelle besteht z. B. auch in Untermaßfeld. Hier haben sich die Gefangenen ebenfalls die Gelder zur Beschaffung der Instrumente oft viele Monate lang vom Hausgeld gespart.

Bei der Frage der persönlichen Weiterbildung des einzelnen Gefangenen spielt die Zulassung der politischen Lektüre, namentlich der Parteipresse, die Hauptrolle. Hier ist jedoch die Haltung der Sozialisten nicht mehr einheitlich. Früher forderten sie allgemein nur, daß den politischen Gefangenen das Lesen der „ihnen genehmen" Zeitungen usw. zu gestatten sei, insbesondere falls sie, wie z. B. die Redakteure, aus beruflichen Gründen sich gerade auch in ihrer Parteipresse auf dem Laufenden halten müssen, und, wenn ihnen das nicht ermöglicht wird, einen weiteren Schaden erleiden, der „neben dem Strafzweck herläuft und mit ihm nicht das mindeste zu tun hat" (so Heine 1899 im Reichstag[364]), ähnlich Stadthagen 1899 und 1901 ebenda[365]). Heute wird im allgemeinen diese Beschränkung nicht mehr gemacht und das Interesse der nicht politischen Gefangenen in gleichem Maße berücksichtigt. Dagegen gehen nunmehr die Ansichten darüber auseinander, wie weit man in der freien Zulassung politischer Lektüre gehen kann. Die Kommunisten verlangen, daß den Gefangenen ausnahmslos „das uneingeschränkte Recht zum Bezug und zum Lesen politischer Zeitungen, Zeitschriften, Bücher, Broschüren jeder Richtung" gewährt wird und haben das in sämtlichen Länderparlamenten beantragt[366]). Gleichzeitig fordern sie nicht selten auch noch ausdrücklich die Zulassung ihrer eigenen Presse, die heute entsprechend den Grundsätzen von 1923 als auf den „gewaltsamen Sturz der bestehenden staatlichen Ordnung" hinarbeitend (§ 109) überall für die Strafanstalten verboten ist. Diese Bestrebungen wurden von Seiten der Sozialdemokratie bisher durchaus verschieden aufgenommen. Von einzelnen Fraktionen wurden sie unterstützt, von anderen bekämpft. So äußerte der Abgeordnete Neu im sächsischen Landtag, seine Freunde würden für die Zulassung der kommunistischen Literatur eintreten, da mit dem Ausschluß einer bestimmten Richtung nicht das geringste erreicht werde und die betreffenden Gefangenen sich dadurch sicher nicht in ihrer Gesinnung wandeln würden[367]),

---

[364]) Reichstagssitzg. v. 22. II. 1899, Prot. S. 1042.

[365]) Reichstagssitzg. v. 22. II. 1899, Prot. S. 1058, u. v. 4. II. 1901, Prot. S. 1108. Er verlangt auch, daß ein sozialdemokratischer Redakteur das Recht haben müsse, in sozialdemokratischer Art zu schreiben. Man könne lediglich darüber streiten, ob er auch verlangen könne, daß während seiner Inhaftierung die Sachen aus dem Gefängnis herauskommen oder ob sie die Direktion bis zu seiner Entlassung zurückhalten darf (a. a. O. S. 1058).

[366]) Vgl. oben Sammelantrag, Ziff. 4 (Anm. 120).

[367]) Sächs. Landtag, Sitzg. v. 19. VI. 1928, Prot. S. 2974 B.

ein Argument, das insbesondere auch von den Kommunisten selbst wiederholt vorgetragen wurde (Menzel, Brönnle usw.[368])). Ebenso haben auch im Finanzausschuß des württembergischen Landtags die sozialdemokratischen Abgeordneten für den Antrag gestimmt[369]). Hingegen erklärte der Abgeordnete Weißmann im badischen Landtag, er sei unannehmbar, da allein schon die Verteilung der dann täglich in einer Strafanstalt einlaufenden Zeitungen nicht durchgeführt werden könne[370]). — Eine wiederum etwas andere Auffassung hat Krebs. Er erhebt zwar keine Einwendungen gegen die generelle Nichtzulassung umstürzlerischer oder ordnungsgefährdender Literatur, die ja nach den bestehenden Vorschriften nur von den Aufsichtsbehörden verfügt werden kann, wohl aber dagegen, daß nun außerdem die Anstaltsvorsteher noch das Recht haben, eine Zensur über die an sich zugelassenen Zeitschriften und Zeitungen auszuüben, und einzelne Nummern oder Teile solcher Nummern von denen eine „Gefährdung der Sicherheit oder Ordnung in der Anstalt zu befürchten ist" zurückhalten können (vgl. §§ 109 der Grundsätze von 1923, 112 des Entwurfs eines StVG.). Denn die Vorenthaltung einer an sich zugelassenen Zeitung könne viel eher Beunruhigungen hervorrufen, als dies wohl in jedem Falle die Kenntnis ihres Inhalts selbst tun würde[371]).

Ergibt sich somit, daß über die Zulassung der politischen Lektüre die Meinungen auseinandergehen, so ist anderseits festzustellen, daß die Zurückweisung von Werken des wissenschaftlichen Sozialismus (z. B. Marx, Kautsky, Bernstein, Mehring usw.) einmütig abgelehnt wird. Das beweisen zahlreiche, von Angehörigen der sozialdemokratischen und der kommunistischen Partei unterschiedslos vorgebrachte Beschwerden[372]).

---

[368]) Menzel im Hauptaussch. d. preuß. Landtags, Sitzg. v. 16. IV. 1926, Prot. S. 33. Menzel fordert hier grundsätzlich, daß Literatur, die im Buchhandel frei zu haben und nicht beschlagnahmt ist, auch für die Gefangenen zugelassen wird. Ähnlich Brönnle im württ. Landtag, Sitzg. v. 12. VI. 1926, Prot. S. 2838.

[369]) Württ. Landtag, Beilage Nr. 343 v. 15. V. 1926, S. 267.

[370]) Bad. Landtag, Sitzg. v. 27. VII. 1926, Prot. S. 3046. — Dem wäre allerdings entgegenzuhalten, daß die Rosenfeldsche Verordnung vom 19. XII. 1918 in Preußen wie die Zeignersche Verordnung vom 2. VII. 1923 in Sachsen den uneingeschränkten Zeitungsbezug, und zwar ohne Unterschied der Parteirichtung gestattete und daß dabei Schwierigkeiten technischer Art, die sich in der Praxis ergeben haben könnten, jedenfalls nicht bekannt wurden.

[371]) Krebs, a. a. O. S. 58.

[372]) So wandte sich z. B. Götz (KP.) gegen die Nichtzulassung der Bücher von Kautsky, Bernstein und Liebknecht (bayer. Landtag, Sitzg. v. 20. IV. 1926,

Weiterhin fordern die Sozialisten, daß der Gefangene, sofern er es wünscht, sich auch freidenkerische Literatur verschaffen darf. So setzte sich z. B. die sozialdemokratische Fraktion des oldenburgischen Landtags für die Genehmigung eines Gesuches ein, in dem ein Gefangener um die Aushändigung der Zeitschrift der proletarischen Freidenker „Der Atheist" bat, gegen deren Ablehnung auch noch in andern Parlamenten von sozialistischer Seite Stellung genommen wurde[373]). Diese weltanschauliche Literatur soll auch in den Gefängnisbibliotheken geführt werden. Während, worauf wir schon hinwiesen, die Aufnahme rein sozialistischer Werke bisher nicht verlangt wurde, beantragte wiederum die sozialdemokratische Fraktion des oldenburgischen Landtags bei der Justizdebatte von 1930, daß auch freireligiöse Schriften für die Anstaltsbüchereien beschafft und laufend gehalten werden[374]). In gleicher Richtung liegt ein Antrag der kommunistischen Fraktion des preußischen Landtags von 1930, der fordert, daß für freireligiöse Gefangene allsonntäglich eine Weltanschauungsstunde (Erbauungsstunde) abzuhalten ist, zu der auch andere Gefangene auf Antrag zugelassen werden sollen[375]). Dagegen wird, was in diesem Zusammenhang ebenfalls kurz erwähnt sei, die Zulassung der Heilsarmee sozialistischerseits nicht begrüßt. In der hamburger Gefängnisdeputation sprachen sich die Sozialdemokraten, wie das kommunistische Mitglied, gegen sie aus[376]), und ähnlich äußerte sich im sächsischen Landtag der sozialdemokratische Abgeordnete Siegenoth. Zum mindesten, meinte er, dürfe sie nicht vor den Freidenkerorganisationen bevorzugt werden, denen man dann die Gefängnistore genau so weit öffnen müsse wie ihr[377]).

Prot. S. 50), Schneck (KP.) gegen die Zurückweisung von Broschüren von Marx und Mehrings „Deutsche Geschichte" (württ. Landtag, Sitzg. v. 2. VI. 1927, Prot. S. 3893). — Ebenso erklärte von sozialdemokrat. Seite im württembergischen Landtag Dr. Schumacher, daß es nicht angängig sei, z. B. die Lektüre von Karl Marx oder ähnliche gesellschaftspolitische Literatur zu verbieten, wie das wiederholt vorgekommen sei (vgl. auch Gehrmann im Hauptaussch. d. preuß. Landtags, Sitzg. v. 15. VII. 1925, Prot. S. 10: Verbot des „Tagebuch").

[373]) Oldenbg. Landtag, 4. Periode, 2. Versammlung, Anlage Nr. 181, S. 100 f. Siehe auch Hauptaussch. d. preuß. Landtags, Sitzg. v. 5. II. 1927, Prot. S. 15.

[374]) Ebenda, Bericht d. I. Ausschusses v. 4. III. 1930, S. 194.

[375]) Preuß. Landtag, Hauptaussch., Anträge z. Justizhaushalt 1930, S. 10, Nr. 50.

[376]) Hambg. Gefängnisdep., Sitzg. v. 14. I. 1930, Prot. S. 10.

[377]) Sächs. Landtag, Sitzg. v. 30. XI. 1927, Prot. S. 1879 D.

Im übrigen kann zusammenfassend gesagt werden, daß jeder Versuch der Gefangenen, ihre Kenntnisse und Fähigkeiten selbst zu erweitern — z. B. Stenographie, Fremdsprachen, Zeichnen usw. zu lernen — möglichst zuzulassen und zu fördern ist, sei es nun, daß man dem Gefangenen nur die notwendige Freiheit gewährt und gegebenenfalls den Zutritt Außenstehender, die sich zur Unterrichtserteilung zur Verfügung stellen, erlaubt, oder daß man ihm darüber hinaus auch Unterrichtsmaterial aushändigt und bei seinen Studien Anleitungen gibt. In dieser Hinsicht wird nicht selten ebenfalls darüber Klage geführt, daß die Auffassungen der Behörden zu eng seien. Werden Anleitungen gegeben, so soll jedenfalls auch auf die Geschmacksbildung, soweit eine solche in Frage kommt, Wert gelegt werden (Krebs[378])).

Damit nun der Gefangene auch praktisch in der Lage ist, sich neben der ihm zugewiesenen Arbeit noch selbst zu beschäftigen, muß er abends länger, das heißt bis etwa 10 Uhr, Licht bekommen (so z. B. Roscher (KP.) im sächsischen Landtag[379]).

§ 9. Die Gefängnisarbeit.

Die Arbeit in den Strafanstalten wird — namentlich von den politischen Parteien — nicht allein von dem Gesichtspunkte aus betrachtet, wie sie dem Ziele des Strafvollzugs am besten dienstbar gemacht werden kann, hier werden vielmehr nicht selten die persönlichen Interessen bestimmter Berufsgruppen in den Vordergrund gestellt. Wir haben im ersten Kapitel schon eingehend gezeigt, daß auch die Sozialdemokratie in den ersten Jahren ihres Bestehens vorzugsweise von diesem Standpunkte aus an die Frage heranging und in erster Linie bestrebt war, die Konkurrenzgefahr für die freien Arbeiter einzudämmen.

Hierin ist jedoch ein grundsätzlicher Wandel eingetreten. Es war kein Geringerer als Karl Marx selbst, der, das Egoistische eines solchen Standpunktes erkennend, die Haltung der Partei in

---

378) Krebs, a. a. O. S. 35 (Das gelte insbes. für das Zeichnen und Malen). — Steeger bedauerte z. B., daß man Gefangenen den Wunsch, in ihrer freien Zeit die englische Sprache zu erlernen, abgeschlagen habe (bayer. Landtag, Sitzg. v. 21. II. 1929, Prot. S. 699). Ähnlich beschwerte sich Bock (KP.) im bad. Landtag über die Ablehnung des Angebots eines Rechtsanwalts, geeignete Gefangene in der Weltsprache Ido zu unterrichten (Sitzg. v. 1. VIII. 1924, Prot. S. 1877).

379) Sächs. Landtag, Sitzg. v. 16. VI. 1927, Prot. S. 1255 A. Schon N. N. (a. a. O. S. 748) und der alte Liebknecht (Reichstagssitzg. v. 29. I. 1875, Prot. S. 1414) haben gefordert, daß es den Gefangenen, gegebenenfalls auf eigene Kosten, gestattet werden müßte, abends länger Licht zu brennen.

dieser Frage scharf mißbilligte. In seiner Kritik des Gothaer Programms erklärte er, die „Regelung der Gefängnisarbeit“ sei eine „kleinliche Forderung in einem allgemeinen Arbeiterprogramm“. „Jedenfalls“ meinte er, „mußte man klar aussprechen, daß man nicht aus Konkurrenzneid die gemeinen Verbrecher wie Vieh behandelt wissen und ihnen namentlich nicht ihr einziges Besserungsmittel, produktive Arbeit, abschneiden will“[380]). Man wird ohne Bedenken sagen können, daß diese Erwartung heute im großen und ganzen erfüllt ist. Am deutlichsten kommt das wohl zum Ausdruck, wenn Krebs eine längere Erörterung über die Gefängnisarbeit mit der Feststellung schließt, daß diese nicht vom Standpunkte einer einzelnen Bevölkerungsschicht, sondern „als eine Aufgabe des Strafvollzugs nur vom Standpunkte des ganzen Volkes aus“ betrachtet und geregelt werden dürfe[381]). Diese Einstellung — und das ist besonders wichtig — zeigen die Sozialisten heute nicht nur, soweit sie im Strafvollzuge tätig sind, sie ist auch in ihren parlamentarischen Kreisen die herrschende Meinung. So hat der Abgeordnete Martzloff im badischen Landtag geäußert, bei der Gefängnisarbeit könne nicht auf eine etwaige Konkurrenz für Außenstehende Rücksicht genommen werden, denn man müsse auch hier den Zweck der Strafrechtspflege im Auge haben, nämlich den Gefangenen zu bessern und als nützliches Glied der menschlichen Gesellschaft wieder zuzuführen, was insbesondere durch die Gewöhnung an stete Arbeit erreicht werden könne[382]). Von dem gleichen Gesichtpunkte ausgehend ist z. B. die bayerische Landtagsfraktion einem von bürgerlicher Seite eingebrachten Antrag, die handwerksmäßigen Arbeiten in den Strafanstalten einzuschränken und „die Gefangenen vor allem mit der Verwertung von Altmaterialien oder Anfertigung von sich weniger lohnenden Artikeln zu beschäftigen“, entschieden entgegentreten, da die Gefangenen unter allen Umständen eine nutzbringende Beschäftigung erhalten müßten, die auch nicht eingeschränkt werden dürfe[383]). Ebenso wurde im Hauptausschuß des thüringischen Landtags ein noch viel weitergehender Antrag der Wirtschaftspartei, der die Aufhebung sämtlicher, nicht zur Aufrechterhaltung des Anstaltsbetriebes selbst notwendiger handwerklicher und ge-

---

[380]) Zur Kritik d. sozialdem. Parteiprogramms, Aus d. Nachlaß von Karl Marx, Neue Zeit, 9. Jhg., 1. Bd., S. 575.

[381]) Krebs, Gefangenenarbeit, in Frede-Grünhut, Reform d. Strafvollzugs, S. 202.

[382]) Bad. Landtag, Sitzg. v. 19. I. 1921, Prot. S. 252.

[383]) Bayer. Landtag, Sitzg. v. 29. X. 1920, Prot. S. 562 (vgl. S. 566).

werblicher Betriebe in den dortigen Strafanstalten verlangte (insbesondere die der Druckereien, Tischlereien und Korbflechtereien) neuerdings nur durch die Stimmen der Sozialisten zu Fall gebracht[384]). Die hier zutage tretende Auffassung schließt allerdings nicht aus, daß man der zeitweisen Notlage besonders bedrängter Berufszweige dennoch Rechnung trägt und sich gegebenenfalls nach Möglichkeit in der Fabrikation umstellt. Der Abgeordnete Steeger meinte beispielsweise einmal im bayerischen Landtag, die Bedrängnis der Korbmacher in Oberfranken habe einen solchen Umfang angenommen, daß es als unhaltbar erscheinen müsse, wenn diesen Leuten durch den Staat in den Gefängnissen weiter Konkurrenz gemacht werde[385]). Natürlich wird man aber immer darüber streiten können, wann und inwieweit derartige Momente Berücksichtigung zu finden haben.

Welches sind nun die Ziele, die die Gefangenenarbeit zu verfolgen hat? Nach welchen Richtlinien ist sie auszugestalten? Wie sich schon aus der oben zitierten Bemerkung von Marx und auch aus der Äußerung des Abgeordneten Martzloff im badischen Landtag ergibt, muß sie bessernd, muß sie erzieherisch wirken, lebenstüchtig machen und so den Rückfall verhüten. Um das zu erreichen, soll der Gefangene nur mit einer Arbeit beschäftigt werden, die seinem Leben Inhalt und Sinn geben kann, die ihn innerlich befriedigt und „mit froher Lust erfüllt" (Gradnauer[386])). Sie darf also nicht so monoton und geistlos sein, daß das Ergebnis die aufgewendete Zeit und Mühe nicht lohnt (Krebs[387])). Denn der Gefangene muß, was Weinberg einmal sehr mit Recht hervorhob, möglichst zur „Erkenntnis seines sozialen Wertes" gebracht werden[388]). Von jeher haben deshalb die Sozialisten einmütig Arbeiten wie Tütenkleben, Erbsenlesen, Wergzupfen, Strümpfestricken usw. abgelehnt und in den Parlamenten immer wieder ihre Beseitigung verlangt[389]).

---

[384]) Thüring. Landtag, 1927/28, II. Abt., Ausschußberichte, S. 796. Der Antrag wurde abgelehnt mit den Stimmen der Vertreter der S. P. D. und K. P. D. gegen die Stimmen der W. P. bei Enthaltung aller übrigen bürgerlichen Parteien.

[385]) Bayer. Landtag, Sitzg. v. 30. III. 1922, Prot. S. 327.

[386]) Gradnauer, a. a. O. S. 24.

[387]) Krebs, Gefangenenarbeit, a. a. O. S. 192.

[388]) Dr. Siegfrieda, Die Gefängnisarbeit, Neue Zeit, 25. Jhg., S. 864 ff.

[389]) Vgl. oben Anm. 25. — Erst kürzlich erklärte wiederum Schumacher im württ. Landtag: „Mattenflechten und Tütenkleben ist kein Fundament für künftige Lebenstüchtigkeit"... (Sitzg. v. 27. I. 1928, Prot. S. 4713). Ähnlich Menzel (KP.) im preuß. Landtag, Sitzg. v. 23. X. 1925, Prot. S. 5103.

Auch hier fehlt es nicht an Stimmen, die aus eigener Erfahrung sprechen. Fechenbach, der 6 Monate mit Tütenkleben beschäftigt war, schildert eingehend das Trostlose dieser heute noch in weitem Umfange üblichen Arbeit. Zunächst sei zwar eine gewisse Aufmerksamkeit erforderlich, um die Handgriffe richtig herauszubekommen. Aber schon nach wenigen Tagen beherrsche man sie so, daß man völlig gedankenlos und stumpfsinnig Tag um Tag darauf los kleistere. Denn trotz dieses ewigen Einerleis sei es natürlich nicht möglich, sich gleichzeitig mit geistigen Dingen zu beschäftigen. „Man freut sich ordentlich", sagt er, „wenn es wieder eine neue Tütenart gibt, bei der man eine Zeitlang aufmerksam arbeiten muß, bis bei den Tütensäcken für Rauchtabak oder Teepackungen alles wieder genau so mechanisch geht wie vorher bei den Kaffeetüten"[390]).

Bei der Arbeitszuteilung soll jeder Gefangene im Interesse seines späteren Fortkommens nach Möglichkeit bei seiner bisherigen Berufsarbeit belassen werden und, wenn das nicht durchführbar ist oder es sich um einen ungelernten Arbeiter handelt, unter Berücksichtigung seiner Neigungen und Fähigkeiten eine Ausbildung in einem weitverbreiteten Berufszweige erhalten, und zwar unter Verteilung auf die einzelnen Gewerbe, wodurch gleichzeitig die Konkurrenzgefahr vermindert wird. Auch diese Forderungen sind als Allgemeingut der sozialistischen Parteien anzusprechen[391]). N. N. hat darüber hinausgehend es für besonders wünschenswert erklärt, wenn man die Gefangenen überhaupt davor bewahrt, ihre bisherige Stelle zu verlieren und ihnen gestattet, auch im Gefängnis weiterhin für ihren bisherigen Arbeitgeber zu schaffen, was z. B. bei Handwerkern ohne große Schwierigkeiten durchzuführen wäre. Er glaubt, daß mancher Arbeitgeber zweifellos geneigt sei, sich seinen Arbeiter zu erhalten und auch die etwaigen Unannehmlichkeiten in Kauf nehme, welche die Auf-

---

[390]) Fechenbach, Im Hause der Freudlosen, S. 54.

[391]) „Wenn ein Schlosser, Schreiner oder sonst ein Gefangener ins Gefängnis kommt und seinen Beruf nicht weiter ausüben kann, so verlernt er diesen. Die Folge davon ist, daß, wenn er herauskommt, er seinen Beruf nicht mehr ausfüllen kann und als ungelernter Arbeiter seine Existenz suchen muß. Deshalb hat der Staat eine gewisse moralische Verpflichtung diesen Leuten gegenüber, daß sie ihren Beruf ausüben können, solange sie im Gefängnis sind" (Winker im württ. Landtag, Sitzg. v. 11. VI. 1926, Prot. S. 2828). Büchs (KP.) wünschte, daß man die Gefangenen „durch Fachkurse und sonstige Unterrichtskurse etwas erlernen" lasse (bayer. Landtag, Sitzg. vom 1. V. 1925, Prot. S. 756).

rechterhaltung der Verbindung mit sich bringe, wenn nur die Gefängnisverwaltung einiges Entgegenkommen zeige und dafür sorge, daß der Verkehr sich reibungslos vollziehen könne[392]). Es fragt sich indessen, ob hierdurch nicht die Erziehungsarbeit leidet. Krebs hält es jedenfalls für vorteilhaft, wenn zum Zwecke einer einheitlichen Erziehung auch bei der Arbeit der Gefangene nur mit den Beamten der Strafanstalt zu tun hat[393]).

Was nun die Arbeitsmöglichkeiten im einzelnen anlangt, die nach den aufgezeigten Grundsätzen für die Strafanstalten in Betracht kommen, so fordern die Sozialisten, daß die Gefängnisse zu produktiven Großbetrieben ausgebaut und daneben die Gefangenen vornehmlich zu land- und forstwirtschaftlichen Arbeiten, sowie zur Urbarmachung von Ödland herangezogen werden.

So wünscht schon N. N., daß man die Strafanstalten zu Webfabriken und Spinnereien, zu Schuhfabriken und Gerbereien usw. umgestalte und daß man sich mit der Bodenkultivierung befasse[394]). Ähnlich meinte Bebel im Reichstage, der Staat solle die Gefängnisarbeit konzentrieren und die Fabrikation im großen betreiben, wobei er besonders auf die Herstellung von Gegenständen Wert zu legen habe, die er selbst benötige, wie z. B. Büromöbel, Bürobedarfsartikel, Kleider, Schuhe usw.[395]). Vor wenigen Jahren entwickelte Gehrmann im preußischen Landtag fast genau die gleichen Gedanken. Für Preußen, erklärte er, seien seiner Ansicht nach etwa 12 große, modern eingerichtete Anstalten ausreichend. Diese sollten aber so gelegen sein, daß in ihrer Umgebung genügend landwirtschaftlich nutzbares Land liege. Dann könne man in diesen Anstalten „industrielle wie landwirtschaftliche Produktion" betreiben. Die letztere würde es ermöglichen, „die Ernährung der Gefangenen mit eigener Kraft und auf eigenem Grund und Boden sicherzustellen". Im übrigen sollten die Arbeiten sich auf die Befriedigung der Bedürfnisse der Anstalten selbst, des Staates, der Kommunen und sozialen Einrichtungen beschränken. Damit würden auch die immer wiederkehrenden Klagen über die Konkurrenz zum Schweigen gebracht[396]).

---

[392]) N. N., a. a. O. S. 740.
[393]) Krebs, Gefangenenarbeit, a. a. O. S. 200.
[394]) N. N., a. a. O. S. 739.
[395]) Reichstagssitzg. v. 7. VII. 1879, Prot. S. 2106.
[396]) Preuß. Landtag, Sitzg. v. 1. II. 1926, Prot. S. 8361.

Unter den genannten Arbeitsarten haben sich die Sozialisten in besonders eingehender Weise mit der Frage der Selbstversorgung der Strafanstalten und dem Meliorationsproblem befaßt. Bereits 1876 meinte Most in einer Petition an den Reichstag, die Gefängnisse sollten zur „Selbstbewirtschaftung" übergehen und die dazu erforderlichen Ländereien erwerben, wo dann Landwirtschaft und Viehzucht in weitestem Ausmaße betrieben werden könne. „Korn wäre in eigener Mühle zu mahlen, Brot in eigener Bäckerei zu backen." Die gewonnenen Produkte sollten, soweit sie nicht in der Anstalt verbraucht werden, an die Militärbehörden oder wenn sie auch deren Bedarf überstiegen, an Privatleute abgesetzt werden[397]). Ähnlich riet einmal Bebel, die im hiesigen Klima wachsenden Feldfrüchte selbst zu pflanzen und die Felder durch die Gefangenen bestellen zu lassen. Hinsichtlich der Kultivierungsarbeiten empfahl z. B. der Abgeordnete Fritzsche 1878 die oldenburger Moorgegenden fruchtbar zu machen[398]), während Severing 1911, als die Regierung ihrerseits den Vorschlag machte, planmäßig und in großem Stile an die Besiedlung von Ödland durch die Gefangenen heranzugehen, die ausdrückliche Unterstützung dieser Bestrebungen durch seine Fraktionsfreunde zusagte[399]). Diese Auffassung wird auch heute noch lebhaft vertreten. So wurde 1925 im Hauptausschuß des anhaltischen Landtags — nach einer Mitteilung des Berichterstatters im Plenum — von sozialistischer Seite zur Erwägung gegeben, ob nicht eine Strafanstalt errichtet werden solle, die von genügend Ackerland umgeben, sich selbst versorgen und durch die entsprechenden Betriebe wie Schweinemästereien usw. darüber hinaus auch die zu ihrer Unterhaltung erforderlichen Ausgaben selbst bestreiten könne, so daß sie ohne jeden Zuschuß auskäme[400]). Die Kommunisten haben aus ähnlichen Gründen in verschiedenen Parlamenten den Antrag eingebracht, der Staat möchte

---

[397]) Reichstag, 2. Legislaturper., 4. Session, 3. Bd., Anlagen S. 848, Nr. 122. — Mit dieser, von sozialistischer Seite grundsätzlich vertretenen Auffassung (vgl. oben Anm. 6) war es allerdings schwer vereinbar, wenn anderseits z. B. Noske und Albrecht bei d. Besprechung des Heeresetats sich wiederholt gegen die Herstellung von militär. Bekleidungsstücken in den Gefängnissen wandten (vgl. Reichstagssitzg. v. 1. III. 1911, Prot. S. 5059, 4. IV. 1911, Prot. S. 6207, 11. V. 1914, Prot. S. 8672; ebenso Tutzauer 10. III. 1905, Prot. S. 5149).

[398]) Reichstagssitzg. v. 14. II. 1878, Prot. S. 43.

[399]) Reichstagssitzg. v. 16. III. 1911, Prot. S. 5520.

[400]) Anhalt. Landtag, Sitzg. v. 15. V. 1925, Prot. S. 227 D.

Domänen oder sonstige Ländereien den Strafvollzugsbehörden zur Bewirtschaftung durch die Gefangenen zur Verfügung stellen[401]).

Ebenso befürworten die Sozialisten auch heute noch die Beschäftigung der Gefangenen bei Kulturarbeiten. Das zeigt beispielsweise eine Rede des Abgeordneten Bubert im Hauptausschuß des preußischen Landtags vom Jahre 1922, in der er — wie 1878 Fritzsche — meinte, die Gefangenen sollten im Moor zum Zwecke der Torfgewinnung verwendet werden[402]). Im gleichen Jahre erklärte der bayerische Abgeordnete Steeger, daß seine Freunde die Aufnahme von Kulturarbeiten begrüßten und ihre Ausdehnung für wünschenswert hielten. Nur müsse man, fügte er später hinzu, darauf sehen, daß die Gefangenen mit entsprechender Kleidung, insbesondere mit gutem Schuhwerk, versehen würden und namentlich auch im Winter, wenn sie von der Arbeit in Kälte und Nässe zurückkämen, einen geheizten Raum anträfen. Die urbar gemachten Ödländereien könne man dann gegebenenfalls nach der Nutzbarmachung wieder weiter verkaufen, so daß die Staatsverwaltung auch auf ihre Rechnung käme[403]). Von kommunistischer Seite wird ein ähnlicher Standpunkt eingenommen: „Wir sind der Ansicht", sagte wörtlich der kommunistische Abgeordnete Heymann, 1928 im badischen Landtag, „daß die landwirtschaftlichen Arbeiten der Gefangenen stärker ausgedehnt werden sollen, daß man die Gefangenen im Freien beschäftigen soll und daß sie gerade, wenn sie zu Meliorationen herangezogen werden, hier sehr gute Arbeit leisten können"[404]). Jedoch kommen aus den oben behandelten Gründen Gefangene, die keine Landarbeiter sind und auch vermutlich künftig nicht in der Landwirtschaft tätig

---

[401]) Preuß. Landtag, Hauptaussch., Prot. S. 12 f. Antrag Nr. 1 u. 12 (Außer einer Domäne sollte ein Betrag von 100.000 Mark zur Pachtung geeigneter landwirtschaftlicher Grundstücke zur Verfügung gestellt werden). Vgl. auch anhalt. Landtag, Sitzg. v. 8. V. 1925, Prot. S. 201 C, wo Besser (KP.) ebenfalls die Bereitstellung einer Domäne „zum Zwecke der Strafvollzugsreform" beantragte.

[402]) Hauptaussch. d. preuß. Landtags, Sitzg. v. 5. V. 1922, Prot. S. 15.

[403]) Bayer. Landtag, Sitzg. v. 30. V. 1922, Prot. S. 327 u. v. 1. V. 1925, Prot. S. 784. Steeger riet hier insbes. den Anbau von Obstplantagen an.

[404]) Bad. Landtag, Sitzg. v. 21. VI. 1928, Prot. S. 1842. Etwas skeptischer äußerte sich allerdings Menzel im preuß. Landtag. Er meinte, daß den Gefangenen, die z. B. bei Moorkulturen verwendet werden, jede Möglichkeit zur geistigen Anregung fehle und daß sie meist auch äußerst kümmerlich untergebracht seien (Sitzg. v. 23. X. 1923, Prot. S. 5103 f.).

sein können, für solche Arbeiten nicht in Frage. Hierauf weist namentlich Krebs hin[405]).

Neben land- und kulturwirschaftlicher Arbeit wird auch die Verwendung der Gefangenen im Bauhandwerk zur Erstellung staatlicher oder kommunaler Gebäude für zweckmäßig gehalten (so Bubert und Brückner im preußischen Landtag[406])).

Ihre Heranziehung zu Schreiberdiensten soll dagegen wegen der damit verbundenen Gefährdung der Geheimhaltung der Akten vermieden werden (Zabe in der hamburger Gefängnisdeputation[407])).

Eine weitere Forderung der Sozialisten auf dem Gebiete des Gefangenenarbeitswesens ist die Ausstattung der Strafanstalten mit modernen Maschinen, damit die Gefangenen in ihren beruflichen Fähigkeiten stets auf der Höhe bleiben und gleichzeitig die Betriebe möglichst produktiv gestaltet werden. Auch sie wird schon seit langem erhoben. Gradnauer wandte sich bereits gegen die Beibehaltung veralteter Arbeitsmethoden, die Benutzung längst überholter Werkzeuge und Maschinen, nicht zuletzt auch deshalb, weil eine solche Arbeitsweise den Gefangenen keinesfalls zur Freude an der Arbeit erziehen könne[408]). Krebs verlangt heute grundsätzlich, daß die Wirtschaftsbetriebe in den Gefängnissen technisch „so vollkommen wie möglich" einzurichten sind. Insbesondere soll man Arbeiten, die sonst mit Maschinen vorgenommen werden, nicht mehr mit der Hand ausführen. Den einzelnen Werkstätten sollen fachmännisch vorgebildete Meister vorstehen und an die Spitze des ganzen Wirtschaftsbetriebes müßten jeweils gelernte Kaufleute gestellt werden, damit er auch nach kaufmännischen Grundsätzen geleitet werde[409]). Dieselbe Auffassung vertreten die Sozialisten in den Parlamenten. Abgesehen von wiederholten, auch von kommunistischer Seite kommenden, Aufforderungen, neuzeitlichere Maschinen anzuschaffen, hat

---

[405]) Krebs, Straffälligenfürsorge, S. 55. Ebenso auch Kalweit und Dr. Pardo in d. hambg. Gefängnisdep., Sitzg. v. 27. IX. 1927, Prot. S. 3 u. 6.

[406]) Bubert, Hauptaussch., Sitzg. v. 5. V. 1922, Prot. S. 14; Brückner, ebenda, Sitzg. v. 1. II. 1923, Prot. S. 17. Letzterer sagt, es müsse dann aber Vorsorge getroffen werden, daß bei Unfällen die Bestimmungen der RVO. durchgeführt würden.

[407]) Hambg. Gefängnisdep. Sitzg. v. 27. IX. 1927, Prot. S. 11.

[408]) Gradnauer, a. a. O. S. 25.

[409]) Krebs, Straffälligenfürsorge, S. 25. Ebenso fordert auch Brönnle (KP.), daß die Beamten „in gewerbetechnischer Hinsicht die nötige Vorbildung erhalten" (württ. Landtag, Sitzg. v. 27. I. 1928, Prot. S. 4707).

z. B. die sozialdemokratische Fraktion des preußischen Landtags 1925 förmlich beantragt, in den Etat die Summe 200.000 RM für den Einbau mechanischer Antriebseinrichtungen an Stelle der veralteten Handbetriebe einzusetzen (in erster Linie handelt es sich hier in der Regel um die Mechanisierung der Wäschereien[410])).

In der Frage des Betriebssystems kann die Einstellung der Sozialisten nicht zweifelhaft sein. Eine Bewegung, deren ausgesprochenes Ziel es ist, die Vergesellschaftung der Produktionsweise, die Umwandlung der Produktionsmittel in gesellschaftliches Eigentum und ihre Bewirtschaftung durch und für die Gesellschaft herbeizuführen, kann natürlich nicht billigen, daß der Staat seine eigenen Einrichtungen privaten Unternehmern zur Verfügung stellt. Das muß in gleicher Weise für die Überlassung der Räumlichkeiten in den Gefängnissen wie der Arbeitskraft der Gefangenen gelten. Deshalb ist vom sozialistischen Standpunkte aus von vornherein nur der Regiebetrieb tragbar. Man glaubt aber auch, daß er den speziellen Zielen des Strafvollzugs am besten gerecht werde. Die Durchführung des Erziehungszweckes sei hier am ehesten gewährleistet, weil die Arbeitsbetriebe ausschließlich in den Händen der Strafvollzugsbeamten liegen und insbesondere die Beaufsichtigung nicht von Außenstehenden erfolgt (so namentlich Krebs[411])). Ferner könnten durch die Ausschaltung des Privatunternehmers als Zwischenglied größere Einnahmen aus den Betrieben erzielt werden (N. N.[412])). Aus diesem Grunde riet beispielsweise im anhaltischen Landtag erst neulich der Abgeordnete Sinsel der Regierung, den für den Staat wenig abwerfenden Wirtschaftsbetrieb der dortigen Strafanstalt (Kokosfabrik in Coswig) in eigene Regie zu übernehmen, da der Staat sehr wohl selbst verdienen könne, was jetzt die Unternehmer verdienten[413]). Krebs empfiehlt besonders den „Regiebetrieb in privatwirtschaftlicher Form", das heißt z. B. eine G. m. b. H., deren

---

[410]) Preuß. Landtag, Hauptaussch., Sitzg. v. 13. VII. 1925, Prot. S. 7, Antrag Nr. 27 c. Im thüring. Landtag erklärte Frölich ebenfalls, die Gefangenen müssen, „wenn sie ihr Fortkommen haben sollen... mit den neuesten technischen Mitteln vertraut sein, müssen an Maschinen gearbeitet haben..." (Sitzg. v. 12. VII. 1926, Prot. S. 6683). Erwähnt sei noch, daß in der hamburger Gefängnisdep. Perner, als er sich gegen die Einführung moderner Maschinen wandte und „die Opposition der Gewerkschaften" ankündigte, sofort auf den Widerstand seiner eigenen Fraktionskollegen Kalweit und Dr. Pardo stieß, die diesen Standpunkt für unhaltbar erklärten (Sitzg. v. 27. IX. 1927, Prot. S. 5 ff.).

[411]) Krebs, Gefangenenarbeit, a. a. O. S. 200 f.

[412]) N. N., a. a. O. S. 739.

[413]) Anhalt. Landtag, Sitzg. v. 23. III. 1928, Prot. S. 1625 D f.

Anteile ausschließlich in Händen des Staates liegen, so daß „die Interessen des Staates sowohl hinsichtlich des Strafvollzuges als auch der Wirtschaftlichkeit des Betriebes bestens gewahrt erscheinen“[414]). Dieser Gedanke ist auf seine Anregung hin 1924 in Thüringen verwirklicht worden[415]).

Da die Arbeitsbeschaffung gegenwärtig auch für die Gefängnisverwaltungen zu einer der schwierigsten Fragen geworden ist, wird für die größeren Länder die Bildung einer Zentralstelle für Arbeitsbeschaffung in den zuständigen Ministerien angeregt. Hierfür hat sich Gehrmann 1927 in Preußen eingesetzt, wo sie inzwischen auch eingerichtet wurde[416]). Und 1929 stellte der Abgeordnete Neu im sächsischen Landtag die gleiche Forderung, nicht ohne auch hierbei darauf hinzuweisen, daß man die Gefangenen für die staatlichen Bedürfnisse arbeiten lassen solle, was aus den bereits hier erwähnten Gründen ein so naheliegender Gedanke sei, daß er nicht begreifen könne, warum man ihn nicht längst verwirklicht habe[417]).

Soweit noch Verträge mit Privaten abgeschlossen werden, sollen die Behörden sich vorher auch mit den Gewerkschaften über die festzusetzenden Arbeitsbedingungen ins Benehmen setzen (Gehrmann im preußischen Landtag[418])).

Von wesentlicher Bedeutung ist die Regelung der Arbeitszeit. Wenn hierzu seinerzeit N. N. sagte, sie dürfe 12 Stunden nicht überschreiten[419]), so ist das allerdings eine inzwischen überholte Auffassung. Heute wünscht Krebs wohl im Sinne der ganzen Partei, daß auch in den Strafanstalten für alle Gefangenen der Achtstundentag eingeführt werde. Wolle man die übrigen, ihrer Erziehung dienenden Einrichtungen wie Leibesübungen, Unterricht usw. angemessen durchführen und dem Einzelnen auch die erforderliche persönliche Erholungszeit lassen, meint er, dann

---

[414]) Krebs, a. a. O. S. 201.

[415]) Vgl. „Gefängnisse in Thüringen“, S. 74.

[416]) Hauptaussch., Sitzg. v. 4. II. 1927, Prot. S. 36. — Über die Arbeit der Zentralstelle berichtete deren Leiter, Ministerialrat Polenz, im Hauptausschuß, Sitzg. v. 5. III. 1930, Prot. S. 25 f., u. a. daß es durch entsprechende Arbeitsbeschaffung gelungen sei, die Arbeitsbelohnungen der Gefangenen gegenüber 1924 zu verdoppeln. Auch habe man „die erforderlichen Maschinen angeschafft“ und sich bemüht, „von den Behörden Aufträge für ihren eigenen Bedarf zu erhalten“. Die Unternehmerbetriebe seien „tunlichst zurückgedrängt worden“.

[417]) Sächs. Landtag, Sitzg. v. 11. VII. 1929, Prot. S. 274 C.

[418]) Hauptaussch.-Sitzg. v. 5. III. 1930, Prot. S. 8.

[419]) N. N., a. a. O. S. 755.

könne unmöglich länger gearbeitet werden. Jedenfalls sei es aber ratsam, eher eine derartige Kürzung der Arbeitszeit vorzunehmen und während dieser Zeit die Arbeit selbst intensiver zu gestalten als sie durch alle möglichen doch unvermeidbaren Dinge wie Vorführungen usw. zu unterbrechen. Von einer Verschiedenheit der Arbeitszeit je nach der Strafart müsse unter allen Umständen abgesehen werden, weil damit die Arbeit als ein Übel charakterisiert werde, was mit dem Erziehungsgedanken keinesfalls vereinbar sei[420]). Die Kommunisten verlangen in ihrem Sammelantrag ebenfalls die Einführung des Achtstundentages, jedoch nur für die Erwachsenen. Bei den jugendlichen Gefangenen soll die tägliche Arbeitszeit sechs Stunden betragen. Außerdem solle ein Tag in der Woche arbeitsfrei sein[421]). Erwähnt sei in diesem Zusammenhange auch ein Antrag der kommunistischen Fraktion des preußischen Landtags von 1928 und 1930, „allen Gefangenen zwei Arbeitstage als drei verbüßte anzurechnen"[422]). Diese Forderung dürfte mit einer gleichlautenden Bestimmung des Strafkodex der Sowjetunion in Zusammenhang stehen[423]). Für uns kommt sie schon deshalb nicht in Frage, weil sie mit dem im Reichsstrafgesetzbuch festgesetzten Arbeitszwang nicht vereinbar wäre.

Die Leistung eines bestimmten Arbeitspensums wird von den Sozialisten abgelehnt. Sie wirke nicht erzieherisch und verleite lediglich zum Pfuschen (so Gradnauer, Heine, Krebs usw.[424])). Menzel (KP.) meinte auch, daß das Pensum oft zu hoch sei, so daß sich selbst ein williger Arbeiter Disziplinarstrafen zuziehe[425]).

Ein sehr schwer zu lösendes Problem, bei dem die Meinungen der Sozialisten auch verschiedentlich auseinandergehen, ist die Entlohnung der Gefangenen. Gradnauer hat sich in seinem „Elend des Strafvollzugs" mit dieser Frage grundsätzlich aus-

[420]) Krebs, Straffälligenfürsorge, S. 55, und Gefangenenarbeit, a. a. O. S. 195.

[421]) Vgl. oben Sammelantrag, Ziff. 13 u. 16 (Anm. 120).

[422]) Preuß. Landtag, Hauptaussch., Anträge z. Justizhaushalt 1928, S. 4, Nr. 26, u. 1930, S. 11, Nr. 57.

[423]) Vgl. Schirwindt, Gefängnisse in d. Sowjetunion, S. 14. Jedoch trete diese Vergünstigung nur dann ein, wenn der Sträfling „ganz besonders produktive Arbeit" leistet oder durch seine Arbeit den Beweis erbringt, „daß er sich in die Verhältnisse der werktätigen Gesellschaft einzufügen beginnt".

[424]) Gradnauer, a. a. O. S. 92; Heine, Strafrecht, Strafprozeß und Strafvollzug, Soz. Monatsh., 2. Bd., S. 754; Krebs, Gefangenenarbeit, a. a. O. S. 190.

[425]) Preuß. Landtag, Hauptaussch., Sitzg. v. 5. V. 1922, Prot. S. 10. — Ähnlich Gehrmann, ebenda, Sitzg. v. 15. VII. 1925, Prot. S. 9.

einandergesetzt. Er wünscht, daß der Gefangene den vollen Ertrag seiner Arbeitsleistung erhält und findet es eine „skandalöse Zumutung, die Arbeit ohne entsprechenden Lohn verrichten zu müssen". Auf den Einwand, daß dem Staat die Unterhaltung der Gefängnisse doch auch erhebliche Kosten mache, erwidert er, man könne diese Kosten nicht auf die Gefangenen abwälzen, da sie durch „soziale Unterlassungssünden" des Staates und der Gesellschaft entstanden seien. Insbesondere dürfe man sie den Gefangenen aber deshalb nicht aufbürden, weil ihnen dann jede Arbeitsfreude genommen wäre und das auch im Kampf gegen die Kriminalität überaus wertvolle Moment verloren ginge, daß sie ihre Angehörigen vom Ertrage ihrer Arbeit unterstützen können[426]). Haben diese Äußerungen, wenigstens in ihrem ersten Teil, den Anschein, als ob der Staat unberechtigterweise den Gefangenen ihren Lohn vorenthalte[427]), so meint Krebs, die rechtliche Seite des Problems wesentlich anders sehend, der Gefangene habe zwar zweifellos Anspruch auf den Erlös seines Schaffens, aber ebenso habe auch der Staat einen Anspruch auf die Bezahlung der Strafvollzugskosten, also der Auslagen für Wohnung und Verpflegung. Rechne man nun die beiderseitigen Forderungen gegeneinander auf, so werde vermutlich bei der jetzigen geringen Produktivität der Gefangenenarbeit meist noch ein Restanspruch des Staates übrigbleiben. Indessen will auch Krebs die Entlohnungsfrage nicht nur und nicht in erster Linie von derartigen Gesichtspunkten gelöst wissen. Aus erzieherischen Gründen kommt er im großen und ganzen zu demselben Ergebnis wie Gradnauer. So lange man keine angemessene Bezahlung für die Arbeit gebe, könne man nämlich nicht erwarten, daß der Gefangene den Wert seiner Arbeitskraft und der Arbeit überhaupt schätzen lerne. Ferner werde die Wirtschaftlichkeit der Arbeitsbetriebe notwendig unter dem Fehlen der Arbeitsfreudigkeit leiden. Er fordert deshalb, daß Tariflöhne bezahlt werden, von denen dann der Gefangene seinen Lebensunterhalt wie den seiner Familie zu bestreiten hätte[428]). Fast derselben Auffassung ist Weiß. Da der Gefangene schwerlich für akademische Erörterungen über den Nutzen der Arbeit zu haben sei, müsse man ihm die Möglichkeit geben, diesen Nutzen an sich selbst zu erfahren, und ihn so auch im Interesse seines

[426]) Gradnauer, a. a. O. S. 25.

[427]) Gradnauer sagt a. a. O., der Staat „betrügt diese Leute um den Ertrag ihrer Arbeit".

[428]) Krebs, Gefangenenarbeit, a. a. O. S. 196 f., und Straffälligenfürsorge, S. 26.

späteren Fortkommens an Arbeitsamkeit gewöhnen. Eine bessere Entlohnung werde aber daneben die Ansammlung einer Rücklage gestatten und seinen Unterhalt sicherstellen, wenn er nach der Entlassung nicht gleich Arbeit findet[429]).

Bei der Behandlung der Arbeitsentlohnung in den Parlamenten ist festzustellen, daß die Sozialdemokratie im allgemeinen für eine weitgehende Erhöhung der Beträge eintritt, während die Kommunisten grundsätzlich eine Bezahlung nach dem Tarife verlangen. Dabei ist ihre Haltung jedoch auch nicht immer die gleiche. Fordern sie in dem oben erwähnten Sammelantrag schlechthin, „Löhne und Arbeitsbedingungen sind nach den örtlichen Tarifen festzusetzen", eine Regelung, die auch 1930 Menzel wieder im preußischen Landtag verlangte[430]), so stellten sie im Strafrechtsausschuß des Reichstags 1928 folgenden Antrag: „Die Gefangenen werden für ihre Arbeitsleistung nach dem gewerkschaftlichen Tarif des Gewerbes, in dem sie beschäftigt werden, entlohnt. Es dürfen nicht mehr als 20% dieses Satzes für den Unterhalt abgezogen werden[431])." Im württembergischen Landtag schlug die kommunistische Fraktion vor, den Gefangenen wenigstens 75% der Tariflöhne der betreffenden Berufsgruppen zu zahlen, wovon die Hälfte für Verpflegungs- und Verwaltungskosten verrechnet und vom Rest dem Gefangenen ein Drittel für den persönlichen Verbrauch und zwei Drittel für die Unterstützung seiner Familie und als Rücklage gewährt werden sollen. Auch dieser Antrag wurde jedoch abgelehnt[432]). Der sozialdemokratische Fraktionsredner Schumacher erklärte, er sei zwar ebenfalls für eine sehr starke Erhöhung der Gefangenenentlohnung, aber eine Gleichstellung mit der Entlohnung des freien Arbeiters sei unmöglich, da das auf eine Privilegierung der Gefangenen herauskomme. Dabei wünschte er aber gleichzeitig, daß, solange nicht eine wirklich ausreichende Bezahlung erfolge, auch die Strafvollzugskosten und außerdem die sozialen Versicherungslasten ausschließlich

---

[429]) Weiß, Wie wirken sich die Reichsgrundsätze ... aus? Monatsschrift f. Krim.-Psych. u. Strafrechtsref., 1925, S. 189.

[430]) Preuß. Landtag, Hauptaussch., Anträge z. Justizhaushalt 1930, S. 16, Nr. 88. Bei der Beratung erklärte Menzel, wenn der Antrag weiterhin vom Landtag abgelehnt werde, dann würde seine Partei „die Arbeiterschaft gegen die Gefangenenausbeutung mobil machen" (Sitzg. v. 5. III. 1930, Prot. S. 13).

[431]) Strafrechtsausschuß, Sitzg. v. 18. X. 1928, Prot. S. 7. — Diese Bestimmung sollte hinter § 36 des Entwurfs eines A. D. St. G. B. eingefügt werden (Antrag Dr. Alexander, Höllein).

[432]) Württ. Landtag, Beilage 536 v. 10. I. 1928, S. 464, u. Sitzg. v. 27. I. 1928, Prot. S. 4707 f. (Abstimmung, S. 4719).

vom Staate getragen werden[433]). Unter diesen Umständen dürfte es jedenfalls zweckmäßiger sein und insbesondere den Erziehungsgedanken fördern, wenn man eine den betreffenden Tarifen entsprechende Bezahlung gibt, von der, wie Krebs meint, der Gefangene seinen eigenen Unterhalt und gegebenenfalls den seiner Angehörigen bestreiten muß, ein Gedanke, der übrigens auch schon in der Praxis erwogen wird[434]).

Um bei der Arbeit in den Strafanstalten eine Gefährdung der Gesundheit der Gefangenen zu verhüten, wird ferner verlangt, daß die gewerbepolizeilichen Bestimmungen genau beobachtet und die Betriebe der Aufsicht der Gewerbeämter unterstellt werden[435]). Die Kommunisten fordern darüber hinaus noch das „unbeschränkte Kontrollrecht der örtlichen Gewerkschaftskartelle" [436]).

Schon früh hat die Sozialdemokratie auch die Einbeziehung der Gefängnisarbeit in die Versicherungsgesetzgebung angestrebt, die schließlich durch das Gesetz vom 30. VI. 1900 wenigstens hinsichtlich der Unfallfürsorge erreicht wurde[437]). In der Nachkriegszeit trat sie wiederholt für eine angemessene Erhöhung der dort vorgesehenen Beträge ein[438]). Auch hier wird von kommunistischer Seite eine umfassendere Regelung gewünscht, insofern nach einem Antrag von 1930 im preußischen Landtag jeder Gefangene wie der freie Arbeiter sowohl gegen Unfall wie gegen Invalidität, und zwar auf Kosten des Staates, versichert werden soll[439]).

[433]) Ebenda, S. 4713.

[434]) So erklärte z. B. Strafanstaltsdirektor Koch in der hambg. Gefängnisdeputation (Sitzg. v. 1. VII. 1924, Prot. S. 2), er wolle sich mit dem Wohlfahrtsamt ins Benehmen setzen, um festzustellen, ob der Staat bei ausreichender Lohnzahlung an die Gefangenen zur Unterstützung der Familien nicht mindestens ebenso gut fahren werde, wie wenn diese Unterstützung weiterhin von der Wohlfahrtsbehörde geleistet werde. Er hoffe dann ortsübliche Löhne zahlen zu können.

[435]) Vgl. oben Sammelantrag, Ziff. 16. Ähnlich Gompper im württ. Landtag, Sitzg. v. 12. VI. 1929, Prot. S. 932.

[436]) Vgl. oben Sammelantrag, Ziff. 16 (Anm. 120).

[437]) Vgl. Dr. Siegfrieda, Die Gefängnisarbeit, Neue Zeit, 25. Jhg., 2. Bd., S. 864 ff.

[438]) Im preuß. Landtag, Hauptaussch., Sitzg. v. 1. II. 1923, forderte Brückner, daß beim Eintritt eines Unfalls grundsätzlich die Bestimmung der RVO. Anwendung finden sollten. Der Vertreter der Regierung erklärte hierauf, daß das preuß. Justizministerium schon seit längerer Zeit denselben Standpunkt einnehme und eine Änderung des Gesetzes vom 30. VI. 1900 in dieser Beziehung anstrebe (Prot. S. 17 f.).

[439]) Preuß. Landtag, Hauptausschuß, Anträge z. Justizhaushalt 1930, S. 16, Nr. 89.

§ 10. Der Verkehr mit der Außenwelt.

Das bisher beobachtete Bestreben, den Gefangenen möglichst vom Leben abzuschließen, die Tendenz, die Gefängnisse „als eine Welt für sich zu gestalten" (N. N.[440])), erscheint den Sozialisten weder zweckmäßig noch erforderlich. Der Gefangene soll dem Leben nicht entfremdet werden und soll auch nicht den Zusammenhang mit seiner Familie und seinen Freunden verlieren. Tritt nun schon durch die Lostrennung von der früheren Umgebung notwendigerweise eine starke Lockerung dieser Beziehungen ein, so muß man um so mehr bestrebt sein, zu verhüten, daß sie noch ganz zerreißen, damit der Gefangene nach der Entlassung nicht ohne jeden inneren und äußeren Halt nur auf sich selbst angewiesen ist und so Gefahr läuft, wieder zum Verbrecher zu werden. Deshalb soll, wie schon Gradnauer wünscht, der briefliche und mündliche Verkehr mit Freunden und Verwandten, insbesondere auch dem Arbeitgeber, in weitestem Umfange freigegeben werden[441]). Ein Grundsatz, der noch heute von den Sozialisten verfochten wird. „Wo es nur mit dem Anstaltsleben zu vereinen ist", sagt Krebs, „sollte der Verkehr mit der Außenwelt gestattet sein[442])."

Im einzelnen sind jedoch die Äußerungen, die von seiten der Sozialdemokratie zu diesem Punkte gemacht werden, verhältnismäßig spärlich. Hinsichtlich der B e s u c h e wird namentlich beanstandet, daß dabei der Gefangene durch Gitter und Schranken oder ähnliche Vorrichtungen von den Besuchern getrennt wird. Frohme meinte einmal im Reichstag, die Beseitigung dieses „barbarischen Verfahrens" fordernd, daß man sich dabei oft überhaupt nicht richtig sehen könne[443]). Daher wünscht auch Krebs, entgegen der Auffassung des Entwurfes eines StVG., der derartige Vorkehrungen beibehält, soweit sie im Interesse der Ordnung und Sicherheit erforderlich sind, daß man selbst in solchen Fällen auf sie verzichte. Man habe andere Mittel genug zur Verfügung, um sich „auf weniger verletzende Art" genügend zu sichern[444]). — Beim B r i e f v e r k e h r soll die Zensur möglichst eingeschränkt werden, da viele Dinge nicht oder nicht in der gewünschten Weise geschrieben werden könnten, wenn ein Dritter sie zu lesen

---

[440]) N. N., a. a. O. S. 740.

[441]) Gradnauer, a. a. O. S. 92.

[442]) Krebs, Straffälligenfürsorge, S. 34.

[443]) Reichstagssitzg. v. 27. II. 1904, Prot. S. 1329. Ebenso Hoelz, Vom weißen Kreuz z. roten Fahne, S. 302 f., und Liebknecht, Briefe . . ., S. 52.

[444]) Krebs, Straffälligenfürsorge, S. 59.

bekomme. Krebs ist hier der Ansicht, daß man bei einer großen Zahl von Gefangenen ohne jede Gefahr von einer Kontrolle der Korrespondenz überhaupt absehen könnte. Ferner wünscht er, daß die Verschärfung der Fristen für den Besuchs- und Briefverkehr bei den Zuchthausgefangenen in Wegfall komme. Damit treffe man gleichzeitig die Angehörigen und verstoße auch gegen den Geist des Erziehungsstrafvollzugs. Im übrigen dürfe man in der Einhaltung der Fristen nicht kleinlich sein und besonders einem öfteren Briefwechsel keine Schwierigkeiten machen[445]). In diesem Sinne sprach sich auch Gehrmann im preußischen Landtag aus[446]).

Erheblich weitgehender und konkreter sind die Forderungen der Kommunisten, die im preußischen Landtag in den letzten Jahren in verschiedener, anscheinend sich den Verhältnissen allmählich anpassender Weise eingereicht wurden. Zunächst beantragten sie 1922, „alle Beschränkungen des Briefwechsels der Gefangenen fallen zu lassen", und im darauffolgenden Jahre in nicht weniger radikaler Form, für sämtliche Gefangene eine tägliche Besuchserlaubnis zu bestimmten Besuchszeiten einzuführen[447]). Diese Anträge schränkten sie aber bereits 1925 dahin ein, daß jeder Gefangene nur alle acht Tage Schreiberlaubnis bekommen und ein unbehindertes Korrespondenzrecht nur mit Behörden und Abgeordneten haben solle. Ferner solle in jeder Anstalt eine tägliche Besuchszeit von mindestens vier Stunden eingeführt werden und jeder Gefangene wenigstens einmal in der Woche das Recht haben, einen Besuch zu empfangen[448]). Im Jahre 1926 stellten sie außerdem den Antrag, die Briefzensur dürfe sich nur auf Mitteilungen beziehen, die die Sicherheit der Anstalt gefährdeten, und für die Briefe der politischen Gefangenen solle sie ganz in Wegfall kommen[449]). Neuerdings, das heißt seit 1928, verlangen sie das auch für die Korrespondenz der Angehörigen der dritten Stufe[450]). Diese Anträge wurden letztmals bei der Strafvollzugsdebatte von 1930 gestellt[451]). Daneben wünschten sie wiederholt, daß dem verheirateten Gefangenen in bestimmten Zwischen-

---

[445]) Krebs, a. a. O. S. 53 u. 60.

[446]) Preuß. Landtag, Hauptaussch., Sitzg. v. 15. VII. 1925, Prot. S. 12.

[447]) Preuß. Landtag, Hauptaussch., Sitzg. v. 24. IV. 1922, Prot. S. 4, Antrag Nr. 9, Sitzg. v. 30. I. 1930, Prot. S. 3, Antrag Nr. 1, Ziff. 8.

[448]) Ebenda, Sitzg. v. 13. VII. 1925, Prot. S. 5, Antrag Nr. 24, Ziff. 2 u. 3 (Sammelantrag).

[449]) Ebenda, Sitzg. v. 16. IV. 1926, Prot. S. 3, Antrag Nr. 4, Ziff. 1, Abs. 2.

[450]) Ebenda, Anträge z. Justizhaushalt 1928, S. 1, Nr. 1 u. 2.

[451]) Ebenda, Anträge z. Justizhaushalt 1930, S. 7, Nr. 33, u. S. 9, Nr. 45.

räumen der Besuch der Ehefrau ohne Aufsicht eines Beamten gestattet werde[452]). Dieser Passus ist inzwischen in Wegfall gekommen, vermutlich, da man den Zweck der Bestimmung durch die Urlaubsgewährung, von der gleich zu sprechen ist, erfüllt sehen würde.

Einige der oben erwähnten Anträge wurden zum Teil etwas verändert auch in anderen Ländern gestellt. So begnügte sich beispielsweise in Württemberg der Abgeordnete Brönnle mit einer vierzehntägigen Brief- und Besuchserlaubnis, wobei er die Dauer der letzteren allerdings auf 12 Stunden ausgedehnt wissen wollte[453]) und in Mecklenburg-Strelitz sah ein von den dortigen Kommunisten eingebrachter Antrag für Zuchthausgefangene alle vier Wochen und für Gefängnis- und Haftgefangene alle zwei Wochen eine Besuchsmöglichkeit vor[454]).

Mit der Frage der Urlaubsgewährung haben sich in eingehender Weise die Sozialisten des sächsischen Landtags befaßt. In der Landtagssitzung vom 16. XII. 1926 beantragte die dortige kommunistische Fraktion, anläßlich der Weihnachtsfeiertage allen politischen Gefangenen ausnahmslos und den kriminellen, „soweit ihre Beurlaubung nicht das Leben und die Gesundheit ihrer Mitmenschen gefährde", einen Urlaub zu gewähren, der bei Inhaftierungen bis zu einhalbjähriger Dauer 14 Tage, bei längeren drei Wochen betragen solle[455]). In der Debatte erklärte daraufhin der sozialdemokratische Fraktionsredner Neu, seine Parteifreunde seien mit den Zielen dieses Antrages an sich einverstanden, wünschten aber, daß man eine derartige Frage nicht von Fall zu Fall behandle und hier keine Gelegenheitsgesetze mache, sondern dem Gefangenen an Stelle des bisherigen Gnadenaktes ein für allemal ein förmliches in der Strafvollzugsordnung zu verankerndes Recht auf Urlaub einräume[456]). Um diesen Gedanken zu verwirklichen, stellte er in der Sitzung vom 16. VI. 1927 den Antrag, in die sächsische Strafvollzugsordnung folgende Bestimmungen aufzunehmen, die in ihren wesentlichen Punkten ihrer grundsätzlichen, gerade in der Formulierung liegenden Bedeutung wegen, hier wörtlich zitiert seien:

---

[452]) Ebenda, Sitzg. v. 24. IV. 1922, Prot. S. 4, Antrag Nr. 8, v. 30. I. 1923, Prot. S. 3, Antrag Nr. 1, Ziff. 9, v. 3. VI. 1924, Prot. S. 4, Antrag Nr. 4, Ziff. 7, v. 13. VII. 1925, Prot. S. 5, Antrag Nr. 24, Ziff. 3 (Sammelantrag).

[453]) Württ. Landtag, Beilage 343 v. 15. V. 1926, S. 267.

[454]) Mecklenbg.-Strelitzer Landtag, Sitzg. v. 25. III. 1927, Prot. S. 2544.

[455]) a. a. O. Drucksache Nr. 64 (vgl. Landtagsbeilage z. sächs. Staatszeitg., 1926, Nr. 9, S. 26).

[456]) a. a. O. Prot. S. 126 B f.

„§ **248a.** Ein Recht auf Urlaub haben Gefangene, wenn sie mindestens 6 Monate ihrer Strafe verbüßt haben, sofern diese

a) in Gefängnis bis zu drei Jahren,

b) in Zuchthaus bis zu zwei Jahren,

c) in einer höheren Strafe besteht, wenn die letztere Strafe wegen einer aus politischen Gründen begangenen Straftat zuerkannt worden ist.

Der Urlaub beträgt zwei Wochen jährlich. Er wird nur auf Antrag gewährt.

§ **248b.** Des Rechts auf Urlaub geht verlustig, wer einen Urlaub überschritten hat, es sei denn, daß die Überschreitung ohne sein Verschulden geschehen ist, oder wer fluchtverdächtig ist. Fluchtverdacht liegt nur vor, wenn sich der Gefangene der Strafverfolgung oder der Strafvollstreckung durch tatsächliche Veranstaltungen zu entziehen versucht hat.

Die Entscheidung trifft der Gefängnisvorstand nach Vortrag in der Beamtenbesprechung.

Gegen sie steht dem Gefangenen das Recht der Beschwerde an den Gefängnisbeirat zu, der seine Beschlüsse nach Stimmenmehrheit faßt. Bei Stimmengleichheit ist die Beschwerde zu verwerfen.

Der Beirat kann vor Beschlußfassung die Beteiligten hören[457]).

. . . . . .“

Bei der Begründung der Anträge meinte Neu, nach den bisherigen Erfahrungen, die mit Beurlaubungen gemacht worden seien — nach einer Mitteilung der Regierung in den Ausschußberatungen seien 1926 von 726 Beurlaubten 55 nicht, und 106 verspätet zurückgekehrt — könne man die grundsätzliche Gewährung eines Urlaubsrechts nicht als übereilt ansehen, denn es seien demnach nur 7½ % nicht zurückgekehrt, die man im übrigen aber auch wohl bald wieder ergriffen haben dürfte[458]). Der Landtag beschloß lediglich, unter Ablehnung der Anträge der Kommunisten wie der Sozialdemokraten, die Regierung zu ersuchen, auch weiterhin die Gesuche auf Strafunterbrechungen im Gnadenwege nach Möglichkeit zu berücksichtigen[459]). Inzwischen wurde aber durch eine Strafvollzugsnovelle im Februar 1930 unter anderem den Gefängnisvorständen die Möglichkeit gegeben, wenigstens Gefan-

---

[457]) a. a. O. Antrag Nr. 392 (Landtagsbeilage z. sächs. Staatszeitg., 1927, Nr. 78, S. 287).

[458]) a. a. O. Prot. S. 1257 D.

[459]) ebenda.

gene der Oberstufe, die eine Gefängnisstrafe von mindestens neun Monaten oder eine zeitige Zuchthausstrafe verbüßen, auf die Dauer von insgesamt zwei Wochen im Jahre zu beurlauben, wenn sie eine feste Unterkunft und einen gesicherten Unterhalt haben[460]).

Die Kommunisten des preußischen Landtags verlangten zunächst — noch einen wesentlichen Schritt weitergehend — 1926, schlechthin allen Gefangenen in Zwischenräumen von vier Wochen einen Stadturlaub und verheirateten Gefangenen in denselben Zwischenräumen einen Familienurlaub von mindestens drei Tagen zu geben[461]). In einem späteren Antrage aus dem Jahre 1927 wünschten sie den ersteren, also den Stadturlaub für die Unverheirateten, allerdings nur noch bei den politischen Gefangenen[462]). Neuerdings nähern sie sich dem von sozialdemokratischer Seite in Sachsen eingeschlagenen Verfahren, wenn sie 1930 beantragen, jedem Gefangenen mit einer Strafzeit bis zu 5 Jahren nach Verbüßung eines Jahres ein Anrecht auf einen Urlaub in Höhe von jährlich 14 Tagen einzuräumen, der auf Wunsch getrennt gegeben werden soll[463]).

Während die bisher angeführten Bestrebungen mit in erster Linie eine Lösung der sexuellen Frage im Strafvollzuge bezwecken, ist in Preußen schon 1922 der Abgeordnete Liebknecht (USP.) für eine zeitweise Beurlaubung der Gefangenen mit dem Ziele eingetreten, sie allmählich wieder an das Leben in der Freiheit zu gewöhnen. Zu diesem Zwecke solle man, meinte er, diejenigen, die eine längere Strafe verbüßten, einige Zeit vor ihrer Entlassung auf Stunden und zuletzt vielleicht tagsüber beurlauben, damit sie sich gleichzeitig eine Arbeitsstelle suchen und sie gegebenenfalls sofort annehmen können[464]). Das ist ein Gedanke, der heute zum Teil schon verwirklicht ist[465]).

---

[460]) Dritte Änderung der StVO. vom 14. II. 1930, § 248 a (Säch. Ges. Bl. 1930, Nr. 3, S. 5 ff.).

[461]) Preuß. Landtag, Hauptaussch., Sitzung v. 16. IV. 1926, Prot. S. 3, Antrag Nr. 4, Ziff. 3.

[462]) ebenda, Anträge z. Justizhaushalt 1927, S. 6. Nr. 27.

[463]) ebenda, Anträge z. Justizhaushalt 1930, S. 11, Nr. 55.

[464]) ebenda, Sitzg. v. 8. V. 1922, Prot. S. 7.

[465]) Die preuß. Stufen-VO. v. 7. VI. 1929 sieht bekanntlich eine Urlaubsgewährung von jährlich einer Woche für Gefangene der zweiten, und von zwei Wochen für die der dritten Stufe vor und gestattet den letzteren außerdem nach dem Ablauf einer gewissen Zeit auch außerhalb des Gefängnisses in Arbeit zu treten. Daß auch in Sachsen für die Angehörigen der dritten Stufe eine Urlaubsmöglichkeit besteht, wurde bereits erwähnt.

Nach russischem Muster wird von kommunistischer Seite ferner die Beurlaubung der Landarbeiter für die Erntezeit gewünscht[466]). Für eine wenigstens versuchsweise Einführung eines solchen Ernteurlaubs hat sich auch einmal der Abgeordnete Heine 1910 im Reichstag eingesetzt mit dem Hinweis auf Amerika, wo sich solche Versuche bereits bewährt hätten[467]).

§ 11. Die Sexualfrage.

Wie wir eben bei der Behandlung der Urlaubsfrage gesehen haben, wird von den Sozialisten, insbesondere den Kommunisten, dem Sexualproblem eine erhebliche Bedeutung im Strafvollzuge beigemessen. Da es sich hier um eine anderweit bisher nur wenig erörterte Seite des Strafvollzugs handelt, scheint es erforderlich, sie im folgenden etwas eingehender zu behandeln.

Am stärksten hat sich mit dieser Frage zweifellos Karl Plättner befaßt, der in seinem bekannten Buche „Eros im Zuchthaus" nach eigenen Erlebnissen und nach Mitteilungen von Mitgefangenen einen Einblick in das Sexualleben hinter den Gefängnismauern geben will. Dabei verfolgt er auch offensichtlich propagandistische Zwecke, insofern er seine Leserschaft auffordert, für die Ermöglichung des Sexualverkehres in den Strafanstalten einzutreten. (Dem Buche sind vorgedruckte Petitionsformulare zur Unterzeichnung beigefügt, die Plättner an den Reichstag usw. weiterleiten will; ferner bittet er die Leser um Mitteilung weiteren Tatsachenmaterials.)

Aus der stark gehäuften Fülle des Berichteten sei hier nur das berücksichtigt, was Plättner von sich selbst erzählt. Faßt man diese Erlebnisse in ihren entscheidenden Punkten zusammen, so ergibt sich damit zugleich ein nicht unwesentlicher weiterer Beitrag zum Verständnis der physischen und psychischen Wirkungen der Einzelhaft. Denn was Plättner schildert, ist im Grunde genommen nichts anderes, als eine Abwandlung fast aller Phasen der aus Radbruchs Zusammenstellung hervorgehenden körperlichen und seelischen Wirkungen der Isolierung auf dem Sondergebiet des Sexuellen. Die Tatsache, daß man hier zweifelsfrei an typischen Merkmalen eine Parallelentwicklung beobachten kann, dürfte auch eine Möglichkeit zur kritischen Würdigung seiner Behauptungen

---

[466]) Heymann im bad. Landtag, Sitzg. v. 21. VI. 1928, Prot. S. 1844 f.: In der Sowjetunion werde den Bauern ein Urlaub von 3—4 Monaten gewährt, damit sie ihre Feldarbeiten verrichten könnten (ebenso Schirwindt, a. a. O. S. 22).

[467]) Reichstagssitzg. v. 20. I. 1910, Prot. S. 716.

bieten, insofern es nicht ausgeschlossen erscheint, daß bei Menschen von ausgeprägt sinnlicher Veranlagung hauptsächlich das Sexualleben von den Wirkungen der Isolierung betroffen wird.

Plättner war schon während des Krieges — dies hier zu erwähnen, erscheint nicht unwichtig — 15 Monate in Untersuchungshaft. Doch war er damals, wie er sagt, mit seinem Rechtsfall und mit Fluchtgedanken so beschäftigt, daß sein Denken und Fühlen vollauf in Anspruch genommen war[468]). Im Februar 1922 erneut festgenommen, war er dann 6½ Jahre ununterbrochen in Einzelhaft. Auch dieses Mal gelingt es ihm, den Trieb während einer ähnlich langen Zeit von etwa 1¼ Jahren zu sublimieren. In den ersten Monaten weilt er mit seinen Gedanken fast ständig bei seiner Frau und das Spiel der Phantasie, das ihn „sozusagen in ein erotisches Traumland führt", bietet genügend Ablenkung und seelische Befriedigung[469]). Dieser ersten Periode einer verhältnismäßig natürlichen Gefühlsreaktion auf die plötzliche Trennung von seiner ihm anscheinend seelisch sehr nahestehenden Frau folgt eine zweite, in der er zahlreiche Gedichte verfaßt, die schon allmählich in immer steigenderem Maße den Charakter bewußter Verdrängungsakte annehmen. Bald stellt sich dann eine wachsende Unruhe ein, die ihm den nüchternen Blick für die Dinge raubt: er verfällt in Grübeleien und vermag die wirr auf ihn einstürmenden Gedanken nicht mehr klar zu beherrschen. Dazu kommt, daß etwa um die gleiche Zeit das Verhältnis zu seiner Frau, die unter der Trennung ebenso leidet wie er, ein sehr gespanntes wird und auch durch die kurzen, beaufsichtigten Besuche nicht geklärt werden kann, vielmehr eher an Mißverständnissen zunimmt[470]). In diesem Zustande innerer Ohnmacht, in dem ihn „allerlei Truggebilde" einfangen, in dem er die Geschehnisse nicht mehr so sieht, wie sie in Wirklichkeit sind, „sondern wie auf den Kopf gestellt", vermag er schließlich auch das „Überwuchern des ganzen Denkens mit sexuellen Vorstellungen" nicht mehr abzuwehren[471]). Phantastische Bilder erstehen vor ihm und werden gespenstische, traumhafte Wirklichkeit. Völlig „wach und klar im Kopf", wie er meint, sieht er sich von zahlreichen Frauenkörpern in grotesken Stellungen umgaukelt und fühlt sich von

[468]) Plättner, Eros im Zuchthaus, Mopr.-Verlag, Berlin NW. 7, 1929, S. 22.
[469]) a. a. O. S. 23.
[470]) a. a. O. S. 34—36. Plättner wendet sich in diesem Zusammenhang besonders gegen die stete Beaufsichtigung der Besuche, die eine persönliche Aussprache unmöglich machen.
[471]) a. a. O. S. 37 u. 80.

ihnen geradezu körperlich umklammert. „Was da vor meinen Augen ständig herumspielte“, sagt er, „durfte ich in Wirklichkeit und letzter Konsequenz gar nicht ausdenken[472].“ Dabei versichert er ausdrücklich, solche Vorstellungen früher nie gekannt zu haben. Seine Mitgefangenen hätten ihm aber „in Dutzenden von Fällen“ von ähnlichen Erscheinungen erzählt. Diese nervöse Überreiztheit und die physische Erschlaffung — er leidet gleichzeitig an Angstzuständen, die sich oft bis zu Weinkrämpfen steigern, an Atemnot und Kopfweh[473]) — lassen ihn dann, wie er im Interesse einer notwendigen Aufklärung gestehen zu sollen glaubt, zu sexuellen Ersatzhandlungen, auch instrumenteller Art, greifen[474]). Gegen Ende seiner Haft ist er in einem Zustand solcher Hemmungslosigkeit, daß er den Tag der Entlassung nur mit Furcht kommen sieht. Er befürchtet, er könne sich zu einer Vergewaltigung hinreißen lassen und bittet deshalb seine Frau, ihn am Gefängnistore zu erwarten. Zu seiner eigenen Überraschung fühlt er sich aber, wie er wieder auf der Straße steht — er wurde unvorhergesehenerweise einige Stunden früher entlassen —, frei von jeder anormalen Regung. Alles ist „wie ausgeglichen“ [475]).

Neben diesen unmittelbaren Selbsterlebnissen enthält das Buch Plättners noch eine Reihe eigener Beobachtungen und, bezeichnenderweise gerade in seinen krassesten Fällen, Mitteilungen von dritter Seite, die zweifellos nicht von vornherein als bare Münze genommen werden können. Hier dürften nicht selten starke Übertreibungen vorliegen, so insbesondere, wenn Pervertierungen letzter Art mehr oder weniger als Alltäglichkeiten des Zuchthauslebens hingestellt werden[476]).

Plättner beschäftigt sich auch eingehend mit der Frage nach den Ursachen dieser Erscheinungen. Den Hauptgrund sieht er darin, daß den Gefangenen die Möglichkeit fehle, sich richtig auszuarbeiten. Muß der Gefangene, so führt er aus, schon tagsüber meist Arbeiten verrichten, die weder seine Körperkraft noch sein geistiges Interesse genügend in Anspruch nehmen, so hat er am Abend überhaupt keine Gelegenheit, etwas Vernünftiges zu tun. Einmal müssen viele Gefangene ihre Kleider um 7 Uhr abgeben (was geschieht, um eine Flucht zu verhindern) und legen sich

---

[472]) a. a. O. S. 82, vgl. hierzu oben Anm. 200.
[473]) a. a. O. S. 48, vgl. oben Anm. 312.
[474]) a. a. O. S. 123.
[475]) a. a. O. S. 104.
[476]) a. a. O. insbes. S. 108 ff.

schon, weil sie sonst frieren würden, um diese Zeit ins Bett. Zum andern erhält der Gefangene üblicherweise aber auch keine oder nur eine zeitlich sehr beschränkte Zellenbeleuchtung, so daß er in der Regel nach dem Abendbrot im Dunkeln sitzen würde. Nun sei es aber eine völlige Unmöglichkeit unter solchen Umständen und zu so früher Zeit alsbald einzuschlafen und so würfen sich denn die meisten Gefangenen, von Betrachtungen über die Trostlosigkeit ihres Daseins gequält, stundenlang auf ihrem Lager umher, ohne Ruhe zu finden, und suchten dann nicht selten durch sexuelle Entspannungen ein physische Ermüdung und damit den ersehnten Schlaf herbeizuführen. Auch diese Erfahrung habe er an sich selbst gemacht. Er ist dabei der Auffassung, daß man gegen diese Dinge auf die Dauer nicht ankämpfen könne. Man wehre sich ohnehin, sagt er, zunächst mit aller Energie gegen die Versuchungen, aber es sei selbst energischen Naturen nicht möglich, jahrelang ohne eine befriedigende Arbeit, ohne ein Ziel vor Augen zu haben, mit dem sich wenigstens die Gedanken beschäftigen können, Abend für Abend stundenlang auf den Augenblick des Einschlafens zu warten[477]). Zudem bedrücke den Gefangenen die Enge des Zellenraumes allmählich bis zur Unerträglichkeit und verursache Psychosen aller Art, insbesondere wenn noch die Fenster zum Teil verschlossen oder undurchsichtig gemacht sind. In dieser Atmosphäre sei es letzten Endes einfach nicht mehr möglich, den gesteigerten Sexualtrieb durch geistiges Schaffen zu kompensieren[478]).

Am Schlusse seiner Ausführungen macht Plättner eine Reihe von Vorschlägen, die mittelbar die Sexualnot der Gefangenen beheben sollen, indem sie gesündere Lebensbedingungen schaffen, die nach Möglichkeit die geschilderten sexuellen Spannungen gar nicht aufkommen oder doch in anderer Weise zur Entladung kommen lassen[479]). Als wichtigste sind zu nennen, daß kein Gefangener gegen seinen Willen in Einzel- oder Gemeinschaftshaft genommen werden darf, daß das Schweigegebot völlig aufzuheben ist und die Gefangenen ungehindert innerhalb der Anstalt miteinander verkehren können, daß zu diesem Zwecke die Zellen

[477]) a. a. O. S. 63 ff. (67).

[478]) Auch hier zeigt es sich, wie wichtig es ist, den Gefangenen eine angemessene Beschäftigung zu geben und namentlich die Abende sinnvoll auszugestalten.

[479]) a. a. O. S. 219 ff. — Diese Vorschläge enthalten zum Teil wörtlich Forderungen des kommunistischen Sammelantrages.

unverschlossen sein sollen, daß diese außerdem wohnlich ausgestattet werden müssen und daß das Essen tunlichst gemeinsam eingenommen wird, wobei jeder Gefangene sich nach Bedarf selbst bedienen soll und die Aufrechterhaltung der Ordnung von den Gefangenen übernommen wird. Neben diesen Vorschlägen fordert er die völlige Aufhebung der Trennung der Geschlechter. „In Konsequenz der sexualwissenschaftlichen Erfahrung", heißt es in These 13, „die lehrt, daß die willkürliche Trennung der Geschlechter das natürliche Spannungsverhältnis zwischen beiden unnatürlich überspannt, wird die Trennung der Geschlechter als schädlich verworfen und aufgehoben[480])." Als gelöst betrachtet Plättner das Problem indessen erst, wenn für alle Gefangenen, das heißt nicht nur für die verheirateten, ein normaler Geschlechtsverkehr ermöglicht wird. Deshalb verlangt er, daß jeder Gefangene in regelmäßigen Abständen von mindestens vier Wochen den Besuch des „Geschlechtspartners" auf die Dauer von mindestens 48 Stunden empfangen dürfe[481]). Dagegen hält er eine regelmäßige Urlaubsgewährung an alle Gefangene für undurchführbar, und zwar sowohl, weil viele Gefangene zur Beschaffung der erforderlichen Geldmittel weitere Straftaten begehen würden, als vor allem auch, weil ein ausschlaggebender Prozentsatz nicht zurückkehren würde[482]).

Abgesehen von Plättner äußert sich auch Hoelz in seinen Zuchthausberichten zur Sexualfrage. Er erzählt, wenn auch nur kurz, von ähnlichen Beobachtungen und bekennt, daß er selbst nicht weniger unter der erzwungenen Askese gelitten habe als seine Mitgefangenen. Als Mittel zur Beruhigung der Sexualnerven werden von ihm in erster Linie gymnastische Übungen empfohlen. „Um nicht verrückt zu werden in dieser sehnsüchtigen Qual", schreibt Hoelz, „sprang ich oft des Nachts um 1, 2 oder 3 Uhr von der Pritsche und goß einen fünf Liter fassenden Steinkrug mit eiskaltem Wasser über meinen Körper. Dann rieb ich mich trocken, wischte den Fußboden auf und machte anschließend zwei bis drei Stunden lang gymnastische Übungen[483])."

---

[480]) Hierzu bemerkt v. Cleric in einer eingehenden Kritik des Plättnerschen Buches zweifellos mit Recht, daß damit „sehr leicht die Strafanstalten zum Schauplatz sexueller Orgien" gemacht würden (Monatsschr. f. Krim.-Psych. u. Strafrechtsref., 1929, S. 626). Vgl. auch die Besprechung in d. Sozial. Monatsh., 1929, S. 251 ff., die jedoch keinerlei Kritik übt.

[481]) a. a. O. S. 221, Ziff. 16.

[482]) a. a. O. S. 216 f.

[483]) Hoelz, Vom weißen Kreuz zur roten Fahne, S. 304 ff. (306).

Erich Mühsam gibt für die Irrleitung des Sexuallebens der Gefangenen eine Erklärung eigener Art. Er hat die Pervertierungen des Geschlechtstriebes in der Gemeinschaftshaft kennen gelernt (in der Festung Niederschönenfeld, wo jahrelang 30 bis 40 Männer von 17 bis 60 Jahren in einem Gemeinschaftsraum zusammenhausten) und kommt zu der Auffassung, daß es weniger das Bedürfnis nach dem Geschlechtsakte selbst ist, was den Gefangenen peinigt, als die Entbehrung der „Körpernähe ersehnter Menschen", das Fehlen „menschlicher Zärtlichkeiten". Der Kern des Übels ist seiner Ansicht nach der, daß die Gefangenen, aus dem Organismus der menschlichen Gesellschaft herausgerissen, nicht mehr den natürlichen Wechselwirkungen der Anziehung, die die Geschlechter aufeinander ausübten, ausgesetzt seien und deshalb Triebabweichungen verfielen, die sie früher nicht einmal geahnt hätten. Dennoch tritt auch er für die Gestattung des Sexualverkehrs in den Strafanstalten ein, denn der „von der erotischen Einwirkung der Gesamtatmosphäre Ausgesperrte" habe ein „ungeheuer gesteigertes Triebleben", so daß ein entsprechender Ausgleich geschaffen werden müsse[484]).

Bemerkt sei, daß Mühsam seine Erlebnisse und Auffassungen 1926 in einem Vortrage im Institut für Sexualwissenschaft ausführlich darlegte[485]). Ebenso hat Ernst Toller erst vor kurzem auf dem internationalen Kongreß für Sexualreform in Wien 1930 über die Geschlechtsnot der Gefangenen gesprochen, wobei er insbesondere betonte, daß als Folge der veränderten Triebrichtung neue Strafhandlungen begangen würden, was bekanntlich eine wiederholt diskutierte, aber noch ziemlich umstrittene Frage ist[486]).

In den Parlamenten ist zu beobachten, daß es auch hier die Kommunisten sind, die sich eingehender mit dem Sexualproblem befassen. So hat im anhaltischen Landtag 1927 und 1929 der Abgeordnete Besser namentlich auf die Gefahr der Homosexualität hingewiesen, die den entlassenen Gefangenen von neuem in Konflikt mit dem Gesetz bringen könne und so die Kriminalität

---

[484]) Erich Mühsam in seiner Zeitschrift: Das Fanal, 3. Jhg., S. 28 f. Vgl. auch Vorwärts, 43. Jhg., Nr. 227, Strafvollzug und Sexualleben (Berichte über einen Vortrag Mühsams).

[485]) Vgl. den oben erwähnten Bericht im Vorwärts.

[486]) Vgl. Frankfurter Zeitg., Reichsausgabe v. 30. Sept. 1930, Kongreß für Sexualreform. — Bondy meint z. B., man dürfe die „Dauerwirkung einer solchen zeitweisen Notpervertierung", deren Häufigkeit allerdings nicht zu bestreiten sei, nicht überschätzen (Monatsschr. f. Krim.-Psych. u. Strafrechtsref., 1929, S. 168, gelegentlich einer Kritik des Films „Geschlecht in Fesseln").

als eine Auswirkung des Strafvollzugs erscheinen lasse[487]). Ausführlich hat sich auch Vollmer 1929 in Württemberg hiezu geäußert. Unter Berufung auf Plättner — auf den sich übrigens auch Besser stützt — und unter Zitierung seines Buches sagt er zusammenfassend: „Gerade die Sexualität innerhalb der Gefängnisse schafft die größte Zerrüttung, sie ist die härteste Strafe für die Insassen und sie schafft auch die größte Zerrüttung innerhalb der Familie der Betreffenden, die in der Anstalt jahrelang ihr Leben zubringen müssen“ [488]).

Die praktischen Folgerungen, die aus diesen Auffassungen gezogen werden, gehen dahin, daß man — wie wir bereits gezeigt haben — Besuche ohne Überwachung und die Einführung eines Hausurlaubs verlangt bzw. förmlich beantragt. Dabei wird auch hier nicht selten auf den russischen Strafvollzug verwiesen. In Rußland, meinte Menzel 1925 im preußischen Landtag, könne man das Sexualproblem bereits als gelöst betrachten. Etwa 70 % aller Gefangenen, zum Teil bis zu 10 Jahren Gefängnis verurteilte, schnürten dort Sonntags ihr Bündel und gingen nach Hause zu ihrer Familie. Der Gefahr, daß sie nicht mehr zurückkommen, sei dadurch begegnet, daß für den Fall des Ausbleibens ihrer die doppelte Strafe harre und sie aller Vergünstigungen verlustig gingen[489]) (vgl. hiezu Schirwindt, nach dem in Rußland die mittleren und oberen Kategorien „das Recht auf 7 bis 14 Tage Urlaub im Jahre“ haben[490])).

§ 12. Das Stufensystem und die Selbstverwaltung.

Stehen die Sozialisten, wie im Vorausgegangenen verschiedentlich festzustellen war, dem progressiven Strafverlauf auch im großen und ganzen sympathisch gegenüber — wurde doch seine Einführung nicht nur lebhaft von ihnen begrüßt, sondern auch in der schon wiederholt erwähnten Artikelserie N. N.'s bereits in den Siebzigerjahren ausdrücklich gefordert —, so findet doch die heutige Form der Durchführung dieses Systems offensichtlich nicht ihren vollen Beifall. Insbesondere sind es zwei Momente, die ihre Kritik hervorrufen: die Beschränkung allgemein erzieherischer Maßnahmen auf die Angehörigen bestimmter Stufen und die Bedingungen, unter denen die Einstufungen zu erfolgen pflegen.

---

[487]) Anhalt. Landtag, Sitzg. v. 28. IV. 1927, Prot. S. 1234 C, und v. 23. IV. 1929, Prot. S. 260 D.

[488]) Württ. Landtag, Sitzg. v. 12. VI. 1929, Prot. S. 916 f.

[489]) Preuß. Landtag, Sitzg. v. 23. X. 1925, Prot. S. 5098.

[490]) Schirwindt, a. a. O. S. 22.

Die Bedenken, die zu dem ersten Punkte geltend gemacht werden, richten sich vor allem dagegen, daß die Unterrichtserteilung, die Bücherausgabe, die Teilnahme an körperlichen Übungen und Vorträgen oder sonstigen erzieherisch wirkenden Veranstaltungen, stellenweise auch die Arbeitsentlohnung, sich nach der Stufenzugehörigkeit richtet. Denn diese Dinge sollen nach Krebs keine Vergünstigungen für gute Führung sein, sondern der Erziehung dienen und gerade auch den noch Widerstrebenden emporrichten und wieder eingliedern. „Der Einwand, daß an die Stelle der Peitsche das Zuckerbrot getreten ist und an die Stelle der strengen Hausstrafen zur Erzwingung der Einordnung die Belohnung des sich einfügenden Gefangenen", sagt er in diesem Zusammenhange, „ist nicht ganz unberechtigt[491])." Mit dieser Auffassung steht Krebs nicht allein. Das zeigt sich, wenn im anhaltischen Landtag die Abgeordnete Frau Fiedler zwar ihre Zustimmung dazu ausspricht, daß man nun durch Radio- und Lichtbildervorträge die Erziehungsarbeit zu fördern suche, gleichzeitig aber wünscht, daß solche Vorträge nicht nur für die zweite und dritte Stufe abgehalten würden[492]), oder wenn in Bayern der Abgeordnete Steeger es unangemessen findet, den Angehörigen der ersten Stufe die Zeitungslektüre vorzuenthalten, weil man ihnen damit die Kenntnisnahme von den Vorgängen in der Außenwelt erschwere und so die Aussichten für ihr späteres Fortkommen vermindere[493]).

Krebs bleibt aber nicht bei der bloßen Kritik. Nach dem Vorbild des von ihm mitgeschaffenen thüringischen Strafvollzugs fordert er die Umgestaltung des bisherigen Vergünstigungssystems, in dem zum Teil noch die erste Stufe bewußt als Strafübel empfunden werden soll, zu einem einheitlichen, systematischen Erziehungsstrafvollzug, dessen Ausbau nach rein pädagogischen Grundsätzen lediglich durch den Erziehungszweck der Strafe bestimmt wird. Die einzelnen Stufen würden dann folgende Gestalt bekommen: Die erste Stufe (Beobachtungsstufe) dient der Erforschung der äußeren und inneren Lage des Gefangenen, indem ein psychologisch vorgebildeter Fürsorger in einer eingehenden Unterredung mit ihm seine sozialen Verhältnisse festzustellen und seine seelische Einstellung zu erfassen sucht. Die gewonnenen Eindrücke sollen durch Anfragen bei den Angehö-

---

[491]) Krebs, Straffälligenfürsorge, S. 29.
[492]) Anhalt. Landtag, Sitzg. v. 28. IV. 1927, Prot. S. 1230 B.
[493]) Bayer. Landtag, Sitzg. v. 1. V. 1925, Prot. S. 783.

rigen oder sonstigen geeigneten Stellen auf ihre Richtigkeit nachgeprüft und ergänzt werden. Gegebenenfalls soll auch die Unterstützung der Familie in die Wege geleitet werden (vgl. hiezu die Bestimmungen der sächsischen Verordnung über die Gefängnisfürsorge). Ferner ist auf diese Weise zu untersuchen, zu welcher Arbeit sich der Gefangene am besten eignet. Hat man so ein möglichst erschöpfendes Bild von seiner Persönlichkeit bekommen, so soll man ihn nach etwa einem halben Jahr bzw. einem Viertel der Strafzeit, wenn er sich erzieherischen Einwirkungen zugänglich zeigt, auf die zweite Stufe (Behandlungsstufe) versetzen, wo die eigentliche Erziehungsarbeit geleistet wird. Diese Erziehung muß eine Gemeinschaftserziehung unter möglichst starker Heranziehung des Gefangenen zur Mitarbeit sein. Auch äußerlich soll das Gemeinschaftsgefühl gefördert werden. Deshalb begrüßt es Krebs, wenn z. B. Tischgemeinschaften mit einem Tischältesten, der etwa den gemeinschaftlichen Speiseschrank zu verwalten hat, gebildet werden. Verspricht das Verhalten des Gefangenen Erfolg, das heißt, zeigt sich der Wille zu einer gesetzmäßigen Lebensführung, dann soll er nach Ablauf der Hälfte des Strafrestes in die dritte Stufe (Bewährungsstufe) aufrücken, deren wesentliches Charakteristikum die Selbstverwaltung ist. Hier sollen die Gefangenen an eigene Verantwortung gewöhnt und so in das freie Leben übergeleitet werden. Eine Beaufsichtigung hätte demgemäß fast ganz zu unterbleiben. Für die nötige Ordnung sorgen die selbstgewählten Obleute. Von der dritten Stufe kann dann auch in geeigneten Fällen eine vorzeitige Entlassung erfolgen[494]). Diese Gedanken sind inzwischen in der preußischen Verordnung über den Strafvollzug in Stufen vom 7. VI. 1929 fast völlig verwirklicht, teilweise sogar in einem noch etwas weitergehenden Maße — zum Beispiel soll auch in der zweiten Stufe eine wenn auch beschränkte Selbstverwaltung herrschen —, so daß es begreiflich erscheint, wenn Krebs diese Verordnung besonders warm begrüßt und sie „eine mutige Tat und einen ganz entschiedenen Schritt vorwärts auf dem Wege einer gesunden Reform des Strafvollzuges“ nennt[495]).

Der gegenwärtigen Gestalt des Strafvollzugs — das thüringische Gefängniswesen zählt immer noch zu den Ausnahmeerscheinungen und die neue preußische Stufenverordnung wird bekanntlich erst versuchsweise durchgeführt — Rechnung tragend,

---

[494]) Krebs, a. a. O. S. 30 ff.

[495]) Krebs, Strafvollzug in Stufen, Arbeiterwohlfahrt, 1930, H. 16, S. 487.

wünscht Weiß, daß grundsätzlich jeder Gefangene zunächst in die zweite Stufe aufgenommen wird. Er geht dabei davon aus, daß die erste Stufe in ihrer heutigen Form nicht die Erziehungsmaßnahmen biete, die für den Durchschnittsgefangenen von vornherein erforderlich seien. Vor allem aber lehnt er den Gedanken, zunächst einmal den Gefangenen die Strafe als ein Übel empfinden zu lassen, als Ausfluß der endgültig aufzugebenden Abschreckungstheorie entschieden ab, da allein schon die Ungleichheit der strafbaren Handlungen und die Ungleichheit der menschlichen Charaktere es ungerechtfertigt erscheinen ließen, unterschiedslos jeden Gefangenen durch eine Eingangsstufe mit ausgesprochenem Strafcharakter gehen zu lassen. Bei den meisten Gefangenen, namentlich den erstmals bestraften, sei es weit angebrachter, gleich mit positiven Maßnahmen zu beginnen, wie sie zurzeit erst auf der zweiten Stufe vorgesehen seien, wobei man immer noch eine Rückversetzung vornehmen könne, wenn sich der Gefangene diesen Einwirkungen bewußt verschließe[496]). Dieser Auffassung kann wohl zugestimmt werden, solange das Stufensystem lediglich auf Vergünstigungen aufgebaut ist — diese Zusammenhänge werden besonders deutlich, wenn Weiß einmal sagt, die mittlere Stufe entspreche etwa dem vermutlich auch vom Richter erwarteten gesetzmäßigen Maß an Strafe[497]) — schwerlich aber, sobald es zu einem konsequent ausgestalteten Erziehungssystem in dem oben dargelegten Sinne geworden ist. Nachdem nun auch Preußen wenigstens theoretisch in vollem Umfange diesen Weg gegangen ist, möchte man freilich den Vergünstigungsgedanken im Strafvollzug jetzt schon als überholt ansehen.

Unabhängig von dieser Entwicklung sind die Bedenken, die von sozialistischer Seite gegen die Methoden der Einstufungen erhoben werden. Hier wird die Frage: Legalität oder Moralität von praktischer Bedeutung, die, wie wir an anderer Stelle gezeigt haben, nach sozialistischer Anschauung zugunsten der ersteren zu beantworten ist. Für das Aufrücken muß das äußere Verhalten des Angeklagten maßgebend sein. „Ich bin der Meinung", sagt z. B. der Abgeordnete Neu im sächsischen Land-

---

[496]) Dr. Weiß, Wie wirken sich d. Reichsgrundsätze ... aus? (Monatsschr. f. Krim.-Psych. u. Strafrechtsref., 1925, S. 183 f.) und in einem Vortrag vom 20. Sept. 1930 in den Strafanstalten zu Wolfenbüttel, gelegentlich einer Besichtigung der Anstalten durch die Mitglieder der Volkshochschule Braunschweig.

[497]) Ders., a. a. O. S. 183, vgl. auch Weiß, Erzieherischer Strafvollzug, Justiz, Bd. II, H. 5, S. 461 ff.

tag wörtlich, „daß nur darauf abzustellen ist, ob ein Gefangener sich hausordnungsmäßig einfügt, daß er tut, was von ihm verlangt wird, daß er die Vorschriften einhält und sich im übrigen anständig beträgt. Ob er innerlich gewissermaßen die Faust ballt, ist ganz gleichgültig, wenn er nur den gestellten Ansprüchen genügt und sich in die Ordnung des Gefängnisses fügt. Daran sollte man es genügen lassen. Es kann von vielen Gefangenen überhaupt nicht verlangt werden — denken Sie an die politischen Gefangenen —, daß sie den sogenannten Besserungswillen zeigen. Wer auf einen solchen Gedanken kommen kann, der muß geradezu als weltfremd bezeichnet werden[498]).“ Führt der Gefangene sich im Gefängnis gut, so bestehe immerhin die Hoffnung, daß er dies auch draußen tut, daß er die hier gezeigten Eigenschaften beibehält und sich in die Gesellschaft einordnet. Jedenfalls ist man, wie Weiß meint, bei der Prüfung der Aufrückungsfrage auf das angewiesen, was der Mensch äußerlich zeigt, und darf nicht mehr verlangen[499]).

Die Anforderungen, die man für die Versetzung an den Gefangenen stellt, dürfen also keine zu hohen sein. Im bayerischen Landtag mißbilligte deshalb 1925 der Abgeordnete Steeger, daß man zu wenig Gefangene auf eine höhere Stufe kommen lasse. (Nach einer Mitteilung des Ministeriums seien in den Zuchthäusern z. B. damals nur 23 % in der zweiten und nur 3 % in der dritten Stufe, und in den Gefängnissen ganz ähnlich 28 % in der zweiten und nur 2 % in der dritten Stufe gewesen[500]). Im gleichen Sinne sprach sich Gehrmann 1928 im preußischen Landtag aus[501]). Steeger wünschte auch wiederholt, daß man insbesondere davon absehe, für das Aufrücken einen einstimmigen Beschluß der Beamtenkonferenz zu verlangen, wie das in Bayern üblich ist. Er halte das, meinte er, für eine große Gefahr, weil zu leicht ein einzelner Beamter einen Gefangenen falsch beurteilen oder ihm nicht gewogen sein könne, so daß der Gefangene, wenn er trotz großer Mühe und guten Willens nicht aufrücke, leicht an der Gerechtigkeit verzweifelnd in Verstockung verfalle. Deshalb müsse

---

[498]) Sächs. Landtag, Sitzg. v. 11. VII. 1929, Prot. S. 274.

[499]) Dr. Weiß in dem oben erwähnten Vortrag v. 20. IX. 1930, an dem ich teilnahm.

[500]) Bayer. Landtag, Sitzg. v. 1. V. 1925, Prot .S. 782.

[501]) Preuß. Landtag, Hauptaussch. v. 3. II. 1928, Prot. S. 26. Er erklärte wörtlich: Wünschenswert wäre es, wenn das Stufensystem so durchgeführt würde, daß eine größere Anzahl von Gefangenen leichter als bisher in eine höhere Stufe hineinkommen könnten.

unbedingt ein Mehrheitsbeschluß genügen[502]). Der kommunistische Abgeordnete Götz wandte sich ebenda vor allem dagegen, daß bei der Abstimmung auch der Gefängnisgeistliche mitwirke, so daß also zu jeder Aufrückung dessen Zustimmung erforderlich sei[503]).

Um Willkürlichkeiten auch bei Rückversetzungen möglichst zu verhindern, beantragte die sozialdemokratische Fraktion des oldenburgischen Landtags 1930, daß diese ebenfalls kollegial zu beschließen seien, was dort schon bei der Höhereinstufung geschieht, während sich der Abgeordnete Müller (KP.) gleichzeitig dagegen wandte, daß eingestufte Gefangene, die aus anderen Ländern zur weiteren Strafverbüßung überwiesen werden, wieder von vorne anfangen müßten[504]).

Die Befürchtung und die Annahme des tatsächlichen Vorhandenseins einer unterschiedlichen Behandlung geht bei den Kommunisten oft bis zur völligen Ablehnung des Stufenstrafvollzugs, weil er „die Denunziation und das Lakaientum" großziehe (Götz[505])) oder, wie im badischen Landtag Heymann bemerkte, nur ein „Kriechertum" erzeuge[506]). Doch wird diese Auffassung nicht allseits geteilt. Es gibt auch hier Stimmen, die den Dingen eher gerecht werden. So erklärte der Abgeordnete Brönnle im württembergischen Landtag sich mit der Idee des Stufensystems, der Zielsetzung und Willensstählung, durchaus einverstanden[507]). Und in Anhalt äußerte der Abgeordnete Besser, man könne nicht verkennen, daß durch die Einführung dieses Systems eine Besserung eingetreten sei. Allerdings wünscht er, daß es nicht auf einer Kannvorschrift, sondern auf zwingenden Bestimmungen aufgebaut werde[508]). Das ist aber eine Forderung, die mit dem Erziehungsgedanken zweifellos nicht vereinbar ist, denn man kann nicht schlechthin jeden Gefangenen nach Ablauf einer gewissen Zeit aufrücken lassen und ihm die damit verbundenen Freiheiten und Verantwortungen übertragen. Dagegen dürften auch diese Ein-

---

[502]) Bayer. Landtag, Sitzg. v. 1. V. 1925, Prot. S. 782, 21. II. 1929, Prot. S. 698.

[503]) Bayer. Landtag, Sitzg. v. 20. IV. 1926, Prot. S. 48.

[504]) Oldenbg. Landtag, Bericht d. Ausschusses I vom 4. III. 1930, S. 194; vgl. auch Landtagssitzg. v. 14. V. 1929, Prot. S. 141.

[505]) Bayer. Landtag, Sitzg. v. 20. IV. 1926, Prot. S. 48.

[506]) Bad. Landtag, Sitzg. v. 19. VI. 1928, Prot. S. 1750.

[507]) Württembg. Landtag, Sitzg. v. 27. I. 1928, Prot. S. 4706.

[508]) Anhalt. Landtag, Sitzg. v. 28. IV. 1927, Prot. S. 1234 A, u. 23. IV. 1929, Prot. S. 260 D.

wendungen beseitigt werden, wenn man den Gefangenen der ersten Stufe in angemessener Weise Erleichterungen gewährt, die heute nur dem höher Eingestuften als sogenannte Vergünstigungen gegeben werden, was bereits in stärkstem Maße die preußische Verordnung vom 7. VI. 1929 bezweckt[509]).

Die Selbstverwaltung der Gefangenen hängt nach Auffassung der Sozialisten aufs engste mit dem Stufenstrafvollzug zusammen, da es sich hier um die Ausgestaltung ihrer Mitwirkung an der Erziehungsarbeit handelt. Krebs bezeichnet sie geradezu als ein „Erfordernis des Stufenstrafvollzugs" [510]). Er bedauert deshalb vor allem, daß der Entwurf eines Strafvollzugsgesetzes an der praktischen Mitarbeit der Gefangenen, diesem „wertvollsten Erziehungsmittel", vorübergehe, das „mindestens für die Gefangenen der dritten Stufe möglich" sei. Für diese wünscht er, daß sie, ebenfalls nach thüringischem Vorbild, unter Leitung eines aus ihrer Mitte gewählten Ausschusses, an dessen Spitze ein Obmann steht, ihrem Leben in der Freizeit möglichst selbständig Form und Inhalt geben und daß sie sich innerhalb der Anstalt frei bewegen dürfen. Aufgabe des Obmanns soll es in erster Linie sein, die geschäftlichen Angelegenheiten zu regeln und die Verbindung mit der Anstaltsleitung aufrecht zu erhalten. Dabei soll er stets mit der Direktion unmittelbar verkehren. (Im übrigen hätte sich die Einflußnahme der Anstalt wohl fast ganz auf die Tätigkeit des Fürsorgers dieser Stufe zu beschränken, der aber hier mehr mitlebender Helfer und mitschaffender Berater sein muß, als etwa bestimmender und anordnender Leiter.) Auf die Mitarbeit der Gefangenen kann aber auch in der zweiten Stufe nicht verzichtet werden. Hier sollen sie ebenfalls Vertrauensleute wählen und am Anstaltsleben in gewissem Umfange beteiligt werden, so z. B. durch Heranziehung zu Sport-, Turn- und Küchenkommissionen; daneben hätten auch die Gefangenen beim Anstaltsgericht mitzuwirken. Außerdem soll die Anstaltsleitung Fragen allgemeiner Natur mit den Organen der beiden oberen Stufen besprechen und so dafür sorgen, daß diese Einrichtungen keine Äußerlichkeiten bleiben. „Es muß bei allem daran gedacht werden", sagt Krebs, „daß man niemanden gegen seinen Willen erziehen kann; der Wille des Gefangenen ist der wertvollste Erziehungsfaktor und

---

[509]) Vgl. oben Anm. 495 (S. 482 ff.).

[510]) Krebs hielt auf der Jenaer Tagung der Arbeitsgemeinschaft f. Reform d. Strafvollzugs 1926 ein Referat „Selbstverwaltung d. Gefangenen als Erfordernis des Stufenstrafvollzugs" (vgl. Deutsche Richterzeitg., 1926, S. 240).

muß deshalb an erster Stelle mit in den Dienst des Strafvollzuges gestellt werden"[511]). Für die Einführung der Gefangenenselbstverwaltung ist, wie wir im ersten Kapitel gezeigt haben, auch Weiß in seinem Entwurf zur braunschweigischen StVO. eingetreten[512]).

Aus der parlamentarischen Tätigkeit der Sozialisten ist in diesem Zusammenhange nur die Forderung des kommunistischen Sammelantrages zu erwähnen, den Gefangenen ein „weitgehendes Selbstverwaltungsrecht unter Bildung von Gefangenenräten zu gewähren"[513]). Sie wurde in Preußen durch Menzel neuerdings dahin abgeändert, daß an Stelle der Bildung von Gefangenenräten die „Wahl von Gefangenenobleuten" gewünscht wird[514]). Ob darin ein sachlicher Unterschied liegen soll, kann allerdings nicht gesagt werden, da nie nähere Angaben darüber gemacht wurden, wie man sich die Durchführung dieser Forderung denkt. Jedenfalls muß man sagen, daß sie in der letztgenannten Form mit der Stufenverordnung vom 7. VI. 1929 als verwirklicht anzusehen ist.

§ 13. Die Disziplinarstrafen.

Wenn die Sozialisten für eine humanere Ausgestaltung des Strafvollzuges eingetreten sind, so haben sie dabei stets mit in erster Linie eine Reform des Disziplinarstrafwesens angestrebt. Hier sahen und sehen sie zum Teil heute noch die hauptsächlichste Ursache gelegentlich immer wieder vorkommender, mit dem Erziehungsgedanken unvereinbarer Mißstände[515]). Über den Umfang der erforderlichen Reformen ist man indessen anscheinend verschiedener Meinung. Auch ist nicht zweifelsfrei festzustellen, welche Strafmittel man nun tatsächlich abgeschafft wissen will, da die Äußerungen, die in dieser Beziehung vorliegen, das nur selten deutlich aussprechen.

N. N. ist der Auffassung, daß Disziplinarstrafen im Strafvollzuge „unentbehrlich" seien. Sie dürften aber nicht „mittelalterlich" sein. Entziehung der Zubuße zur Kost, des Tabaks und ähnliche Maßnahmen, ausnahmsweise auch strenge Isolierung würden

---

[511]) Krebs, Straffälligenfürsorge, S. 32 f., 61, 68.

[512]) Vgl. oben Anm. 95.

[513]) Vgl. oben Sammelantrag, Ziff. 1 (Anm. 120).

[514]) Preuß. Landtag, Hauptaussch., Anträge z. Justizhaushalt 1927, S. 8, Nr. 36.

[515]) Gradnauer sagte z. B. in seinem „Elend d. Strafvollzugs": „Aller Wahnwitz der Vergeltungs- und Zwangsidee wiederholt sich hier auf erhöhter Stufenleiter" (S. 35).

durchaus genügen[516]). Noch weiter geht Gradnauer. Nach ihm sollen alle Disziplinarstrafen außer dem Verweis völlig beseitigt werden, da sie sämtliche nur darauf angelegt seien, den schon durch die Freiheitsentziehung an sich körperlich und geistig stark mitgenommenen Gefangenen „vollends herabzudrücken und zu ruinieren"[517]). Dagegen wird in den Mannheimer Thesen, also einer offiziellen Erklärung der Gesamtpartei, lediglich die Beseitigung der „brutalen" Disziplinarstrafen verlangt[518]). Leider nahm man gerade hier davon Abstand, zu erklären, welche Strafen man für brutal hält. Man dürfte aber nicht fehlgehen, wenn man als Kommentar eine Äußerung Stadthagens im Reichstage heranzieht, in der er dieses Beiwort dem Lattenarrest, der körperlichen Züchtigung und der Verdunkelung der Zelle, ebenso aber auch der Kostschmälerung und der Bettlagerentziehung beilegte[519]). Damit käme man zu dem Ergebnis, daß abgesehen vom Verweis eine Disziplinierung grundsätzlich nur in der Isolierung oder der Entziehung einer Vergünstigung bestehen dürfte, wie das im wesentlichen auch N. N. wünschte.

Das ist wohl auch heute noch als die durchschnittliche Auffassung der Sozialisten anzusehen. Wenigstens lassen z. B. Äußerungen des bayerischen Abgeordneten Steeger, der 1922 Strafen wie Kostschmälerung, Dunkelarrest, Bettentzug, Besuchs- und Briefsperre usw. als „drakonisch" bezeichnete, und einige Zeit später erklärte, vier Wochen Arrest mit Nachtlagerentzug und Kostherabsetzung auf Wasser und Brot sei eine Strafe, die ihn an das Mittelalter erinnere, schwerlich eine andere Deutung zu[520]). Eine klarere Stellungnahme findet sich bei Krebs gelegentlich einer Kritik des Entwurfs eines Strafvollzugsgesetzes, wo er sich wie Gradnauer für die gänzliche Abschaffung der Disziplinarstrafen ausspricht. „Die Hausstrafen", sagt er, „stellen sich als letzten Rest des alten zwecklosen Strafvollzuges dar, und haben als negative Erziehungsmittel keinen pädagogischen Wert. Sie dürfen nur da angewandt werden, wo die positiven Erziehungsmittel noch nicht in ausreichendem Maße vorhanden sind, müssen aber mehr und mehr abgebaut und schließlich überflüssig gemacht werden[521])".

---

[516]) N. N., a. a. O. S. 751.

[517]) Gradnauer, a. a. O. S. 37.

[518]) Vgl. oben Anm. 36.

[519]) Reichstagssitzg. v. 22. II. 1899, Prot. S. 1061.

[520]) Bayer. Landtag, Sitzg. v. 30. III. 1922, Prot. S. 325, und 1. V. 1925, Prot. S. 783.

[521]) Krebs, Straffälligenfürsorge, S. 61.

Ebenso meinte auch Neu im sächsischen Landtag 1929, „man sollte im Strafvollzug überhaupt ganz ohne Strafen auskommen“[522]). Besonders wichtig erscheint Krebs, daß die Strafen — so lange noch gestraft wird — sinnvoll und individuell angewendet werden. So könne z. B. die Arbeitsentziehung nur dann erzieherisch wirken, wenn sie, für eine ganz kurze Zeit verhängt, den Gefangenen zur Selbstbesinnung bringen soll und vermutlich auch bringen wird[523]).

Am schärfsten bekämpften die Sozialisten die Prügelstrafe, den Dunkel- und den Lattenarrest. Hierauf sei jedoch nur kurz eingegangen, weil diese Strafen durch die Grundsätze von 1923 endgültig für alle Länder beseitigt worden sind. Die Prügelstrafe hielt Gradnauer nicht nur für unvereinbar mit der auch im Verbrecher noch zu achtenden Menschenwürde, sondern auch für völlig wirkungslos und selbst für die an der Vollziehung beteiligten Beamten „widerwärtig“[524]). Leuß faßte ihre Wirkungen auf Grund eigener Beobachtungen und unter Bezugnahme auf die scharf ablehnende Haltung Krohnes in einem eingehenden Artikel in der „Neuen Zeit“ dahin zusammen, daß bei einer solchen Züchtigung sich aller Gefangenen eine tiefe Erbitterung bemächtige, „eine geheime Solidarität der Gefühle“, die selbst an den ruhigsten und apathischsten von ihnen nicht spurlos vorübergehe, denn auch sie fühlten sich wie mitgetroffen von dem rohen Akte, den Schlägen, die auf einen unglücklichen Wehrlosen niedersausten[525]). Erwähnt sei in diesem Zusammenhange auch, daß Bebel im Jahre 1900 im Reichstag, als diesem ein Gesetzentwurf vorlag, der für bestimmte Delikte die Prügelstrafe im Reichsstrafgesetzbuch wieder einführen wollte, sich dem entschieden widersetzte, und namentlich unter Berufung auf die Strafvollzugspraktiker sich gegen dieses Strafmittel wandte. (Neben Krohne zitierte er Ekert [Freiburg], der in ihr ein „barbarisches Mittel“ sehe, und Wirth [Plötzensee], der gesagt habe, es sei kein guter Erfolg von ihrer Anwendung zu erwarten[526])). Die Beseitigung des Dunkelarrestes verlangte namentlich Gradnauer hauptsächlich deshalb, weil völlige Dunkelheit, wie man durch wissenschaftliche Untersuchungen festgestellt habe, bei manchen Leuten zu Halluzinationen und

[522]) Sächs. Landtag, Sitzg. v. 11. VII. 1929, Prot. S. 274.

[523]) Krebs, Gefangenenarbeit, a. a. O. S. 191.

[524]) Gradnauer, a. a. O. S. 36.

[525]) Hans Leuß, Disziplin in Strafanstalten, Neue Zeit, 18. Jhg., 1. Bd., S. 784.

[526]) Reichtagssitzg. v. 23. III. 1900, Prot. S. 4936.

Delirien führe, die nicht selten dauernde Gesundheitsschädigung zur Folge hätten[527]). Der Lattenarrest schließlich — das war die Einsperrung des nur mit dünnen Kleidern und Strümpfen bekleideten Gefangenen in einer am Fußboden (in Sachsen auch an den Wänden) mit oben zugespitzten dreikantigen Latten versehenen Zelle — wurde bekämpft, weil er dem Gefangenen mindestens ebensolche Qualen bereite wie die Prügelstrafe. Auf die Dauer meinte Leuß, auch hier sich auf Krohne stützend, konnte der Gefangene in einer solchen Zelle weder stehen, noch sitzen oder liegen, er habe Tag und Nacht keine Ruhe gehabt und sein ganzer Körper sei mit der Zeit mit Striemen bedeckt worden[528]).

Bei dieser Einstellung scheint es selbstverständlich, daß sowohl Rosenfeld wie Zeigner in ihren Reformverordnungen die Prügelstrafe abschafften, während man weniger leicht begreift, daß sie hinsichtlich des Dunkelarrests nur die oben erwähnten zeitlichen Einschränkungen getroffen haben[529]).

Erhebliches Gewicht wurde von sozialistischer Seite von jeher darauf gelegt, daß das Disziplinarstrafwesen mit Rechtsgarantien ausgestattet werde. Darunter scheint man hier insbesondere zu verstehen, daß jeder Gefangene die Möglichkeit haben soll, gegen die Verhängung einer Strafe Beschwerde, und zwar mit aufschiebender Wirkung einzulegen. So verlangte schon N. N. eine derartige „Appellation" an eine Landes- oder Gemeindevertretung[530]) und ebenso hat sich auch Gradnauer in seinem Buche wie im Reichstage dafür eingesetzt, daß der Gefangene vor der Verbüßung sich an eine solche zweite Instanz wenden könne, die dann auch gehalten sein müßte, umgehend den Fall durch Anhörung des Beteiligten selbst zu untersuchen und sich keineswegs mit Berichten begnügen dürfte[531]). Steeger, der in neuerer Zeit im bayerischen Landtag erklärte: „Der Gefangene muß das Recht bekommen, wenn er zu einer Hausstrafe verdammt ist, sich beschweren zu können, bevor er seine Strafe antritt[532])", wünscht an anderer Stelle, daß den Gefängnisbeiräten im Disziplinarstrafwesen

[527]) Gradnauer, a. a. O. S. 38 ff.

[528]) Leuß, a. a. O. S. 784.

[529]) Der Lattenarrest wurde anscheinend erst durch die Grundsätze von 1923 förmlich beseitigt. Seine Anwendung in der Praxis dürfte aber wohl schon geraume Zeit früher aufgegeben worden sein.

[530]) N. N., a. a. O. S. 751 in Verbindg. mit S. 755.

[531]) Gradnauer a. a. O. S. 43, 92, und Reichstagssitzg. v. 13. V. 1904, Prot. S. 2902.

[532]) Bayer. Landtag, Sitzg. v. 30. III. 1922, Prot. S. 325.

größere Rechte eingeräumt würden[533]). Wie er sich diese denkt, geht aus seinen Ausführungen leider nicht hervor. Es wird aber anzunehmen sein, daß er damit die heute wohl in allen Ländern bestehenden Beiräte als Beschwerdeinstanz eingesetzt haben will und nicht, was ja auch möglich wäre, ihre unmittelbare Mitwirkung bei der Strafverhängung meint. Hinsichtlich der Zusammensetzung der Beschwerdeinstanz forderte der Abgeordnete Korsch (KP.) 1925 im Reichstage, auch hier die Beteiligung von Ärzten vorzusehen, so daß über die Frage der Gesundheitsschädigung eine weitere, gleichzeitig mitentscheidende sachverständige Persönlichkeit gehört werden könne[534]).

Verhältnismäßig neueren Datums und offensichtlich über die Kreise der Strafvollzugspraktiker noch wenig hinausgedrungen ist die Forderung, daß in den Strafanstalten ein kollegiales Hausstrafgericht eingeführt wird. An diesem sollen auch die Gefangenen selbst als Beisitzer teilnehmen. Im übrigen ist aber das Problem seiner Besetzung noch nicht gelöst. Krebs wendet sich gegen die Verwendung der Fürsorger als Richter, damit das besondere Vertrauensverhältnis, das zwischen diesen und den Gefangenen bestehen soll, nicht gestört werde, und warnt ferner vor der Heranziehung der Aufsichtsbeamten, da erfahrungsgemäß die Gefahr bestehe, daß diese keine selbständige Auffassung äußerten. Rittweger hält für zweckmäßig, daß der Fürsorger die Rolle des Verteidigers oder Beistands spiele, die in der Tat am ehesten seiner Stellung entsprechen dürfte[535]).

Über die praktische Durchführung von Anstaltsgerichten in Thüringen, die auf sozialistischen Einfluß zurückzuführen ist, wurde bereits berichtet.

Um nach Möglichkeit Gesundheitsschädigungen zu verhindern, wird ferner gefordert, daß wenigstens der Vollzug von Strafen, die mit derartigen Folgen verbunden sein können, von der ausdrücklichen Zustimmung des Anstaltsarztes abhängig gemacht werden. Ferner soll der Arzt den disziplinierten Gefangenen in diesen Fällen täglich besuchen (Gradnauer[536])). Dieser Forderung wird nunmehr durch den Entwurf eines StVG. Rechnung getragen, während heute noch nach den Grundsätzen nur die

[533]) ebenda, Sitzg. v. 1. V. 1925, Prot. S. 783.

[534]) Reichstagssitzg. v. 11. III. 1925, Prot. S. 1023.

[535]) Vgl. den Bericht über d. 2. Tagung d. Arbeitsgemeinschaft f. Ref. d. Strafvollzugs 1924 zu Frankfurt i. d. Monatsschrift f. Krim.-Psych. u. Strafrechtsref., 1925, S. 87, u. 3. Tagung zu Jena 1926, ebenda, 1927, S. 105.

[536]) Gradnauer, a. a. O. S. 43, u. Reichstagssitzg. v. 13. V. 1904, Prot. S. 2901.

Pflicht zur Anhörung des Arztes besteht (vgl. § 147 des Entwurfs, § 145 der Grundsätze).

§ 14. Die Strafanstaltsbeamten.

Auch für den Strafvollzug gilt die alte Erfahrungstatsache, daß alle Theorien und Gesetze nichts nützen, wenn die Menschen, die sie anwenden sollen, nicht befähigt oder nicht gewillt sind, in ihrem Sinne zu handeln. Sie gilt heute um so mehr, als die Erziehung, das Ziel des modernen Strafvollzugs, letzten Endes eine Kunst ist. Wie jede menschliche Kunst geht sie damit zwar von gewissen Prinzipien, von lernbaren Lehrsätzen der Pädagogik, aus. In ihrer praktischen Ausübung ist sie aber doch zum entscheidenden Teile immer durch die Persönlichkeit des Erziehenden selbst bedingt. Kann man somit unbedenklich sagen, die Zukunft des Erziehungsstrafvollzugs werde mit in erster Linie von der Individualität der Menschen abhängen, die ihn durchzuführen haben, so muß dabei insbesondere noch berücksichtigt werden, daß eine Anstaltserziehung nur dann von Erfolg sein kann, wenn sie von allen, die an und mit den Zöglingen arbeiten, einheitlich verwirklicht wird. Das setzt, auf die Strafanstalt angewendet, voraus, daß alle Beamten vom Erziehungsgedanken beseelt sind und nach denselben Erziehungsmethoden schaffen.

Von diesen Gesichtspunkten aus sehen auch die Sozialisten im wesentlichen die Stellung des Strafvollzugsbeamten bestimmt. In besonders deutlicher Art kommt das zum Ausdruck, wenn Weiß im Entwurf der braunschweigischen Strafvollzugsordnung sagte: „Alle Strafanstaltsbeamten sollen sich durch einheitlichen, erzieherischen Geist und in dem Bewußtsein, daß die Solidarität sittliche Kräfte wirkt, zu einer fest geschlossenen Gemeinschaft verbunden fühlen, in der jeder einzelne der Gemeinschaft und allen ihren Gliedern verantwortlich ist", und wenn er ausdrücklich hinzufügte, daß die Aufgabe des Strafvollzugsbeamten nicht nur in der Bewachung des Gefangenen bestehe, sondern auch darin, daß er in ihm den gefallenen Menschen wieder aufrichte und den haltlosen festige, daß er Verbitterte „mit sich selbst und mit der menschlichen Gesellschaft" auszusöhnen suche[537]).

Das kann aber nur erreicht werden, wenn die Gefängnisbeamten eine systematische Ausbildung in der Sozialerziehung erhalten. Wie daher schon vor über einem halben Jahrhundert N. N. verlangte, daß „Seminare" zu ihrer Vorbereitung für den Dienst er-

537) Weiß, a. a. O. §§ 5, 6.

richtet werden[538]), so fordern die Sozialisten auch heute noch dringlichst deren baldige Einführung. „Die Frage des Strafvollzugs ist in erster Linie eine Frage der Beamtenausbildung“, sagt Krebs, „Beamtenbesprechungen allein genügen nicht, die Schaffung von Fachschulen für Strafanstaltsbeamte ist eine dringende Notwendigkeit“[539]).

Offensichtlich ist man auch bestrebt, es hier nicht bei Worten bewenden zu lassen, sondern setzt sich nach Möglichkeit auch in den Parlamenten für die Beamtenausbildung ein. Dabei finden sich, wenngleich nur spärlich, auch Äußerungen, die zeigen, wie man sich diese Ausbildung im einzelnen denkt. In der hamburger Gefängnisdeputation schlug z. B. Dr. Pardo vor, daß den höheren und mittleren Beamten von seiten der Justizverwaltung geeignete Universitätsvorlesungen zur Anhörung empfohlen werden sollten — gegebenenfalls könne man vielleicht auch besondere Vorlesungen abhalten — während für die unteren Beamten, wie bei derselben Gelegenheit Kalweit bemerkte, unbedingt eine Schule errichtet werden müsse, da man bei der Plötzlichkeit der Umstellung nur in einer gründlichen Schulausbildung den älteren Beamten die neuen Methoden nahebringen könne[540]). Da aus finanziellen Gründen diese Forderung zunächst nicht verwirklicht wurde (erst 1929 konnten in dem neuen Teil des hamburger Untersuchungsgefängnisses Hörsäle für eine Beamtenfachschule geschaffen werden[541])), sprach sich später Perner allerdings doch für die Einrichtung von Kursen etwa in Verbindung mit der Polizeischule aus[542]). Ähnliche Auffassungen ergeben sich auch aus einer Rede des Abgeordneten Winker im württembergischen Landtag, der schon 1925 beantragte, das dortige Ministerium um eine bessere Ausbildung der Gefängnisbeamten zu ersuchen und das später dahin ergänzte, daß eine Art Vorschule eingeführt werden solle, wie das z. B. bei den Landjägern der Fall sei[543]).

[538]) N. N., a. a. O. S. 755.

[539]) Krebs, Straffälligenfürsorge, S. 69. Er fügt hinzu: „Sollen die Bestimmungen (des Entwurfs eines StVG.) über die Erziehung im Strafvollzuge nicht nur schöne Worte bleiben, so muß eine dahingehende Ergänzung des Entwurfs bestimmt vorgenommen werden. Eine falsche Sparsamkeit ist hierbei nicht am Platze.“

[540]) Hambg. Gefängnisdep., Sitzg. v. 16. XII. 1924, Prot. S. 4 u. 5.

[541]) Vgl. ebenda, Sitzg. v. 24. X. 1929, Prot. S. 7.

[542]) ebenda, Sitzg. v. 29. XI. 1927, Prot. S. 3.

[543]) Württembg. Landtag, Sitzg. v. 10. VII. 1925, Prot. S. 1481, und vom 11. VI. 1926, Prot. S. 2828. Das sei die Art der Ausbildung, wie sie die Gefängnisbeamten selbst sich denken würden.

In Preußen wünschte bereits 1922 ein von kommunistischer Seite gestellter, später öfters wiederholter Antrag (Menzel, Wolfstein), daß das Aufsichtspersonal vor seiner Anstellung „eine der Eigenart des Berufes angemessene Ausbildung“ erhalte. Für die damals im Dienste befindlichen Beamten sollten umgehend besondere Lehrgänge eingerichtet werden[544]). Auch hier erklärte bei der Begründung des Antrages Menzel im Hauptausschuß, daß zu diesem Zwecke eine eigene Schule notwendig sei[545]). Die sozialdemokratische Fraktion betonte ebenfalls wiederholt die Wichtigkeit der Ausbildungsfrage, ging aber in diesem Punkte erst in neuerer Zeit zur Einbringung förmlicher Anträge über, und zwar forderte sie zunächst 1928 lediglich die Errichtung einer „zentralen Schule“ in die Wege zu leiten, während nunmehr ein von ihr 1930 eingereichter und auch angenommener Antrag bereits die Bereitstellung der erforderlichen Mittel im Haushalte von 1931 verlangt. Diese preußische Beamtenfachschule soll in der gleichzeitig zu einem modernen Jugendgefängnis umzugestaltenden Strafanstalt in Spandau errichtet werden[546]). Ferner sprach bei dieser Gelegenheit die Abgeordnete Frau Helfers im Hauptausschuß den Wunsch aus, daß die Dauer der Ausbildung mindestens ein Jahr betrage. Die bestehenden vierwöchigen Kurse (in Tegel) seien, wie auch Gehrmann betonte, nicht ausreichend[547]).

Gibt das bisher Gesagte nur ein ziemlich verschwommenes Bild von dem Charakter, den die Aufsichtsbeamtenausbildung haben soll, so erhalten wir eine um so klarere Vorstellung durch die Bestimmungen, die Weiß in dem Entwurf zur braunschweigischen Vollzugsverordnung vorgesehen hatte. Nach diesen hätten die Ausbildungslehrgänge, die sich in der Regel über ein Jahr erstrecken sollten, neben theoretischen und praktischen Unterweisungen in den Vorschriften der Dienst- und Vollzugsordnung selbst, Kenntnisse vermitteln sollen auf dem Gebiete der Psychologie, Pädagogik und Ethik (insbesondere Vererbung, Milieuwirkung, Selbstbildung und Selbsterziehung, Intelligenzprüfung und Berufseignung, Unterschiede der Affekts-, Zufalls-, Gelegenheits- und Rückfallverbrecher, pathologische Haupttypen unter Vor-

[544]) Preuß. Landtag, Hauptaussch., Sitzg. v. 24. IV. 1922, Prot. S. 5, Antrag Nr. 15 vom 3. VI. 1924, Prot. S. 4, Antrag Nr. 4, Ziff. 13, v. 13. VII. 1925, Prot. S. 5, Antrag Nr. 24, Ziff. 10 (Sammelantrag) usw.

[545]) ebenda, Sitzg. v. 5. V. 1922, Prot. S. 10.

[546]) ebenda, Anträge z. Justizhaushalt 1928, S. 6, Nr. 41, und 1930, S. 15, Nr. 82 (Annahme d. Antrags, Sitzg. v. 5. III. 1930, Prot. S. 39).

[547]) ebenda, Sitzg. v. 5. III. 1930, Prot. S. 9 u. 32.

führung einzelner Fälle), Gesetzeskunde (einschlägige Bestimmungen aus BGB., RStGB. und StPO., insbesondere Zuständigkeit der Gerichte und Überblick über den Gang eines Strafverfahrens), Beamtenrechte (z. B. Besprechung der mit dem Gefängnisdienst verbundenen Delikte), Gefängniskunde (Strafrechtstheorien, Verbrechensursachen), Gesundheitspflege (Gefängnishygiene, ansteckende Krankheiten, erste Hilfe bei Unglücksfällen und Selbstmordversuchen), Berufs- und Wirtschaftsfragen (insbesondere Gefängnisarbeit: Betriebssysteme, Arbeitszeit und -lohn, Unfallfürsorge usw.), Wirtschaftsbetriebe (Beköstigung, Bekleidung, Einrichtungsgegenstände usw.), Volkswirtschaftslehre (die wichtigsten Theorien) und schließlich der Reichs- und Landesverfassung. Zur Frage der Unterrichtsmethode meinte Weiß, sie solle in einem lebendigen Selbsterarbeiten aller Teilnehmer bestehen. „Trockenes Vortragen und Abfragen", wollte er ausdrücklich ausgeschlossen wissen. Als Lehrkräfte waren Vorstand, Fürsorger, Lehrer, Anstaltsarzt, zweiter Beamter und etwaige mit Genehmigung der Aufsichtsbehörde besonders zu bestellende Persönlichkeiten gedacht. Tatsächlich sind solche Kurse in Braunschweig durchgeführt worden, sie wurden nur nicht als eine dauernde Einrichtung in die Vollzugsordnung aufgenommen[548]).

Mit der Ausbildung allein wird das Beamtenproblem jedoch noch nicht als gelöst angesehen. Man müsse ferner darauf achten, daß nur geeignete Personen in den Strafvollzugsdienst aufgenommen werden, und dürfe schließlich auch nicht davor zurückschrecken, ungeeignete wieder zu entlassen.

Was den ersteren Gesichtspunkt anbelangt, so äußerten schon N. N. und Gradnauer ihre Bedenken gegen die Übernahme der Beamten aus dem Militärstande. Die militärischen Auffassungen von Disziplin und Drill seien jedenfalls grundverschieden von den erzieherischen Behandlungsmethoden, wie sie in den Gefängnissen angewendet werden müßten[549]). Aus den gleichen Befürchtungen heraus wird heute insbesondere die Einstellung der sogenannten Versorgungsanwärter bekämpft, die in den meisten Ländern bis zu einem gewissen Prozentsatz regelmäßig angestellt werden. „Damit ist nicht immer", meinte erst 1929 wieder Gompper im württembergischen Landtag, „die Auswahl von Menschen getroffen, die notwendig wäre, um im richtigen Sinn auf die Gefange-

---

[548]) a. a. O. §§ 96 ff.

[549]) N. N., a. a. O. S. 742, u. Gradnauer, a. a. O. S. 27. Ebenso Weinberg, Neue Zeit, 23. Jhg., 2. Bd., S. 829.

nen einzuwirken"[550]). Ähnliche Äußerungen finden sich zahlreich auch in den übrigen Parlamenten. Besser (KP.) spricht in diesem Zusammenhange z. B. im anhaltischen Landtag von der Behandlung im „Kommißton", die dadurch großgezogen werde[551]). Ferner wird die Beseitigung des Hilfsbeamtenwesens verlangt. Von sozialdemokratischer wie von kommunistischer Seite wurde im preußischen Landtag wiederholt gewünscht, daß die vorhandenen Hilfsbeamten nach Möglichkeit ausgebildet und, falls sie sich als geeignet erweisen, planmäßig angestellt werden. In Zukunft solle aber auf alle Fälle von derartigen vorübergehenden Einstellungen ganz abgesehen werden[552]).

Die Entlassung ungeeigneter Kräfte wird namentlich dann gefordert, wenn den modernen Ideen bewußte Ablehnung entgegengebracht wird. So erklärte z. B. Menzel (KP.) in der Sitzung des Hauptausschusses des preußischen Landtages vom 5. V. 1922, in der der preußische Justizminister zum ersten Male die Ziele und Absichten der kommenden neuen Dienst- und Vollzugsordnung entwickelte, der Justizminister allein würde „mit einem oder zwei Geheimräten" die neuen Gedanken nicht in die Tat umsetzen können[553]), und, noch etwas deutlicher werdend, sagt Gehrmann 1925 wörtlich: „Deshalb ist es Aufgabe, daß auch innerhalb derjenigen Beamtenschaft, der heute der Strafvollzug in die Hand gegeben ist, eine Umstellung erfolgt, daß alle diejenigen Herren in den Oberstellen, die sich dem modernen Strafvollzug nicht anpassen können, beseitigt und Leute eingestellt werden, die für die Gefangenen ein Herz haben und das durchführen, was hier zum Ausdruck gekommen ist[554])."

Im einzelnen ist hinsichtlich der verschiedenen Beamtengruppen folgendes hervorzuheben.

Der Auswahl des Anstaltsvorstandes ist besondere Beachtung zu schenken. Nur die besten Kräfte sollen hier Verwendung finden. Keinesfalls dürfe sich, was heute noch der Fall sei, eine gegenteilige Tendenz bemerkbar machen, denn die Direktoren bestimmten in erster Linie den Ton und den Geist, der in der Anstalt herrsche (so Korsch [KP.] 1926 im Reichstag[555])).

---

550) Württ. Landtag, Sitzg. v. 12. VI. 1929, Prot. S. 931.
551) Anhalt. Landtag, Sitzg. v. 28. IV. 1927, Prot. S. 1232 C.
552) Vgl. Anm. 544. Ferner: Anträge z. Justizhaushalt 1928, S. 8, Nr. 63, und 1930, S. 7, Nr. 37.
553) a. a. O. S. 10.
554) Preuß. Landtag, Sitzg. v. 23. X. 1925, Prot. S. 5177.
555) Reichstagssitzg. v. 17. II. 1926, Prot. S. 5627.

Es soll daher auch nur ein solcher Beamter zum Direktor ernannt werden, der schon längere Zeit im Gefängniswesen tätig war und bei dem sich eine vielseitige praktische Erfahrung mit einwandfreien theoretischen Kenntnissen verbindet. Alles in allem, meint N. N., der diese Ansichten vertritt, muß er ein „gebildeter, gerechter und vor allen Dingen milder Mann sein"[556]). Mit N. N. übereinstimmend wünschte kürzlich im bayerischen Landtag Steeger als Anstaltsvorstände „Männer mit praktischem Blick, mit sozialem Verständnis und mit einem unbedingten Gerechtigkeitssinn"[557]).

Neben dem Direktor messen die Sozialisten die größte Bedeutung der Person des Anstaltsarztes bei. Hier wird insbesondere verlangt, daß grundsätzlich, mindestens aber in allen größeren Anstalten, nur Ärzte im Hauptamt angestellt werden, da ein Arzt, der daneben noch eine Privatpraxis betreibt, sich den Gefangenen nicht genügend widmen könne. Seine Tätigkeit solle nämlich, wie Gehrmann einmal bemerkte, sich nicht auf die Behandlung der sich ohnehin schon krank Meldenden beschränken, sondern er solle sich nach Möglichkeit selbst um den Gesundheitszustand der gesamten Insassen kümmern und um dessen Hebung stets besorgt sein[558]). Bei der Auswahl der Ärzte ist namentlich auf eine ausreichende psychiatrische Ausbildung zu sehen, damit sie nicht infolge ungenügender Erfahrungen auf diesem Gebiete wirklich kranke Leute für Simulanten halten (Gradnauer[559])). Besonders begrüßt man natürlich, wenn ein Spezialist für die Behandlung derartiger Fälle gewonnen wird. So erklärte die Abgeordnete Frau Fiedler 1928 im anhaltischen Landtag: „Daß die Anstaltsleitung dazu übergeht, die Gefangenen unter die Aufsicht eines Psychiaters zu stellen, ist sehr erfreulich[560])." Aber auch bei anderen Erkrankungen soll in größerem Umfange wie bisher eine spezialärztliche Behandlung erfolgen, die, wenn sie voraussichtlich Heilung bringt, keinesfalls aus Sparsamkeitsgründen unterbleiben dürfe (Brönnle [KP.][561]). Am weitesten geht in dieser Beziehung wohl Besser (KP.), wenn er in Anhalt 1925 die Einführung der freien Arztwahl für Untersuchungs- und Strafgefangene bean-

---

[556]) N. N., a. a. O. S. 743.
[557]) Bayer. Landtag, Sitzg. v. 21. II. 1929, Prot. S. 698.
[558]) Preuß. Landtag, Sitzg. v. 1. II. 1926, Prot. S. 8357.
[559]) Gradnauer, a. a. O. S. 50, 53 u. 91.
[560]) Anhalt. Landtag, Sitzg. v. 23. III. 1928, Prot. S. 1627 D.
[561]) Württ. Landtag, Sitzg. v. 27. I. 1928, Prot. S. 4709.

tragt[562]). Verschiedentlich wird betont, daß auch die Zahnbehandlung in demselben Umfange auf Anstaltskosten gewährt werden müßte, wie sie nach den Bestimmungen der Reichsversicherungsordnung gewährt wird. Dies schon deshalb, weil die Zähne durch die Beschaffenheit der Anstaltskost sehr in Mitleidenschaft gezogen würden (so Brönnle [KP.][563])). Steeger erscheint daher die Anstellung von zahnärztlich vorgebildeten Beamten, etwa früheren Dentisten, als Gehilfen der Anstaltsärzte wünschenswert[564]).

Die Verwirklichung dieser Forderungen muß eine erhebliche Vermehrung der Gefängnisärzte zur Voraussetzung haben. Die Anträge der kommunistischen Fraktion des preußischen Landtags sind hier wohl am weitestgehenden, wenn sie für je 250 Gefangene mindestens einen hauptamtlichen Arzt verlangen, der möglichst ein erprobter Psychiater sein soll. Die sozialdemokratische Fraktion hat sich demgegenüber für einen von seiten des Zentrums gestellten und auch zur Annahme gelangten Antrag eingesetzt, der einen solchen nur für Anstalten mit einer Durchschnittsbelegung von 500 und mehr Gefangenen fordert[565]).

Außer den Ärzten soll ein gut ausgebildetes Pflegepersonal in größerem Umfange angestellt werden. Auch hier sind es besonders die Kommunisten, die bestimmtere Forderungen stellen. Wie sie wiederholt — ebenfalls in Preußen — beantragten, müßte mindestens auf je 10 Kranke ein Pfleger kommen. Die Pfleger sollen erst nach eingehender Ausbildung und Ablegung einer besonderen Prüfung beschäftigt werden. Sie dürfen nicht zu einer ärztlichen Tätigkeit, die ihre Ausbildung überschreitet, herangezogen werden[566]). Auch mit diesem Antrag konnte sich die Sozialdemokratie begreiflicherweise nicht einverstanden erklären, da, wie Gehrmann sagte, die Zahl der Kranken viel zu stark

---

[562]) Anhalt. Landtag, Sitzg. v. 28. IV. 1927, Prot. S. 1232 D.

[563]) Württ. Landtag, Sitzg. v. 27. I. 1928, Prot. S. 4710.

[564]) Bayer. Landtag, Sitzg. v. 1. V. 1925, Prot. S. 784.

[565]) Hauptaussch.-Sitzg. v. 24. IV. 1922, Prot. S. 5, Antrag Nr. 11, vom 3. VI. 1924, Prot. S. 3, Antrag Nr. 4, Ziff. 3, usw. — Zu dem angenommenen Zentrumsantrag (vgl. Sitzg. v. 13. VII. 1925, Prot. S. 14, Antrag Nr. 75, Ziff. 9) bemerkte Gehrmann, daß die damit verbundene Anstellung von 59 Ärzten unbedingt und trotz der Einwendungen des Finanzministeriums durchgeführt werden müsse. Vor den Mehrkosten, die nach dessen Auskunft jährlich fast eine halbe Million betragen würden, dürfe man nicht zurückschrecken (Landtagssitzg. v. 1. II. 1926, Prot. S. 8356).

[566]) Z. B. Hauptaussch., Sitzung v. 13. VII. 1925, Prot. S. 3, Antrag Nr. 10, Ziff. 2.

schwanke und er schon deshalb praktisch nicht durchzuführen sei[567]).

Um eine Heilpflege in geeigneter Weise gewähren zu können, sind die Ärzte mit den erforderlichen modernen Instrumenten (Höhensonne, Bestrahlungsapparate usw.) zu versehen. Es sei ein unhaltbarer Zustand, meinte kürzlich Gompper im württembergischen Landtag, wenn man sich gegebenenfalls erst an einen Privatarzt wenden müsse, damit dieser seine Instrumente leihweise zur Verfügung stelle[568]).

Die Äußerungen, die sich mit den Lehrern befassen, beschränken sich in der Regel darauf, daß deren Vermehrung verlangt wird. Schon Gradnauer meinte, sie seien mit Arbeit meist so überhäuft, daß sie sich unmöglich, was wünschenswert wäre, mit dem einzelnen Gefangenen eingehender beschäftigen könnten[569]). Die Kommunisten stellen auch hier, wie bei den Ärzten, die Forderung, daß ihre Zahl in einem genau bestimmten Verhältnis zu der der Gefangenen stehen müsse, und zwar beantragen sie, daß auf je 100 Gefangene eine hauptamtliche Lehrkraft anzustellen ist (Sammelantrag, Ziffer 6). Das dürfte für Preußen zum Beispiel etwa eine Verfünffachung der heute vorhandenen Lehrkräfte bedeuten. (Zum Vergleiche sei erwähnt, daß dort ein Zentrumsantrag von 1925 an größeren Anstalten für eine Durchschnittsbelegung von 300 Gefangenen je ein Lehrer im Hauptamt wünscht[570]).) Eine einheitlichere Ausgestaltung des Gefängnisschulwesens herbeizuführen, bezweckte ein von den Sozialdemokraten gleichfalls in Preußen schon 1922 gestellter und auch angenommener Antrag, der bat, zur Leitung und Überwachung des Schulbetriebs einen im Strafanstaltsschulwesen persönlich erfahrenen Fachmann in das Ministerium zu berufen[571]). Damit sollte namentlich erreicht werden, daß die speziellen Aufgaben des Gefängnisunterrichts herausgearbeitet und systematisch zur Durch-

---

567) Preuß. Landtag, Sitzg. v. 1. II. 1926, Prot. S. 8358. Er empfahl aber wenigstens in den größeren Anstalten ausgebildete Krankenpfleger anzustellen, im übrigen jedoch das Aufsichtspersonal in der Krankenpflege auszubilden.

568) Württ. Landtag, Sitzg. v. 11. III. 1931, Prot. S. 2028. (Vgl. auch Anhalt. Landtag, Sitzg. v. 28. IV. 1927, Prot. S. 1236 D, wo Staatsminister Müller die Notwendigkeit der Beschaffung eines Apparates zur Höhensonnenbestrahlung für die dortige Strafanstalt begründete.)

569) Gradnauer, a. a. O. S. 27 u. 92.

570) Preuß. Landtag, Hauptaussch., Sitzg. v. 13. VII. 1925, Prot. S. 14, Antrag Nr. 75, Ziff. 11.

571) ebenda, Hauptaussch., Sitzg. v. 8. V. 1922, Prot. S. 3, Antrag Nr. 64.

führung gebracht würden. „Der Gefangenenlehrer", meinte der Abgeordnete Lichtenstein (USP.) im Plenum, sich ebenfalls für den Antrag einsetzend, „soll durch Übung die Willens-, Gemüts- und Verstandeskräfte des Gefangenen so festigen, daß ein wirksames Gegengewicht gegen die üblen psychologischen Wirkungen der Haft, insbesondere der Einzelhaft", entsteht. Deshalb sei es von großer Wichtigkeit, daß eine Persönlichkeit, der das Leben in den Gefängnissen und die Psyche der Gefangenen eingehend bekannt geworden sei, die aber daneben auch die einschlägige Literatur beherrsche, sich ausschließlich mit der Frage einer durchgreifenden Reform des Gefängnisunterrichts unter diesen Gesichtspunkten befasse[572]).

In letzter Zeit ist zu beobachten, daß die Sozialisten auch lebhaft für die Einstellung von Fürsorgern bzw. Sozialpädagogen eintreten. Im Jahre 1924 wurde z. B. im thüringischen Landtag ein sozialdemokratischer Antrag auf Einstellung eines dritten Fürsorgers in Untermaßfeld bemerkenswerterweise in Verbindung mit den Stimmen der Kommunisten und der Nationalsozialisten angenommen (ein weiterer auf Einstellung eines zweiten Fürsorgers in dem allerdings weit kleineren Jugendgefängnis Eisenach fiel durch, da hier nur noch die Kommunisten dafür stimmten)[573]). In Preußen beantragte die sozialdemokratische Fraktion, gelegentlich der letzten Strafvollzugsdebatte, im Etat von 1931 die Mittel für 10 Fürsorgerstellen einzusetzen[574]). Kommunistische Anträge, wie sie für die Vermehrung der Lehrer und Ärzte gestellt wurden, scheinen hier nicht vorhanden zu sein.

Die Stellung der Sozialisten zur Gefängnisgeistlichkeit ist von vornherein bedingt durch ihre Einstellung zu den Kirchen und Religionsgemeinschaften überhaupt. Für die Sozialdemokratie ergibt sich diese gegenwärtig aus den Forderungen des Heidelberger Programms: Trennung von Staat und Kirche und Streichung der öffentlichen Mittel für kirchliche und religiöse Zwecke[575]). Das bedeutet an sich noch nicht unbedingt, daß die seelsorgerische Tätigkeit in den Gefängnissen dadurch ein-

---

[572]) Landtagssitzg. v. 24. V. 1922, Prot. S. 10.255. Deshalb solle sie auch, fügte er hinzu, nicht einem Regierungsschulrat übertragen werden, der nicht Fachmann sei.

[573]) Thüring. Landtag, 1924, II. Abt., Ausschußberichte Nr. 72, S. 149 und 151.

[574]) Preuß. Landtag, Hauptaussch., Anträge z. Justizhaushalt 1930, S. 14, Nr. 73.

[575]) a. a. O. S. 44.

geschränkt werden müsse. Hierüber hat sich Kuttner in einer Rede im preußischen Landtag einmal grundsätzlich geäußert. Er sagte: „Unser Standpunkt ist folgender: Wir sind der Auffassung, daß denjenigen Strafanstaltsgefangenen, die religiöse Bedürfnisse und das Verlangen haben, von einem Pfarrer besucht zu werden, dieser Wunsch erfüllt werden soll, daß man ihnen nicht etwa verwehren soll, ihrer religiösen Überzeugung gemäß im Gefängnis zu leben. Aber bei unserer grundsätzlichen Auffassung des Verhältnisses zwischen Staat und Kirche sind wir auch hier der Ansicht, daß es Aufgabe der religiösen Gemeinschaften ist, dafür zu sorgen, daß ihre Mitglieder das haben, was sie haben wollen, und daß es den Grundsätzen der Gewissensfreiheit und der Gesinnungsfreiheit in demokratischem Sinne entspricht, daß der Staat alle Konfessionen und auch alle Weltanschauungen gleich behandelt und nicht einzelnen Weltanschauungen eine Vorzugsstellung einräumt. Wenn wir also nichts dagegen haben, daß die Religionsgemeinschaften die religiöse Seelsorge an ihren Mitgliedern übernehmen, sind wir doch der Auffassung, daß es nicht Aufgabe des Staates ist, hiefür Gelder auszuwerfen, sondern das muß den Gemeinschaften überlassen bleiben[576])." Wie weit nun allerdings die Seelsorge in den Gefängnissen gehen soll, ist aus diesen Worten nicht zu entnehmen. Insbesondere wird nicht gesagt, ob der Geistliche den Gefangenen nur auf dessen ausdrücklichen Wunsch besuchen oder ob er von sich aus und zu jeder Zeit Zutritt zu den Strafanstalten haben soll. Die Schlußsätze, nach denen neben dem Gedanken der Gleichstellung aller Religions- und Weltanschauungen lediglich finanzielle Gesichtspunkte für die Einstellung der Sozialdemokratie maßgebend wären, sprechen für das letztere, der Wortlaut der ersteren aber ziemlich deutlich für das Gegenteil. Nur fragt es sich, ob sie bewußt in diesem Sinne gemeint sind.

Die kommunistische Partei befindet sich in dieser Frage in Einklang mit der Sozialdemokratie. Das zeigt eine Äußerung des Abgeordneten Obuch, der ebenfalls erklärte, man solle dem Wunsche eines Gefangenen nach dem Besuch eines Pfarrers weitest gehend entgegenkommen und auch, wenn die erforderlichen Räume vorhanden seien, den Gefangenen Gelegenheit zum Gottesdienst geben, falls sie einen solchen haben wollen. Lediglich die Aufwendung staatlicher Mittel für die Geistlichen müsse eingestellt werden, da diese sich mit dem auch von seiner Partei vertretenen Grundsatz der Trennung von Staat und Kirche nicht

---

[576]) Preuß. Landtag, Sitzg. v. 24. V. 1922, Prot. S. 10.235.

vereinbaren ließe[577]). Die Praxis in der Sowjetunion scheint allerdings weniger tolerant zu sein und von der bloßen Trennung des Staates von der Kirche zu ihrer offenen Bekämpfung überzugehen. Das Programm der Kommunistischen Internationale gibt in dieser Frage denn auch einen gewissen Spielraum, wenn es zwar ausdrücklich den „Kampf gegen das ‚Opium für das Volk', die Religion" proklamiert und dazu bemerkt: „Die proletarische Macht läßt die Freiheit des Bekenntnisses zu, führt aber gleichzeitig mit allen ihr zugänglichen Mitteln eine antireligiöse Propaganda" [578]).

Die Übereinstimmung der beiden sozialistischen Parteien kommt auch in ihrer praktischen Zusammenarbeit zum Ausdruck. So haben die sozialdemokratischen und kommunistischen Mitglieder der hamburger Bürgerschaft in der Sitzung vom 12. April 1922 ihrer grundsätzlichen Einstellung gemäß beschlossen, daß die künftig frei werdenden Stellen beamteter Gefängnisgeistlicher nicht mehr besetzt und die Mittel für nichtbeamtete Geistliche sofort gestrichen werden[579]). Noch weiter ging ein kommunistischer Antrag aus dem preußischen Landtag aus dem gleichen Jahre, der die Streichung der gesamten Etatssumme für die dortigen Gefängnisgeistlichen verlangte. Auch hier stimmten die Sozialdemokraten mit den Kommunisten. Der Antrag kam aber nicht zur Annahme[580]). Die einzusparenden Gelder sollten für die Anstellung von Ärzten und Lehrern verwendet werden — ein Wunsch, der auch in anderen Ländern wiederholt ausgesprochen wurde[581]). Im übrigen wenden sich die Sozialisten insbesondere gegen die Mitwirkung der Geistlichen bei Entscheidungen von Gnadensachen, vorläufigen Entlassungen, Urlaubsgewährungen, Stufenversetzungen usw., da es einen unerträglichen Gewissenszwang für die Gefangenen bedeute und der Heuchelei Vorschub

---

[577]) ebenda, Hauptaussch., Sitzg. v. 5. VI. 1924, Prot. S. 10.

[578]) a. a. O. S. 56.

[579]) Vgl. hambg. Gefängnisdep., Sitzg. v. 30. X. 1924, Prot. S. 3 f. Deshalb wandten sich die sozialdem. Mitglieder der Gefängnisdep. auch dagegen, daß Theologen als Sozialpädagogen angestellt wurden (Sitzg. v. 22. X. 1925, Prot. S. 5 f.).

[580]) Preuß. Landtag, Hauptaussch., Sitzg. v. 24. IV. 1922, S. 6, Antrag Nr. 19; vgl. dazu Sitzg. v. 8. V. 1922, S. 15 f.

[581]) Z. B. Vollmer (KP.) im württ. Landtag, Sitzg. v. 11. III. 1930, Prot. S. 2037. Ebenda bemängelten Gompper und Schneck (KP.), daß gegenüber 6 Geistlichen nur 1 hauptamtlicher Arzt angestellt sei (S. 2028/38). Ähnlich Schulz (KP.) im preuß. Landtag: 54 Strafanstalstpfarrern stünden nur zwei Strafanstaltsärzte gegenüber.

leiste, wenn in solchen Fällen die Stimme des Geistlichen mit ausschlaggebend sei[582]).

Was für die unteren Beamten verlangt wird, haben wir im wesentlichen bereits gesagt. Es ist vor allen Dingen eine gute Ausbildung und eine strenge Auswahl. Ferner sollen sie ein besseres Gehalt und bessere Aufrückungsmöglichkeiten bekommen. Wenn sie täglich von der Sorge um die Beschaffung des notwendigsten Lebensunterhaltes geplagt seien, könne man nicht erwarten, daß sie ihren Dienst mit der erforderlichen Ruhe und inneren Ausgeglichenheit versehen (Winker im württembergischen Landtag)[583]). Daneben fällt auch die Unterbindung von Durchstechereien erheblich ins Gewicht. So meinte einmal Bebel in diesem Zusammenhange, für Geld könne man doch alles bekommen und das sei zum großen Teil die Folge der schlechten Beamtenbezahlung[584]). Um eine erzieherische Beeinflussung der Gefangenen zu ermöglichen, sei schließlich auch geboten, daß die Arbeitszeit nicht zu lang und die Zahl der durchschnittlich zu beaufsichtigenden Gefangenen nicht zu groß ist. Für die Einführung einer achtstündigen Dienstzeit hat sich deshalb schon N. N. eingesetzt[585]). Ihre dringende Notwendigkeit wird auch heute immer wieder betont. Von kommunistischer Seite wird insbesondere gefordert, daß im Rahmen der 48-Stunden-Woche ein Tag in der Woche völlig dienstfrei sein muß. Die Zahl der zu überwachenden Gefangenen dürfe höchstens zwanzig betragen[586]).

Der Vollständigkeit halber sei noch bemerkt, daß für weibliche Gefangene möglichst weibliche Beamte gewünscht werden. „Es ist eine selbstverständliche Forderung", sagte schon 1904 Frohme im Reichstag, „daß da, wo es sich um die Beaufsichtigung und Verpflegung weiblicher Gefangener handelt, auch das weibliche Geschlecht zum Amte heranzuziehen ist, denn der Aufsichts-

---

[582]) Vgl. z. B. Büchs (KP.) im bayer. Landtag, Sitzg. v. 1. V. 1925, Prot. S. 755, Vollmer (KP.) im württ. Landtag, Sitzg. v. 12. VI. 1929, Prot. S. 919. Siehe auch oben Anm. 503.

[583]) Württ. Landtag, Sitzg. v. 10. VII. 1925, Prot. S. 1481.

[584]) Reichstagssitzg. v. 23. III. 1900, Prot. S. 4937 f.

[585]) N. N., a. a. O. S. 755.

[586]) Preuß. Landtag, Hauptaussch., Sitzg. v. 3. VI. 1924, Prot. S. 4, Anträge Nr. 13 a und b. Ebenso auch z. B. thüring. Landtag, Sitzg. v. 10. II. 1925, Prot. S. 2636, Anträge Nr. 14 u. 15. — Anscheinend ist teilweise der Passus über den „dienst"freien Tag versehentlich statt auf die Beamten auf die Gefangenen bezogen worden (vgl. oben Sammelantrag, Ziff. 13, u. hierzu thüring. Landtag, 1924/26, Ausschußbericht Nr. 237, S. 625, Ziff. 13).

dienst der Männer in Weiberanstalten ist bekanntlich oft mit großen Unzuträglichkeiten verbunden[587])." Dabei sollen, was gerade in den letzten Jahren öfters zum Ausdruck gebracht wurde, die Bezahlungs- und Beförderungsverhältnisse bei den weiblichen Beamten die gleichen sein, wie bei ihren männlichen Kollegen (Winker und Frau Hiller in Württemberg[588]), Frau Helfers in Preußen[589])). Schließlich sollen Frauen in den Frauengefängnissen auch die leitenden Stellen einnehmen. In Thüringen wünschten z. B. im Haushaltsausschuß neuerlich die Sozialdemokraten, Kommunisten und Demokraten, daß nach dem Ausscheiden des Leiters der dortigen Frauenstrafanstalt diese Stelle mit einer Frau besetzt werde[590]).

Bei der Bedeutung, die nach allem Gesagten der Strafvollzug in den Augen der Sozialisten hat, und der Abgeschlossenheit, in der er sich abwickelt, kann es nicht fernliegend erscheinen, daß eine eingehende Überwachung der Strafanstalten von ihnen gefordert wird. Zu diesem Zwecke sollen zunächst von seiten der Regierungen öfters unangemeldete Kontrollen vorgenommen werden (so besonders Steeger im bayerischen Landtag[591])). Daneben sind aber noch besondere Kommissionen aus Laienelementen zu bilden, damit auch Vertreter der breiteren Bevölkerungsschichten sich über die Zustände in den Strafanstalten orientieren können. So sagt schon N. N., es müsse für jede Strafanstalt eine vom Volke unmittelbar oder aber von den Landes- oder Gemeindevertretungen zu wählende Kommission geschaffen werden, die ständig in Fühlung mit den Gefangenen bleibt und die Maßnahmen der Anstaltsleitung überprüft. Über ihre Beobachtungen und ihre sonstige Tätigkeit soll sie der Regierung und dem Parlamente Bericht erstatten, wobei sie gegebenenfalls auch Anträge stellen kann[592]). Diese Forderungen sind, wie schon gezeigt wurde, in der Nachkriegszeit durch die Einrichtung der Gefängnisbeiräte

---

[587]) Reichstagssitzg. v. 27. II. 1904, Prot. S. 1330.

[588]) Württ. Landtag, Sitzg. v. 10. VII. 1925, Prot. S. 1482, u. 11. VI. 1926, Prot. S. 2838.

[589]) Preuß. Landtag, Hauptaussch., Sitzg. v. 5. II. 1927, Prot. S. 16.

[590]) Thüring. Landtag, 1924, II. Abt., Ausschußberichte Nr. 72, S. 150.

[591]) Bayer. Landtag, Sitzg. v. 6. VII. 1927, Prot. S. 108, und v. 21. II. 1929, Prot. S. 698. Menzel (KP.) erklärte kürzlich: „Eine gründliche Kontrolle in allen Strafanstalten würde für die Gefangenen nützlicher sein als die Schaffung eines neuen Strafvollzugs auf dem Papier" (Preuß. Landtag, Hauptaussch., Sitzg. v. 5. III. 1930, Prot. S. 12).

[592]) N. N., a. a. O. S. 744 u. 755.

weitgehend verwirklicht worden, die teils durch die Selbstverwaltungskörper (so z. B. in Preußen und Sachsen), teils durch die Parlamente (z. B. in Anhalt) gebildet werden. In Baden, wo noch das Justizministerium die Mitglieder ernennt — hier bestanden die Beiräte schon vor dem Krieg — verlangte 1926 ein von den kommunistischen Abgeordneten eingebrachter Antrag, ihre Neubildung in der Form, daß diese für jede Anstalt, und zwar „aus den Reihen der gewerkschaftlich organisierten Arbeiter, Angestellten und Beamten" künftig durch den Kreisrat gewählt werden sollen. Der Antrag wurde jedoch nicht angenommen. Auch die sozialdemokratische Fraktion stimmte gegen ihn[593]).

Neben den Gefängnisbeiräten, deren Wirken anscheinend die erhoffte Aktivität vermissen läßt, wird insbesondere auch die Einsetzung von parlamentarischen Strafvollzugsausschüssen angestrebt. Beispielsweise wurde auf Antrag der sozialdemokratischen Fraktion des sächsischen Landtags bei diesem 1927 ein aus 15 Abgeordneten bestehender Ausschuß „zur Untersuchung der Verhältnisse in den sächsischen Strafanstalten" eingesetzt, der nach den Worten des Fraktionsredners Neu eine „ständige Kontrolle über das Gefängniswesen ausüben" und namentlich auch eine Reform des Strafvollzugs in die Wege leiten soll[594]). Ein ähnlicher Antrag des Abgeordneten Brönnle (KP.) im württembergischen Landtag vom Jahre 1926, in dem dieser die Einsetzung aus Abgeordneten und Gemeinderäten zu bildender ständiger Kommissionen fordert, die die betreffenden Anstalten „in regelmäßigen Zeitabschnitten" besuchen sollten, blieb ohne Erfolg[595]).

Zu erwähnen ist hier noch ein von den Kommunisten allem Anscheine nach in sämtlichen Parlamenten gestelltes Verlangen, jeweils allen Mitgliedern des betreffenden Parlamentes, zum mindesten aber gegebenenfalls den Mitgliedern der Rechtsausschüsse ein ungehindertes Zutrittsrecht zu den Strafanstalten und den Gefangenen einzuräumen[596]).

---

[593]) Bad. Landtag, Sitzg. v. 27. VII. 1926, Prot. S. 3044 u. 3079. Ebenso setzten sich auch in Thüringen die Kommunisten für die Bildung von Gefangenenbeiräten ein (III. Landtag., II. Abt., Ausschußberichte Nr. 237, S. 622).

[594]) Sächs. Landtag, Sitzg. v. 25. I. 1927, Prot. S. 197 C.

[595]) Württ. Landtag, Beilage 343 v. 15. V. 1926, S. 267. Die Sozialdemokraten enthielten sich der Abstimmung.

[596]) Preuß. Landtag, Sitzg. v. 1. II. 1926, Prot. S. 8353, Antrag Nr. 2096. Ebenso Siewert im Sächs. Landtag (Sitzg. v. 19. VI. 1928, Prot. S. 2987 C), Brönnle im Finanzaussch. d. württ. Landtags (Beilage 343 v. 15. V. 1926, S. 267; der Antrag wurde hier angenommen), Besser im anhalt. Landtag (Sitzg. v. 8. V. 1925, Prot. S. 201 C) usw.

§ 15. Die Entlassenenfürsorge.

Die Fürsorge für die entlassenen Strafgefangenen ist nach Ansicht der Sozialisten eine staatliche Angelegenheit. Das besagt: sie darf nicht der privaten Wohltätigkeit allein überlassen bleiben. Die Verwirklichung dieser Auffassung wird als eines der wichtigsten Ziele des kommenden Strafvollzugsgesetzes betrachtet. „Die Schuld der heutigen Gesellschaft an dem Schicksal der entlassenen Strafgefangenen ist so groß, daß der Strafvollzug weitgehend der Staatspflicht zur Fürsorge Rechnung tragen muß", erklärte in einer Bemerkung über den Entwurf eines StVG. vor noch nicht langer Zeit Saenger in den Sozialistischen Monatsheften[597]).

Diese Fürsorge hätte darin zu bestehen, daß man den Entlassenen mit Arbeit versieht oder daß man ihm Unterkunft und Verpflegung gewährt, bis er solche gefunden hat.

In der Frage der Arbeitsbeschaffung wurde von den Sozialisten früher geradezu ein Recht des Gefangenen auf Arbeit proklamiert. „Man wird", sagt N. N., „den entlassenen Sträflingen das Recht auf Arbeit staatlich zuerkennen müssen, um sie nicht dem Verbrechen in die Arme zu treiben[598])." Seine Durchführung dachte er sich in der Weise, daß jedem Entlassenen, sofern er es verlangt, von den staatlichen Behörden ausreichende und lohnende Arbeit gegeben werden muß. Dieselbe Forderung wurde in einem Artikel eines ebenfalls ungenannten Verfassers in der „Neuen Zeit" aus den Achtzigerjahren erhoben. Die Schaffung von Arbeitsgelegenheiten für die entlassenen Sträflinge sei „keine Sache der Mildtätigkeit, sondern eine Pflicht des Staates", und nur wenn man sie als solche betrachte und erfülle, werde man die Rückfälligkeitsziffern vermindern[599]). Auch in den Mannheimer Thesen ist diese Auffassung deutlich zum Ausdruck gekommen, wenn es dort heißt: „Dem Entlassenen gegenüber hat der Staat eine Fürsorgepflicht zur Beschaffung von Arbeit" [600]). Zutreffend hat jedoch hiezu Oborniker bemerkt, daß dem Staat eine solche Pflicht nicht dem Gefangenen, sondern höchstens der Gesellschaft gegenüber obliegen könne, daß die obligatorische Arbeitsbeschaffung also, wenn sie eingeführt würde, nicht ein Rechtsanspruch des Gefangenen, sondern eine von der Gesellschaft in ihrem Inter-

[597]) a. a. O. 1928, S. 388.
[598]) N. N., a. a. O. S. 754.
[599]) Fürsorge f. entlassene Sträflinge, Neue Zeit, 2. Jhg., S. 20 ff.
[600]) Vgl. oben Anm. 36.

esse getroffene Schutzmaßnahme wäre. Denn man könne offenbar den Rechtsbruch nicht zur Grundlage eines Rechtes machen, das nicht einmal der Nichtrechtbrechende besitze[601]).

Heute scheint das auch die grundsätzliche Auffassung wenigstens in den Reihen der Sozialdemokraten zu sein, während die Kommunisten dem alten Standpunkte noch immer zuneigen. Auf den Passus ihres Sammelantrags, daß vom Staat „den Entlassenen Arbeit nachzuweisen ist", erwiderte im Hauptausschuß des preußischen Landtags der sozialdemokratische Abgeordnete Brückner, daß eine bevorzugte Behandlung der Gefangenen bei der Arbeitsvergebung nicht angängig sei, denn die Arbeitslosen würden es zweifellos als eine große Ungerechtigkeit empfinden, wenn ein entlassener Gefangener sofort Arbeit bekomme, während andere lange darauf warten müßten[602]). Diese gegensätzliche Einstellung der beiden sozialistischen Parteien zeigte sich auch im bayerischen Landtag. Als dort die kommunistische Fraktion 1927 einen ähnlichen Antrag einbrachte und insbesondere forderte, daß die Entlassenen, falls ihnen nicht eine Arbeit in Privatbetrieben vermittelt werden könnte, umgehend zu Notstandsarbeiten heranzuziehen seien, verhielten sich auch hier die Sozialdemokraten diesen Bestrebungen gegenüber ablehnend. „Wir sind damit einverstanden", meinte Steeger, „daß für Strafentlassene nach Möglichkeit Arbeit gesucht wird, aber daß ein Mann, der ein paar Wochen Gefängnis verbüßt hat, bei der Einstellung zu Notstandsarbeiten usw. den Vorzug haben soll, ist für uns unannehmbar und wir lehnen deshalb diesen Antrag ab[603])."

Ist demnach festzustellen, daß die Sozialdemokratie von dem Gedanken der Anerkennung eines Rechts auf Arbeit abgerückt ist, so fordert sie um nichts weniger dringlich, hier natürlich im Einklang mit der kommunistischen Partei, daß alles getan werde, um den Gefangenen tatsächlich in weitest gehendem Maße Arbeitsstellen zu vermitteln. Denn alle Erziehungsarbeit im Gefängnis müsse als zwecklos erscheinen, wenn der Gefangene nachher doch wieder vor dem Nichts stehe. Deshalb soll, wie die Abgeordnete Frau Helfers im preußischen Landtag eingehend ausführte, die

---

[601]) Oborniker, Strafrecht u. Strafvollzug im Lichte d. deutschen Sozialdemokratie, Arch. f. Krim.-Anthrop., 31. Bd., S. 6.

[602]) Preuß. Landtag, Hauptaussch., Sitzg. v. 5. VI. 1924, Prot. S. 14. Er riet bei dieser Gelegenheit, nach dem Beispiel von Hamburg Übergangsstellen zu schaffen, wo die Gefangenen freiwillig weiterarbeiten könnten, sofern sie keine Arbeit bekämen (S. 13).

[603]) Bayer. Landtag, Sitzg. v. 6. VII. 1927, Prot. S. 109 (Antrag S. 119).

Bemühung um eine Arbeitsstelle schon rechtzeitig während der Strafzeit beginnen und es sollen in den Strafanstalten Kräfte angestellt werden, die sich ausschließlich mit dieser Aufgabe befassen. Ihre Tätigkeit könne in erfolgversprechender Weise gefördert und ergänzt werden, wenn die Arbeitsbeschaffung in den Ministerien durch eine eigens hiefür eingesetzte Persönlichkeit einheitlich organisiert werde[604]). Die Schaffung einer solchen Zentralstelle durch die württembergische Regierung wurde daher auch bei den dortigen Sozialisten lebhaft begrüßt[605]).

Gelingt es nicht, während der Strafzeit dem Gefangenen eine Stellung und ein sicheres Unterkommen zu beschaffen, so ist er bis zu deren Vermittlung in einem Heim unterzubringen. Die Errichtung von Übergangsheimen, die nach Möglichkeit mit entsprechender Arbeitsgelegenheit verbunden sein sollen, wird von sozialistischer Seite in der Literatur und in den Parlamenten mit aller Entschiedenheit verlangt, da man sie für die wirksamste Form einer durchgreifenden Entlassenenfürsorge hält. Nur dürften sie nicht so beschaffen sein, daß sie als eine Fortsetzung des Gefängnisses wirken. Ihre äußere Einrichtung und der Geist, der in ihnen herrscht, muß den ehemaligen Gefangenen fühlen lassen, daß er nun wieder ein freier Mensch ist. Krebs empfiehlt aus diesem Grunde möglichst die Schaffung kleiner Einzelzimmer oder doch Zimmer für nur wenige Personen. Unterhaltungs-, Schreib- und Leseräume sollen für die Freizeit zur Verfügung stehen. Arbeitszeit und Entlohnung müssen die allgemein üblichen sein[606]). (So besonders auch der Abgeordnete Karl (KP.) im bayerischen Landtag[607]).)

Die Kommunisten gehen offensichtlich auch in diesen Dingen über den Rahmen des augenblicklich Möglichen weit hinaus. Fordert doch ein von der preußischen Landtagsfraktion in den letzten Jahren wiederholt gestellter Antrag, daß in jedem Oberlandesgerichtsbezirk ein solches Heim errichtet wird[608]). — Außerdem wünschten sie, daß Domänen für die Besiedelung mit Entlassenen zur Verfügung gestellt werden[609]).

[604]) Preuß. Landtag, Hauptaussch., Sitzg. v. 5. III. 1930, Prot. S. 33.

[605]) Brönnle (K. P.) in der Sitzg. v. 11. VI. 1926, Prot. S. 2820, u. Pflüger, ebenda.

[606]) Krebs, Straffälligenfürsorge, S. 43 ff.

[607]) Bayer. Landtag, Sitzg. v. 6. VII. 1927, Prot. S. 71.

[608]) Hauptaussch., Anträge z. Haushalt d. Justizverw. 1927, S. 7, Nr. 34; 1928, S. 3, Nr. 20; 1930, S. 11, Nr. 56.

[609]) Menzel im preuß. Landtag, Hauptaussch., Sitzg. v. 15. VII. 1925, Prot. S. 8.

Es bedarf noch einiger kurzer Bemerkungen über das Verhältnis der Sozialisten zur privaten Fürsorge. Wie wir schon in den einleitenden Sätzen zu erkennen gegeben haben, wird diese nicht abgelehnt, wenngleich auch nicht zu bestreiten ist, daß man eine Verquickung der Wohltätigkeit mit politischen oder religiös-konfessionellen Zielen stark befürchtet und, wo sie besteht, bekämpft.

Zum Beweise seien folgende Vorgänge angeführt. Im Jahre 1922 stellte im preußischen Landtag Menzel (KP.) zum Etat der Justizverwaltung den Antrag, der Landtag wolle beschließen: „Die Fürsorge ist ausschließlich Aufgabe des Staates" [610]). Bei der Begründung des Antrags bemerkte er, die Entlohnung der Gefangenen sei so gering, daß sie nach der Entlassung alsbald wieder gezwungen seien, weitere Verbrechen zu begehen. Deshalb dürfe ihre Unterstützung nicht den privaten Organisationen überlassen bleiben, sondern müsse von Staats wegen durchgeführt werden. Hiezu erklärte der Redner der sozialdemokratischen Fraktion, Abgeordneter Heilmann, daß seine Parteifreunde ähnlicher Auffassung seien, daß sie aber die private Fürsorge nicht einfach abgeschafft wissen wollten, sondern sie als eine willkommene Unterstützung der staatlichen Einrichtungen betrachteten. Er legte deshalb Menzel nahe, das Wort „ausschließlich" in seinem Antrage zu streichen, wozu dieser auch bereit war. Der Antrag wurde dann in der von demokratischer Seite zur Vermeidung von Mißverständnissen vorgeschlagenen Form: „Die Förderung der Fürsorge ist Aufgabe des Staates" angenommen[611]). Der Entwurf eines StVG. bringt die hier zutage tretenden Anschauungen zweifellos noch klarer zum Ausdruck, wenn er sagt: „Die Fürsorge für Entlassene ist eine gemeinsame Angelegenheit des Staates und der Gesellschaft" (§ 232) und dürfte damit als eine einwandfreie Lösung des Problems auch im Sinne der sozialistischen Auffassung zu betrachten sein.

Wie man die Wahrung der politischen Neutralität in den privaten Vereinigungen am besten gewährleistet sieht, zeigt eine Äußerung des Abgeordneten Kieß im thüringischen Landtag, der es begrüßte, daß im Vorstand der dort bestehenden Organisation „ein Ausgleich der verschiedensten Parteirichtungen" getroffen worden sei und sich daher auch für die Bereitstellung staatlicher Mittel zur Förderung ihrer Bestrebungen aussprach[612]). Wesentlich

[610]) Hauptaussch., Sitzg. v. 24. IV. 1922, Prot. S. 6, Antrag Nr. 20.
[611]) ebenda, Sitzg. v. 8. V. 1922, Prot. S. 17.
[612]) Thüring. Landtag, Sitzg. v. 12. VII. 1926, Prot. S. 6677.

skeptischer beurteilt man aber die konfessionelle Seite der nicht staatlichen Fürsorge, da es hier natürlich unmöglich ist, einen entsprechenden Ausgleich zu schaffen. Typisch sind dafür die Bedenken, die z. B. die Abgeordnete Frau Helfers im preußischen Landtag gelegentlich der Eröffnung einer von privater Seite errichteten Übergangsstation vortrug. Überlasse man die Errichtung von Übergangsheimen einem Vereine, so laufe man gar zu leicht Gefahr, daß einzelne Vereine damit rein konfessionelle Zwecke verfolgten. Die Übergangsheime sollten deshalb möglichst vom Staate geschaffen und von konfessionellem Charakter auf jeden Fall frei gehalten werden[613]).

Die Kommunisten verlangen insbesondere noch die Gleichstellung der Roten Hilfe mit den privaten Fürsorgevereinen. Diese solle an etwaigen finanziellen Unterstützungen der privaten Fürsorge durch den Staat ebenfalls beteiligt werden und ihre Mitglieder sollen zu den Gefängnissen und Zuchthäusern ebenso Zutritt haben wie die Mitglieder jener Organisationen[614]).

Schlußwort.

Überblicken wir das Gesagte in seiner Gesamtheit und stellen die Frage, ob die Auffassungen der Sozialisten vom Strafvollzuge auf einheitliche Grundgedanken zurückgeführt werden können, so ist zweifellos zunächst die Idee der Humanität zu nennen, die ihre Stellungnahme bestimmt und die sie auch selbst — die Sozialdemokraten im Heidelberger Programm wie die Kommunisten in ihrem Sammelantrage — zum Leitgedanken ihrer einzelnen Forderungen gemacht haben.

Das bedarf einer kurzen Erläuterung, insoweit in diesem Zusammenhange die Kommunisten zu nennen waren. Denn es sind gerade Bewegungen wie der Kommunismus und sein allmählich zur Kulmination anschwellender Gegenspieler, die den Geist des freien Menschentums, der der Geist der Humanität letztlich ist, ablehnen und ihm die Zucht der Gewalt entgegensetzen. Würden dabei die Kommunisten, die grundsätzlich demnach unbedingt als Gegner des Humanitätsgedankens anzusprechen sind,

---

613) Preuß. Landtag, Sitzg. v. 23. X. 1925, Prot. S. 5197.

614) Preuß. Landtag, Hauptaussch., Anträge z. Haushalt d. Justizverwalt. 1928, S. 3, Nr. 18; 1930, S. 10, Nr. 52; Büchs im bayer. Landtag, Sitzg. vom 1. V. 1925, Prot. S. 756.

nur bei uns und in den übrigen außerrussischen Ländern für die Umgestaltung des Strafvollzugs nach „humanen Grundsätzen" eintreten, so wäre es bei der Offenheit, mit der sie sich selbst zur Klassenidee und Klassenherrschaft bekennen, ein leichtes, diesen scheinbaren Widerspruch zu klären. Es wäre dann lediglich zu sagen, daß, wie z. B. bei der Todesstrafe, deren Abschaffung sie in den kapitalistischen Ländern fordern, die sie aber in Rußland selbst beibehalten, es auch hier, von ihrem Standpunkte aus gesehen, eben ein entscheidender Unterschied ist, ob sie sich und ihre Klassengenossen als den passiven oder den aktiven Teil einer Institution betrachten. Sobald wir aber zu beobachten haben, daß auch in der Sowjetunion das Strafvollzugswesen unter humanitären Gesichtspunkten reformiert wird, reicht diese Erklärung nicht mehr aus, vorausgesetzt allerdings, daß die Verbesserungen nicht nur den „zufällig zu Verbrechern gewordenen" Angehörigen der proletarischen Klasse zuteil werden. Wir werden dann uns der Tatsache bewußt sein müssen, daß Ideen, den Gesetzen der Relativität unterliegend, bald zum beherrschenden Gedanken einer Bewegung werden, bald aber auch nur auf Teilgebieten zum Durchbruch kommen, während an sich im Ursachenkomplex dieser Strömung andere Kräfte die treibenden sind. Das Bewußtwerden dieser Tatsache liegt um so näher, als gerade auf dem Gebiete, von dem hier die Rede ist, dem Strafvollzuge, anderseits wiederum Kreise, die in Fragen der Kulturentwicklung und Geistesbildung im allgemeinen eine ganz andere Stellung einnehmen, die modernen Bestrebungen des Erziehungsstrafvollzugs vorwiegend skeptisch aufnehmen und die damit verbundenen Erleichterungen mehr als Humanitätsduselei denn als Humanität bezeichnen. Kommen wir damit gleichzeitig auf den Boden der Kritik, so möchten wir allerdings betonen, daß wir diese Skepsis nicht für berechtigt halten. Ganz abgesehen davon, daß die Humanität immer noch zu denjenigen höchsten Ideen der Menschheit gehört, deren Außerachtlassung schon ohne Rücksicht auf den Erfolg Widerstreben und Widerspruch hervorrufen sollte, dürfte auch durchaus kein Grund vorhanden sein, an ihrem Erfolge im Strafvollzuge zu zweifeln. In der heutigen Zeit, die zwischen dem laissez faire, laissez passer und den Ketten mannigfaltigen Zwanges entschlußlos hin und her pendelt und nicht weiß, welcher von beiden Tendenzen sie die Schuld an den vorhandenen Schwierigkeiten zuschieben, geschweige denn, von welcher sie die Rettung erwarten soll, besteht Veranlassung darauf hinzuweisen, daß es keine Einheitsrezepte gibt. Bei allem Zwang, der da und dort vonnöten sein mag, bei aller Strenge in der Verbrechensbekämpfung als solcher: es erscheint unerfindlich, woher man das Recht nimmt, die Worte Zuchthaus und Humanitätsduselei in einem Atemzuge zu nennen. Das Leben hinter jenen Mauern bedarf keiner besonderen Strenge mehr. Es ist ernst und schwer genug. Jedenfalls für die, die nur noch einen Funken von Gefühl haben, und das dürften mehr sein, als es gemeinhin scheint. Die anderen aber werden mit selbstverständlicher, aus Gesinnung, nicht aus Zweckstreben kommender Güte vielleicht auch zu gewinnen sein, mit Zwang sicherlich niemals. Man kann mit Zwang und Gewalt hier höchstens Menschen zerbrechen und vernichten, nicht aber ändern, bessern. Denn die Änderung eines Menschen ist keine äußere Umgestaltung, sondern eine Verschiebung der inneren Kräfte, die ohne seine eigene Mitwirkung nicht durchführbar ist. Anderseits müßte man sich aber auch darüber im klaren sein, daß Zwang und Gewalt gegenüber Machtlosen nur Haß erzeugen und daß Haß zu einer ebenso wirksamen wie dauerhaften Triebkraft werden kann. Glaubt man daher schon nicht der Idee der Humanität hier um ihrer selbst willen dienen zu sollen, so wird man doch nicht bestreiten können, daß die modernen Bestrebungen im Strafvollzug, nachdem die Rückfallsziffern früher ständig gestiegen sind, von vornherein die Möglichkeit für sich in Anspruch nehmen können, wirksamere Mittel in der Bekämpfung des Verbrechens zu sein als die bisherigen, und sollte ihnen deshalb wenigstens die Gelegenheit geben, den erforderlichen Beweis zu erbringen.

Die weitere Grundidee, von der die Einstellung der Sozialisten zum Strafvollzuge — hauptsächlich hinsichtlich des Haftsystems und der Durchführung der Erziehungsarbeit — geleitet wird, ist die Idee des Kollektivismus.

Sie ist eine ausgesprochene sozialistische Idee, Ziel und Weg zugleich. An der Heranbildung des Menschen, der nicht mehr individualistisch, was hier mit egoistisch oft fast gleichgesetzt wird, sondern nur noch gesellschaftlich denkt und fühlt, arbeitet die sozialistische Kulturbewegung in stetig wachsendem Ausmaße und gerade die aktiveren Teile werfen sich um so energischer auf diese Erziehungsarbeit, je mehr die wirtschaftspolitischen Zustände, vom Sozialismus aus gesehen, einer gewissen Stagnation verfallen und hier die Bewegungen sich mehr oder weniger festgefahren in einer freilich höchst ungeklärten Position gegenüberstehen. So sucht man denn in innerem Erleben und Erfühlen kollektive Menschen zu schaffen, die, seelisch in der Gemeinschaft wurzelnd, die Fragen des Lebens aus der Gemeinschaft heraus lösen und gelöst wissen wollen. Man läßt in der Welt des Kapitalismus bereits sozialistische Gesellschaftsgebilde erstehen, stärkend nach innen und werbend nach außen. Deshalb ist es nicht unberechtigt, in der Ablehnung der Isolierhaft und der Bejahung der Gemeinschaftserziehung letztlich typisch sozialistische Bestrebungen zu erblicken, und man wird auch nicht fehlgehen, wenn man in diesem Zusammenhange auf Erscheinungen wie die Kinderfreundebewegung mit ihren sogenannten Kinderrepubliken hinweist. Wenn überhaupt von spezifischen Merkmalen eines sozialistischen Strafvollzugs gesprochen werden könnte, so bestände wohl hier in der Tat der Hauptanlaß dazu. Insbesondere da Strömungen, die sich aus humanitärer Gesinnung in vielem mit den Bestrebungen der Sozialisten vereinen, im übrigen die eigentlichen Verfechter eines liberalen Individualismus sind, der in unbedingtem Gegensatz zum Kollektivismus steht. Wir möchten allerdings bei dieser Betrachtung nicht verschweigen, daß wir die Einstellung der Sozialisten zum Strafvollzuge zwar durch die Erstrebung ihres Endzieles bestimmt sehen, daß wir diese Zusammenhänge aber für keine absoluten halten. Andere Gesichtspunkte dürften nicht selten zu denselben Ergebnissen führen. Das gilt auch von der Gemeinschaftshaft und der Gemeinschaftserziehung, sei es nun, daß man die Auffassung für berechtigt hält, der Mensch müsse als geselliges Wesen in ungewollter Einsamkeit allmählich verkümmern und erzwungene Einsamkeit sei daher eine menschenunwürdige Qual oder daß man darüber hinaus an die Gemeinschaftsidee glaubt und in der sozialen Gesinnung über den Weg persönlicher Beziehungen von Mensch zu Mensch die Kräfte sieht, die sittliches Verantwortungsgefühl erzeugen und auch einem gescheiterten Leben wieder einen sinnvollen Zweck geben können.

Sachverzeichnis.

Die Freiburger Beiträge zur Strafvollzugskunde sind Arbeiten, die im Seminar für Strafvollzugskunde an der Universität Freiburg im Breisgau entstanden oder durch Mitarbeit ihm verbunden sind.

Erstrebt wird mit diesen Veröffentlichungen eine Vertiefung in Einzelfragen der Strafvollzugskunde, wie sie uns heute im wesentlichen noch fehlt. Zwar weist die deutsche Strafvollzugsforschung eine Anzahl ausgezeichneter Lehr- und Handbücher des Gefängniswesens auf, kennt allgemeinverständliche Gesamtdarstellungen des Erziehungsstrafvollzugs und erfreut sich unzähliger Aufsätze, Flug- und Denkschriften zur Reform; aber die monographische Behandlung einzelner Vollzugstatsachen und -probleme ist lückenhaft und wird kaum je versucht. Hier einzusetzen und eine umfassendere Erkenntnis des Strafvollzugs als Ganzes vorbereiten zu helfen, ist die erste Aufgabe, zu deren Lösung angeregt werden soll.

Daneben möchten die Beiträge ein Versuch sein, strafvollzugskundliche Grundfragen im Zusammenhang mit der allgemeinen kultur- und geistesgeschichtlichen Entwicklung darzustellen und die Einflüsse aufzuzeigen, welche von staatlichen, kirchlichen, wirtschaftlichen und gesellschaftlichen Mächten aus auf den Strafvollzug wirken. Aber auch den mancherlei Verbindungen des Strafvollzugs mit naturwissenschaftlichen Fragestellungen soll nachgegangen und so die Erweiterung seiner „Kunde" ohne schulmäßige Bindung an bestimmte Methoden oder gar kriminalpolitische Einstellungen gefördert werden.

Das Arbeitsgebiet bleibt nicht auf die Fragen des Freiheitsstrafvollzugs beschränkt. Nach dem treffenden Worte Franz von Liszts gibt es so wenig eine Gefängniswissenschaft im eigentlichen Sinne, wie es eine Hinrichtungswissenschaft gibt. Wohl aber wird mit dem Wort „Strafvollzug" eine Gesamtheit sozialer, natürlicher, juristischer und historischer Tatsachen bezeichnet, deren Erkenntnisinbegriff eben Strafvollzugskunde heißt.

Es erübrigt sich, ein Wort über die Grundeinstellung zu sagen. Diese Arbeiten sind lediglich Ausdruck eines gemeinsamen Forschungswillens und keineswegs zielbestimmt durch irgendein Dogma vom „richtigen" Strafvollzug. Sie wollen allen dienen: Reformern und Gegenreformern, Klassikern und Modernen, Politikern und Juristen, überhaupt allen, die auf dem Felde des Strafvollzugs theoretisch oder praktisch sich mühen — dienen, wie es der wissenschaftlichen Einstellung und nur ihr gemäß ist: durch Bereitstellung erforschter Tatsachen, deren ursächlicher Erklärung und verstehender Deutung. —

Der Direktor des Seminars für Strafvollzugskunde
an der Universität Freiburg i. Br.

Erik Wolf

Kolibri 360 GmbH
Ferdinand-Jühlke-Straße 7
99095 Erfurt, Deutschland
produktsicherheit@kolibri360.de